Datenschutzrecht in der öffentlichen
Forschung zum autonomen Fahren

Mobilitätsrecht – Texte

Herausgegeben von

Prof. Dr. Edmund Brandt

Prof. Dr. Lothar Hagebölling

Forschungsstelle
Mobilitätsrecht
Technische Universität Braunschweig

INSTITUT FÜR
RECHTSWISSENSCHAFTEN

Neven Josipovic

Datenschutzrecht in der öffentlichen Forschung zum autonomen Fahren

Am Beispiel einer Forschungsdatensammlung in Niedersachsen

Mit einem Geleitwort
von Prof. Dr.-Ing. Tim Fingscheidt

Berliner
Wissenschafts-Verlag

Gefördert mit Mitteln der Stiftung Braunschweigischer Kulturbesitz

SBK Stiftung Braunschweigischer Kulturbesitz

Bibliografische Information der Deutschen Nationalbibliothek:
Die Deutsche Nationalbibliothek verzeichnet diese Publikation in der Deutschen Nationalbibliografie; detaillierte bibliografische Daten sind im Internet über http://dnb.d-nb.de abrufbar.

Markgrafenstraße 12–14, 10969 Berlin,
E-Mail: bwv@bwv-verlag.de, Internet: http://www.bwv-verlag.de

Druck: docupoint, Magdeburg
Gedruckt auf holzfreiem, chlor- und säurefreiem, alterungsbeständigem Papier.
Printed in Germany.

ISBN Print 978-3-8305-5037-2
ISBN E-Book 978-3-8305-4204-9

Inhaltsverzeichnis

Geleitwort

Forschungsdisziplinen, die für ihre Forschung Daten benötigen, haben es nicht leicht, im Dickicht der datenschutzrechtlichen Regelungen den Überblick zu wahren und die richtigen Schlüsse zu ziehen. Dies gilt umso mehr, wenn wir Naturwissenschaftler, Mediziner, Ingenieure oder Informatiker sind. Was unsere Fachdisziplinen eint, ist der Hunger nach einer umfassenden Datengrundlage, damit die Aussagekraft oder der technische Nutzen unserer Forschungsergebnisse möglichst groß ist. Überdies unterstehen wir als Wissenschaftlerinnen und Wissenschaftler den Regeln guter wissenschaftlicher Praxis, die vorsehen, dass die den veröffentlichten Forschungsergebnissen zugrunde liegenden Forschungsdaten, „in der Regel Rohdaten“[1], zugänglich und nachvollziehbar aufzubewahren sind, und zwar zehn Jahre lang. Wie sieht es nun bei Daten mit Personenbezug aus? Welche besondere Rolle spielt dabei die Tatsache, dass es bei der Datenverarbeitung um wissenschaftliche Forschung geht, und dass sie betrieben wird von einer öffentlichen Einrichtung wie beispielsweise einer Universität? Wie sieht es aus mit den Grundsätzen der allseits diskutierten DS-GVO?

Ausgehend von einer Reihe wissenschaftlicher Vorhaben im Bereich des autonomen Fahrens entstand am Institut für Nachrichtentechnik im Verbund mit anderen Instituten der TU Braunschweig und möglichen externen Partnern der Bedarf zur Erstellung einer Forschungsdatensammlung mit dem Ziel der Forschung an Perzeptionsverfahren des autonomen Fahrens. Eine solche Forschungsdatensammlung wird typischerweise erstellt mit einem oder mehreren Forschungsfahrzeugen, die mit Radar-, Lidar- und Kamera-Sensoren ausgestattet sind und weite Strecken durch urbane Räume fahren. Während Radar- und Lidar-Daten als datenschutzrechtlich eher unproblematisch erscheinen (ein Personenbezug ist nicht herstellbar), stehen Bild- und Video-Daten im Fokus. Forscht man z. B. an semantischer Segmentierung, die jedem Bildpixel eine Klasse zuweist aus einer Menge vorgegebener Klassen (Fußgänger, Fahrzeug, Fahrrad, Straße, Gebäude, Schild, etc.), so ist die datenschutzrechtlich grundsätzlich vorgeschriebene Anonymisierung durch Verpixelung von Gesichtern oder Kennzeichen zur Erreichung der Forschungsziele hochgradig hinderlich, da neuronale Netze dann typischerweise die verpixelten Bildbereiche erlernen und ihnen die Klasse „Fahrzeug“ oder „Fußgänger“ zuweisen – ein Verhalten, das praxisrelevanten technischen Funktionen entgegensteht. Noch konkreter wird es, wenn man an einer Fußgänger-Intentionserkennung forschen will, eine wesentliche Komponente für das Gelingen autonomer Fahrfunktionen. Hier sind mindestens die Blickrichtung und vielleicht sogar die Mimik der Fußgänger entscheidende Merkmale, die bei einer Verpixelung der Forschungsdaten nicht mehr zugänglich wären. Wie also anonymisieren? Gibt es Randbedingungen, unter denen auf die Anonymisierung verzichtet werden kann, damit Forschung in den genannten Gebieten möglich wird? Was ist möglich, worauf muss geachtet werden?

Mit all den vorgenannten Fragen wandte ich mich vor einer Weile an die Forschungsstelle Mobilitätsrecht der Technischen Universität Braunschweig, vertreten durch den Geschäftsführer Herrn Dr. Neven Josipovic und den Wissenschaftlichen Leiter Herrn Prof. Dr. Ralf Kreikebohm.

1 *DFG*, Leitlinien zur Sicherung guter wissenschaftlicher Praxis, Kodex, September 2019, S. 22.

Für mich als Ingenieur war juristischer Rat gefragt, der sich einerseits mit unserer konkreten Fragestellung befasst, andererseits aber den Rechtsrahmen erfasst, strukturiert und für uns als Nicht-Fachleute wiederum herunterbricht in konkrete Aussagen, was geht, was nicht geht und welche technischen und organisatorischen Vorkehrungen möglicherweise zu treffen sind.

Herr Dr. Josipovic hat sich mit dem hier vorgelegten Rechtsgutachten zur Verarbeitung personenbezogener Daten zu Forschungszwecken am Beispiel unserer skizzierten Forschungsdatensammlung der Anfrage umfänglich angenommen und viele meiner Fragen sehr klar beantworten können. Mehr noch: Er hat mir als Leser die Abwägungsprozesse der miteinander im Konflikt stehenden Rechtsgüter nahegebracht. Deren Verständnis ist unerlässlich für die notwendige Dokumentation der Datenverarbeitung personenbezogener Daten, ebenso wie für die Definition geeigneter technischer und organisatorischer Vorkehrungen im Zuge der Forschungsdatensammlung, deren Übertragung, Speicherung, Verarbeitung und ggfs. sogar Weitergabe oder Veröffentlichung. Ich habe gelernt, dass der rechtliche Bezugspunkt für uns als öffentliche Einrichtung § 13 NDSG ist, bin aber überzeugt, dass die Lektüre dieses Gutachtens auch für ähnliche Vorhaben in anderen Bundesländern über Niedersachsen hinaus von unschätzbarem Wert sein wird; ein Blick in die einschlägigen Landesdatenschutzgesetze wird hier sicherlich rasch Aufschluss geben. Auch bei etwas anders gelagerten Forschungszielen und damit einer etwas anderen Art der Daten mit Personenbezug wird die Leserin oder der Leser dieses Rechtsgutachtens wesentliche Erkenntnisse bei der Anwendung auf den eigenen Fall gewinnen können.

Herrn Dr. Josipovic gilt mein großer Dank für dieses überaus aufschlussreiche Rechtsgutachten, das ich zudem mit einem gewissen Genuss an der Eleganz der Aufbereitung der Materie gelesen habe, und ich wünsche Ihnen als Leserin und Leser, dass Sie – ebenso wie ich – für Ihr jeweiliges Fachgebiet hilfreiche Schlüsse daraus ziehen werden.

Prof. Dr.-Ing. Tim Fingscheidt

Institut für Nachrichtentechnik der TU Braunschweig

Signalverarbeitung und Machine Learning

Braunschweig, 21.04.2020

Vorwort

In der vorliegenden Arbeit prüfe ich die Zulässigkeit einer geplanten Forschungsdatensammlung durch Institute der TU Braunschweig nach niedersächsischem Datenschutzrecht. Ergänzend zeige ich Möglichkeiten auf, in den jeweiligen Forschungsvorhaben den Vorschriften über Vorkehrungen zum Schutz personenbezogener Daten zu entsprechen. Die Arbeit ist untergliedert in einen allgemeinen Teil, der sich im Kern der Auslegung von § 13 NDSG widmet, und einen speziellen Teil, in dem die Subsumtion des Sachverhalts stattfindet. Es handelt sich somit nicht um ein Lehrbuch oder eine Einführung in das Datenschutzrecht in der Forschung, sondern um eine rechtsgutachtliche Prüfung datenschutzrechtlicher Vorschriften für einen konkreten Fall.

Auch wenn das Gutachten somit einen speziellen Zuschnitt hat, haben wir uns entschlossen, es zu veröffentlichen. Die Wahrscheinlichkeit ist hoch, dass Hochschulen und andere öffentliche Stellen jetzt oder in Zukunft ähnliche Vorhaben planen und durchführen werden und sich dann mit vergleichbaren Fragen konfrontiert sehen. Ein Beispiel für die Anwendung des niedersächsischen Datenschutzrechts könnte die Umsetzung eigener Projekte beschleunigen und möglicherweise auch Berührungsängste mit den kompliziert anmutenden datenschutzrechtlichen Vorschriften verringern.

Mein großer Dank gebührt dem Leiter der Abteilung „Signalverarbeitung und Machine Learning“ am Institut für Nachrichtentechnik der TU Braunschweig, Herrn Professor Fingscheidt. Seine Hinweise und Anregungen waren für mich wichtige Denkanstöße und lieferten wertvolle Impulse mit Blick auf die Folgerungen für das Forschungsvorhaben. Unser stetiger Austausch hat wesentlich dazu beigetragen, ingenieurwissenschaftliche und juristische Aspekte zu verknüpfen und die rechtlichen Fragestellungen interdisziplinär und praxisorientiert zu beantworten.

Ich freue mich, wenn die Arbeit dazu beiträgt, dass auch Forschungsprojekte mit hohem Datenbedarf mögliche Rechtsfragen schnell klären und die freiwerdenden Ressourcen zur Erreichung ihrer wissenschaftlichen Ziele einsetzen können. Natürlich freue ich mich auch über Anregungen und Kritik im Zusammenhang mit dem hier verfolgten Ansatz, datenschutzrechtliche Vorschriften zu interpretieren und anzuwenden.

Dr. Neven Josipovic

Braunschweig, 21.04.2020

Einleitung

1. Ausgangslage

Institute der TU Braunschweig planen, in einem Forschungsvorhaben Daten zu bewerten, die mittels an Kraftfahrzeugen angebrachten außengerichteten Videokameras erfasst werden. Ein Ziel des Vorhabens liegt darin, neuronale Netze für Anwendungen im Zusammenhang mit dem automatisierten Fahren zu untersuchen. Die Videoaufnahmen könnten im öffentlichen Straßenraum ohne Einwilligung möglicherweise gefilmter Personen stattfinden. Unter den insgesamt erfassten Umgebungsdaten, etwa über die Straßenbeschaffenheit oder das Wetter, sind insbesondere Aufnahmen von Fußgängern oder Radfahrern inklusive ihrer Mimik und Gestik in hohem Maße forschungsrelevant.

2. Ziele des Gutachtens

Das Gutachten verfolgt im Wesentlichen zwei Ziele. Zunächst wird geklärt, wann die Verarbeitung von personenbezogenen Daten gemäß § 13 des Niedersächsischen Datenschutzgesetzes (NDSG)[2] rechtmäßig ist (Abschnitt A). Anschließend wird geprüft, was daraus für das an der TU Braunschweig geplante Forschungsvorhaben folgt (Abschnitt B). In Abschnitt A werden vier Teilziele verfolgt. Das erste Teilziel liegt darin, den Bedeutungsgehalt von § 13 I 1 NDSG zu bestimmen. Die korrespondierenden Zwischenziele liegen in der Auslegung der einzelnen Tatbestandsmerkmale. Im Rahmen des zweiten Teilziels wird die Konformität des Auslegungsergebnisses mit höherrangigem Recht – namentlich dem Bundesdatenschutzgesetz, dem Grundgesetz und der Datenschutz-Grundverordnung (DS-GVO)[3] geprüft. Für das dritte Teilziel wird untersucht, welche Vorkehrungen bei der Datenverarbeitung für Forschungszwecke zu treffen sind. Als viertes Teilziel werden die Rechte betroffener Personen aufgezeigt. Weiterhin wird geprüft, welche Pflichten die verarbeitende Stelle zu beachten hat. In Abschnitt B erfolgt anhand der erzielten Ergebnisse die Subsumtion. Geprüft wird, ob im Fall der geplanten Forschungsdatensammlung durch die TU Braunschweig die Voraussetzungen des § 13 NDSG erfüllt sind. Die Frage läuft im Kern auf die Prüfung der Verhältnismäßigkeit des Vorhabens hinaus. Mit Blick auf die Rechtsfolgen werden Ansätze entwickelt, um die Vorkehrungen gemäß § 13 II und 17 II, III NDSG zu treffen. Zuletzt werden Möglichkeiten aufgezeigt, die Rechte der Betroffenen zu wahren und der Informationspflicht nachzukommen.

3. Methodisches Vorgehen

Abschnitt A.I widmet sich der Bestimmung des Bedeutungsgehalts der in § 13 I 1 NDSG verwendeten Ausdrücke „öffentliche Stelle", „personenbezogene Daten", „bestimmtes wissenschaftliches Forschungsvorhaben", „verarbeiten" und „schutzwürdiges Interesse der betroffenen Per-

2 Niedersächsisches Datenschutzgesetz (NDSG) vom 16. Mai 2018 (Nds. GVBl. S. 66).

3 Verordnung (EU) 2016/679 des Europäischen Parlaments und des Rates vom 27. April 2016 zum Schutz natürlicher Personen bei der Verarbeitung personenbezogener Daten, zum freien Datenverkehr und zur Aufhebung der Richtlinie 95/46/EG (Datenschutz-Grundverordnung), ABl. L 119 vom 04. Mai 2016, S. 1–88.

son“. Sofern das Niedersächsische Datenschutzgesetz keine Legaldefinition enthält, wird gemäß § 1 I NDSG die entsprechende Definition der DS-GVO zugrunde gelegt. Das betrifft die Tatbestandsmerkmale „personenbezogene Daten“ und „verarbeiten“. In den anderen Fällen erfolgt die Begriffsbestimmung anhand der juristischen Auslegungsregeln. Maßgeblich ist insofern zunächst der Wortlaut. Lässt sich die Bedeutung durch ihn nicht klären, wird die Gesetzessystematik herangezogen. Bleiben auch dann noch Fragen offen, wird das Tatbestandsmerkmal historisch-genetisch bzw. anhand des Normzwecks interpretiert. Das Auslegungsergebnis wird in Abschnitt A.II auf Konformität mit höherrangigem Recht geprüft. Schwerpunkte liegen dabei auf verfassungsrechtlichen Anforderungen und der Übereinstimmung mit Unionsrecht – namentlich der DS-GVO. Mit Blick auf möglicherweise betroffene Grundrechte wird in Abschnitt A.II.2 geklärt, unter welchen Voraussetzungen die Datenverarbeitung durch eine öffentliche Stelle zu Forschungszwecken verhältnismäßig ist. Um die Frage zu beantworten, werden die vom Bundesverfassungsgericht in seinem Urteil vom 15. Dezember 1983 aufgestellten Anforderungen an eine verhältnismäßige Datenverarbeitung durch öffentliche Stellen zugrunde gelegt. In Abschnitt A.II.3 wird die Übereinstimmung des Auslegungsergebnisses mit den Vorgaben der DS-GVO geprüft. Dabei wird untersucht, ob die DS-GVO Voraussetzungen enthält, die nicht bereits vom NDSG abgedeckt sind. Nach Beantwortung der Frage, unter welchen Voraussetzungen die Datenverarbeitung zu Forschungszwecken gemäß § 13 NDSG rechtmäßig ist, werden in Abschnitt A.III die bei der Datenverarbeitung zu treffenden technischen und organisatorischen Maßnahmen aufgezeigt. Der Fokus liegt hier auf den in den §§ 13 und 17 NDSG vorgeschriebenen Maßnahmen. Darüber hinaus wird untersucht, ob gemäß Art. 5, 25 und 32 DS-GVO weitere Vorkehrungen umzusetzen sind. Mit Blick auf die Rechte Betroffener wird in Abschnitt A.IV geprüft, für welche von ihnen das NDSG in Verbindung mit der DS-GVO die Möglichkeit zur Beschränkung für die Datenverarbeitung zu Forschungszwecken vorsieht. Anschließend werden Rechte beschrieben, die gemäß § 17 V NDSG nicht beschränkt werden dürfen – das betrifft das Recht auf Löschung nach Art. 17 DS-GVO und das Recht auf Datenübertragbarkeit gemäß Art. 20 DS-GVO. In Abschnitt A.V wird aufgezeigt, wer der Verantwortliche im Sinne der §§ 11, 13 V NDSG ist und welchen Pflichten er zu genügen hat. Ergänzend wird in Abschnitt A.VI untersucht, ob es zulässig ist, personenbezogene Daten zu veröffentlichen oder weiterzuleiten. Abschnitt B widmet sich vor dem Hintergrund der erzielten Befunde der Subsumtion. Es wird geprüft, ob die Forschungsdatensammlung durch die TU Braunschweig zulässig ist. Die Teilziele liegen hier vor allem in der Prüfung, ob die Voraussetzungen gemäß § 13 NDSG erfüllt sind (B.I) und ob das Vorhaben verhältnismäßig ist (B.II). Mit Blick auf die Rechtsfolgen werden Ansätze entwickelt, um die Vorkehrungen gemäß § 13, 17 NDSG und Art. 5, 25, 32 DS-GVO zu treffen. Zuletzt werden Möglichkeiten aufgezeigt, die Rechte der Betroffenen zu wahren und der Informationspflicht nachzukommen (B.V und B.VI). Das Gutachten schließt mit einer Zusammenfassung der Ergebnisse (C) und einem Fazit (D).

A. Rechtmäßigkeit der Datenverarbeitung zu Forschungszwecken

Abschnitt A widmet sich der Bestimmung des Bedeutungsgehalts der in § 13 I 1 NDSG verwendeten Tatbestandsmerkmale. Das Auslegungsergebnis wird anschließend auf Konformität mit höherrangigem Recht geprüft. Nach Beantwortung der Frage, unter welchen Voraussetzungen die Datenverarbeitung zu Forschungszwecken gemäß § 13 NDSG rechtmäßig ist, werden die bei der Datenverarbeitung zu treffenden technischen und organisatorischen Maßnahmen sowie Rechte Betroffener und Pflichten des Verantwortlichen aufgezeigt.

I. Voraussetzungen gemäß § 13 NDSG

Die Verarbeitung personenbezogener Daten zu wissenschaftlichen oder historischen Forschungszwecken regelt § 13 I 1 des Niedersächsischen Datenschutzgesetzes (NDSG)[4]. Danach dürfen öffentliche Stellen personenbezogene Daten einschließlich Daten im Sinne des Art 9 I DS-GVO für ein bestimmtes wissenschaftliches oder historisches Forschungsvorhaben verarbeiten oder an andere Stellen zu diesem Zweck übermitteln, wenn die Art und Verarbeitung der Daten darauf schließen lassen, dass ein schutzwürdiges Interesse der betroffenen Person der Verarbeitung der Daten für das Forschungsvorhaben nicht entgegensteht oder das öffentliche Interesse an der Durchführung des Forschungsvorhabens das schutzwürdige Interesse der betroffenen Person überwiegt.

1. Tatbestandsmerkmal „öffentliche Stelle"

Öffentliche Stellen sind gemäß § 1 I NDSG Behörden, Organe der Rechtspflege und andere öffentlich-rechtlich organisierte Einrichtungen des Landes, der Kommunen und der sonstigen der Aufsicht des Landes unterstehenden Körperschaften, Anstalten und Stiftungen des öffentlichen Rechts.

2. Tatbestandsmerkmal „personenbezogene Daten"

Nachfolgend wird geklärt, was unter dem Tatbestandsmerkmal „personenbezogene Daten einschließlich Daten im Sinne des Artikels 9 Abs. 1 der Datenschutz-Grundverordnung" gemäß § 13 I 1 NDSG zu verstehen ist.

a. Personenbezogene Daten nach Art. 4 Nr. 1 DS-GVO

Personenbezogene Daten sind gemäß § 1 I 1 NDSG i. V. m. Art. 4 Nr. 1 DS-GVO alle Informationen, die sich auf eine identifizierte oder identifizierbare natürliche Person beziehen. Als identifizierbar wird gemäß Art. 4 Nr. 1 DS-GVO eine natürliche Person angesehen, die direkt

4 Verkündet als Artikel 1 des Gesetzes zur Neuordnung des niedersächsischen Datenschutzrechts vom 16. Mai 2018 (Nds. GVBl. S. 66).

oder indirekt, insbesondere mittels Zuordnung zu einer Kennung wie einem Namen, zu einer Kennnummer, zu Standortdaten, zu einer Online-Kennung oder zu einem oder mehreren besonderen Merkmalen identifiziert werden kann, die Ausdruck der physischen, physiologischen, genetischen, psychischen, wirtschaftlichen, kulturellen oder sozialen Identität dieser natürlichen Person sind.

b. Personenbezogene Daten nach Art. 9 I DS-GVO

§ 13 I 1 NDSG regelt die Verarbeitung von personenbezogenen Daten „einschließlich Daten im Sinne des Artikels 9 Abs. 1 der Datenschutz-Grundverordnung" zu Forschungszwecken. Daten im Sinne des Art. 9 I DS-GVO sind Daten, aus denen die rassische und ethnische Herkunft, politische Meinungen, religiöse oder weltanschauliche Überzeugungen oder die Gewerkschaftszugehörigkeit hervorgehen, sowie genetische Daten, biometrische Daten zur eindeutigen Identifizierung einer natürlichen Person, Gesundheitsdaten oder Daten zum Sexualleben oder der sexuellen Orientierung einer natürlichen Person. Ihre Verarbeitung ist grundsätzlich untersagt. Eine Ausnahme vom Verarbeitungsverbot des Art. 9 I DS-GVO besteht gemäß Art. 9 II lit. j DS-GVO unter anderem für den Fall, dass die Verarbeitung für wissenschaftliche Forschungszwecke gemäß Artikel 89 Absatz 1 erforderlich ist. Dabei bedarf es einer unions- oder nationalrechtlichen Grundlage, die in angemessenem Verhältnis zu dem verfolgten Ziel steht, den Wesensgehalt des Rechts auf Datenschutz wahrt und angemessene und spezifische Maßnahmen zur Wahrung der Grundrechte und Interessen der betroffenen Person vorsieht.

3. Tatbestandsmerkmal „bestimmtes wissenschaftliches Forschungsvorhaben"

Öffentliche Stellen dürfen nach § 13 I 1 NDSG personenbezogene Daten für ein bestimmtes wissenschaftliches Forschungsvorhaben verarbeiten. Fraglich ist, wie das Tatbestandsmerkmal „bestimmtes wissenschaftliches Forschungsvorhaben" zu interpretieren ist. Das Verb „bestimmen" meint, vorzuschreiben, was, wann und wie etwas zu geschehen hat.[5] Synonyme sind festsetzen und fixieren. Bestimmt ist etwas dann, wenn es genau festgelegt ist. Der Begriff „Vorhaben" steht für etwas, das man zu tun beabsichtigt. Synonyme sind Plan oder Projekt.[6] Forschung beschreibt das Arbeiten an wissenschaftlichen Erkenntnissen.[7] Der Ausdruck „bestimmtes wissenschaftliches Forschungsvorhaben" meint folglich ein durch einen Plan über die Art und Weise, wie eine wissenschaftliche Fragestellung beantwortet werden soll, spezifiziertes Projekt.

4. Tatbestandsmerkmal „verarbeiten"

Eine Verarbeitung von Daten im Sinne von § 13 I 1 NDSG ist gemäß § 1 I 1 NDSG i. V. m. Art. 4 Nr. 2 DS-GVO jeder mit oder ohne Hilfe automatisierter Verfahren ausgeführte Vorgang oder jede solche Vorgangsreihe im Zusammenhang mit personenbezogenen Daten wie das Erheben,

5 *Duden*, Bedeutungswörterbuch, S. 211.
6 *Duden*, Bedeutungswörterbuch, S. 1061.
7 *Duden*, Bedeutungswörterbuch, S. 389.

das Erfassen, die Organisation, das Ordnen, die Speicherung, die Anpassung oder Veränderung, das Auslesen, das Abfragen, die Verwendung, die Offenlegung durch Übermittlung, Verbreitung oder eine andere Form der Bereitstellung, den Abgleich oder die Verknüpfung, die Einschränkung, das Löschen oder die Vernichtung.

5. Tatbestandsmerkmal „schutzwürdiges Interesse"

Öffentliche Stellen dürfen personenbezogene Daten einschließlich Daten im Sinne des Art. 9 I DS-GVO für ein bestimmtes wissenschaftliches oder historisches Forschungsvorhaben verarbeiten oder an andere Stellen zu diesem Zweck übermitteln, wenn die Art und Verarbeitung der Daten darauf schließen lassen, dass ein schutzwürdiges Interesse der betroffenen Person der Verarbeitung der Daten für das Forschungsvorhaben nicht entgegensteht oder das öffentliche Interesse an der Durchführung des Forschungsvorhabens das schutzwürdige Interesse der betroffenen Person überwiegt. Fraglich ist vor dem Hintergrund zunächst, was unter dem Begriff „schutzwürdiges Interesse der Betroffenen Person" zu verstehen ist.

Interesse meint dem Wortsinn nach etwas, woran jemandem sehr gelegen ist, was für jemanden wichtig oder nützlich ist.[8] Schutz steht für die Abwendung von Gefahren oder Schäden.[9] „Würdig" meint als adjektivisches Suffix, dass das im Basiswort Genannte getan werden sollte oder, dass etwas die Voraussetzung für das im Basiswort Genannte erfüllt.[10] Es geht um etwas, das Schutz verdient oder schützenswert ist.[11] Dem Wortsinn nach kann die Wahrung eines Grundrechts ein schutzwürdiges Interesse darstellen. Es können aber auch nicht grundrechtsrelevante Aspekte, die der betroffenen natürlichen Person wichtig sind, vom Schutzbereich des § 13 NDSG umfasst sein, sofern ihr Schutz geboten ist. Unklar ist deshalb nach wie vor, was daraus für die Rechtmäßigkeit der Datenverarbeitung zu Forschungszwecken folgt. Aufschluss könnte die Systematik des NDSG liefern.

Aus systematischer Sicht ist festzustellen, dass das NDSG mit Blick auf das jeweilige Schutzgut zwischen personenbezogenen Daten und besonderen Kategorien personenbezogener Daten unterscheidet. Während in § 13 I 1 NDSG vom schutzwürdigen Interesse der betroffenen Person die Rede ist, führt § 17 II NDSG mit Bezug zum Schutz besonderer Kategorien personenbezogener Daten in Anlehnung an Art. 9 II j DS-GVO die „Wahrung der Grundrechte und Interessen der betroffenen Person" auf. Das NDSG differenziert folglich zwischen „schutzwürdigen Interessen" und „Interessen und Grundrechten". Letztere bilden den Maßstab nur dann, wenn besondere personenbezogene Daten verarbeitet werden. So listet § 17 II NDSG Maßnahmen auf, die von den Verantwortlichen zur Wahrung der „Grundrechte und Interessen" der betroffenen Person zu treffen sind, wenn im Rahmen der Datenverarbeitung nach Kapitel vier (d. h. §§ 12 bis 17 NDSG) oder nach anderen datenschutzrechtlichen Bestimmungen besondere Kategorien personenbezogener Daten im Sinne von Art. 9 I DS-GVO verarbeitet werden. Unklar ist somit nach wie vor, was aus der Verwendung des Ausdrucks „schutzwürdiges Interesse" in § 13 I NDSG folgt. Zur Klärung wird das Tatbestandsmerkmal historisch-genetisch ausgelegt.

8 *Duden*, Bedeutungswörterbuch, S. 521.
9 *Duden*, Bedeutungswörterbuch, S. 833.
10 *Duden*, Bedeutungswörterbuch, S. 1106.
11 *Duden-Online*, www.duden.de/rechtschreibung/schutzwuerdig (abgerufen am: 18.03.2020).

Gemäß der Gesetzesbegründung vom 28. März 2018 liegt der Zweck von § 13 NDSG darin, einen angemessenen Ausgleich zwischen grundsätzlich gleichrangigen Grundrechtspositionen, der Forschungsfreiheit einerseits und dem Recht auf informationelle Selbstbestimmung andererseits, zu gewährleisten.[12] Bei besonderen Kategorien personenbezogener Daten ist das Interesse der betroffenen Person danach höher anzusetzen, sodass auf der anderen Seite das Interesse an der Durchführung des Forschungsvorhabens noch stärker sein muss, um ein Überwiegen bejahen zu können.[13] Somit deutet sich an, dass das Tatbestandsmerkmal „schutzwürdiges Interesse" auch die möglicherweise betroffenen Grundrechte der betroffenen Person umfasst. Vor dem Hintergrund wird das Tatbestandsmerkmal zuletzt teleologisch interpretiert.

Die Neufassung des NDSG mit der Einführung des § 13 zielte unter anderem darauf ab, das Gesetz an die DS-GVO anzupassen und den damit einhergehenden Systemwechsel im Datenschutzrecht deutlich zu machen.[14] Der Systemwechsel im Datenschutzrecht ist insbesondere dadurch gekennzeichnet, dass der Schutz natürlicher Personen bei der Verarbeitung personenbezogener Daten hervorgehoben wird.[15] Die mit der DS-GVO eingeführten Grundsätze und Vorschriften des Datenschutzes gewährleisten, dass die Grundrechte und Grundfreiheiten natürlicher Personen gewahrt bleiben.[16] Dass in § 13 NDSG nicht explizit von der Wahrung von Grundrechten, sondern vom „schutzwürdigen Interesse" die Rede ist, bedeutet somit nicht, dass ein verminderter Prüfungsumfang vertretbar ist. Die Rechtmäßigkeit der Datenverarbeitung durch die öffentliche Stelle hängt davon ab, ob sie verhältnismäßig ist.

6. Zwischenergebnis

- Die Verarbeitung von personenbezogenen Daten durch öffentliche Stellen des Landes Niedersachsen ist gemäß § 13 I 1 NDSG im Rahmen individueller Projekte zur Beantwortung spezifizierter wissenschaftlicher Fragestellungen zulässig, wenn dabei im Einzelfall gewährleistet ist, dass der durch die Datenverarbeitung erfolgende Grundrechtseingriff verhältnismäßig ist.
- Dass in § 13 NDSG nicht explizit von der Wahrung von Grundrechten, sondern vom „schutzwürdigen Interesse" die Rede ist, bedeutet nicht, dass ein verminderter Prüfungsumfang vertretbar ist.

II. Prüfung höherrangigen Rechts

Es gilt zu klären, ob das Auslegungsergebnis im Einklang mit höherrangigem Recht steht. Zunächst geht es um die Vereinbarkeit mit dem Bundesdatenschutzgesetz (1.). Anschließend wird die Beachtung verfassungsrechtlicher Anforderungen untersucht (2.) und zuletzt wird geprüft, ob sie den unionsrechtlichen Vorgaben der Datenschutzgrundverordnung genügt (3.).

12 LT-Drs. (Nds.) 18/548, S. 51.
13 LT-Drs. (Nds.) 18/548, S. 51.
14 LT-Drs. (Nds.) 18/548, S. 30.
15 EU-VO 2016/679, Erwägungsgrund Nr. 1.
16 EU-VO 2016/679, Erwägungsgrund Nr. 2.

1. Bundesdatenschutzgesetz

Auf Bundesebene regelt das Bundesdatenschutzgesetz[17] den Umgang mit personenbezogenen Daten. Durch das Datenschutz-Anpassungs- und Umsetzungsgesetz vom 30. Juni 2017 (BGBl. BGBl. I S. 2097) wurde das BDSG an die DS-GVO angepasst. Außerdem setzt das Gesetz die Vorgaben der EU-Richtlinie 2016/680 um. Das BDSG soll ein Regelungsgefüge mit den europäischen Rechtsakten bilden. Das Zusammenspiel der einzelnen Regelungsbereiche bestimmt sich nach dem jeweiligen Anwendungsbereich.[18] Gemäß § 1 I BDSG gilt das Gesetz für die Verarbeitung personenbezogener Daten durch öffentliche Stellen des Bundes und der Länder. Für die Länder gilt das Gesetz nur, soweit der Datenschutz nicht durch Landesgesetz geregelt ist und soweit sie Bundesrecht ausführen oder als Organe der Rechtspflege tätig werden und es sich nicht um Verwaltungsangelegenheiten handelt. Das BDSG findet keine Anwendung, wenn die DS-GVO unmittelbar gilt (§ 1 V BDSG). Da in Form des NDSG eine landesspezifische Regelung existiert, ist das BDSG für die Datenverarbeitung zu Forschungszwecken durch öffentliche Stellen des Landes Niedersachsen nicht anzuwenden.

2. Verfassungsrechtliche Anforderungen

Denkbar ist eine Kollision mit den Art. 2 I und 1 I GG. Das Bundesverfassungsgericht führte in seinem Urteil vom 15. Dezember 1983 („Volkszählungsurteil") aus, dass der Schutz des Einzelnen gegen unbegrenzte Erhebung, Speicherung, Verwendung und Weitergabe seiner persönlichen Daten unter den Bedingungen der modernen Datenverarbeitung vom allgemeinen Persönlichkeitsrecht des Art. 2 I GG i. V. m. Art. 1 I GG umfasst wird.[19] Das daraus abgeleitete Grundrecht auf informationelle Selbstbestimmung gewährleistet die Befugnis des Einzelnen, grundsätzlich selbst über die Preisgabe und Verwendung seiner persönlichen Daten zu bestimmen.[20] Vor dem Hintergrund ist fraglich, wann die Datenverarbeitung i. S. d. § 13 NDSG verhältnismäßig ist. Das Prüfungsprogramm orientiert sich aufgrund der angestrebten Praxisorientierung an den vom Bundesverfassungsgericht aufgestellten Anforderungen: Vorliegen einer gesetzlichen Grundlage (a.), Beachtung des Grundsatzes der Verhältnismäßigkeit (b.) und Treffen von organisatorischen und verfahrensrechtlichen Vorkehrungen, welche der Gefahr einer Verletzung des Persönlichkeitsrechts entgegenwirken (c.).

a. Gesetzliche Grundlage

Die gesetzliche Grundlage für die Datenverarbeitung zu Forschungszwecken durch öffentliche Stellen bildet § 13 I 1 NDSG, wonach öffentliche Stellen personenbezogene Daten einschließlich Daten im Sinne des Art. 9 I DS-GVO für ein bestimmtes wissenschaftliches oder historisches Forschungsvorhaben verarbeiten oder an andere Stellen zu diesem Zweck übermitteln dürfen, wenn die Art und Verarbeitung der Daten darauf schließen lassen, dass ein schutzwürdiges In-

17 Bundesdatenschutzgesetz vom 30. Juni 2017 (BGBl. I S. 2097), zuletzt geändert durch Artikel 12 des Gesetzes vom 20. November 2019 (BGBl. I S. 1626).

18 *Greve*, NVwZ 2017, 737 (738).

19 BVerfG, Urt. v. 15.12.1983 – 1 BvR 209/83, BVerfGE 65, 1–71, 1. Leitsatz.

20 BVerfG, Urt. v. 15.12.1983 – 1 BvR 209/83, BVerfGE 65, 1–71, 1. Leitsatz.

teresse der betroffenen Person der Verarbeitung der Daten für das Forschungsvorhaben nicht entgegensteht oder das öffentliche Interesse an der Durchführung des Forschungsvorhabens das schutzwürdige Interesse der betroffenen Person überwiegt.

b. Verhältnismäßigkeit

Damit die Datenverarbeitung auf Grundlage von § 13 NDSG verhältnismäßig ist, muss mit dem jeweiligen Forschungsprojekt ein legitimer Zweck verfolgt werden. Das Forschungsvorhaben muss außerdem geeignet sein, den Zweck zu erreichen. Weiterhin darf es kein milderes Mittel geben, den Zweck zu erreichen (Erforderlichkeit). Zuletzt hat die Verarbeitung der personenbezogenen Daten verhältnismäßig im engeren Sinne zu sein. Die Datenverarbeitung muss für den Einzelnen zumutbar sein und in einem vernünftigen Verhältnis zu den ihm und der Allgemeinheit erwachsenden Vorteilen stehen (Angemessenheit).[21] Zu prüfen ist, ob bei einer Gesamtabwägung zwischen der Schwere des Eingriffs und dem Gewicht und der Dringlichkeit der ihn rechtfertigenden Gründe die Grenze der Zumutbarkeit gewahrt bleibt.[22] Das Gebot der Angemessenheit erfordert folglich eine Abwägung zwischen dem Nutzen der Maßnahme und den durch die Maßnahmen herbeigeführten Beeinträchtigungen und setzt dem Ergebnis eine Grenze.[23]

c. Organisatorische und verfahrensrechtliche Vorkehrungen

Sofern die Verhältnismäßigkeit zu bejahen ist, hat die öffentliche Stelle gemäß den Anforderungen des Bundesverfassungsgerichts im Rahmen der Datenverarbeitung Vorkehrungen zu treffen, die auf die Wahrung des Persönlichkeitsrechts betroffener Personen abzielen. Die Frage, welche Vorkehrungen insofern infrage kommen, wird im weiteren Verlauf zu klären sein.

3. Unionsrechtliche Anforderungen

Das Auslegungsergebnis muss zuletzt im Einklang mit Unionsrecht stehen. Das maßgebliche Regelwerk ist die Datenschutz-Grundverordnung (DS-GVO). Unter anderem ist zu klären, ob die DS-GVO über die in § 13 NDSG genannten Anforderungen hinausgehende Voraussetzungen für die Zulässigkeit der Datenverarbeitung zu Forschungszwecken enthält.

a. Gegenstand und Ziele der DS-GVO (Art. 1 DS-GVO)

Die DS-GVO enthält gemäß Vorschriften zum Schutz natürlicher Personen bei der Verarbeitung personenbezogener Daten und zum freien Verkehr solcher Daten (Art. 1 I DS-GVO). Sie schützt die Grundrechte und Grundfreiheiten natürlicher Personen und insbesondere deren Recht auf Schutz personenbezogener Daten (Art. 1 II DS-GVO).

21 BVerfG, Beschl. v. 18.12.1974 – 1 BvR 430/65 u. 259/66, BVerfGE 38, 281–312 = NJW 1975, 1265 (1266).
22 BVerfG, Beschl. v. 17.10.1990 – 1 BvR 283/85, BVerfGE 83, 1–24 = NJW 1991, 555 (557).
23 *Grzeszick*, in: Maunz/Dürig, GG Art. 20 Rn. 117.

b. Datenschutzrechtliche Grundsätze (Art. 5 DS-GVO)

Gemäß Art. 5 II DS-GVO ist der Verantwortliche für die Einhaltung der datenschutzrechtlichen Grundsätze verantwortlich und muss dessen Einhaltung nachweisen können. Der Verantwortliche ist nach § 1 I NDSG i. V. m. Art. 4 Nr. 7 DS-GVO die natürliche oder juristische Person, Behörde, Einrichtung oder andere Stelle, die allein oder gemeinsam mit anderen über die Zwecke und Mittel der Verarbeitung von personenbezogenen Daten entscheidet. Art. 5 DS-GVO führt insgesamt sechs zu beachtende Grundsätze auf:

- Gemäß dem Grundsatz der transparenten Datenverarbeitung nach Treu und Glauben müssen personenbezogene Daten auf rechtmäßige Weise, und in einer für die betroffene Person nachvollziehbaren Weise verarbeitet werden
- Personenbezogene Daten dürfen gemäß dem Grundsatz der Zweckbindung nur für festgelegte, eindeutige und legitime Zwecke erhoben werden und dürfen nicht in einer mit diesen Zwecken nicht zu vereinbarenden Weise weiterverarbeitet werden. Eine Ausnahme für die Weiterverarbeitung für wissenschaftliche Forschungszwecke regelt Art. 89 I DS-GVO, dessen Bedeutung im Folgenden noch zu klären ist.
- Der Grundsatz der Datenminimierung besagt, dass personenbezogene Daten dem Zweck angemessen und erheblich sowie auf das für die Zwecke der Verarbeitung notwendige Maß beschränkt sein müssen.
- Die personenbezogenen Daten müssen gemäß dem Grundsatz der Richtigkeit sachlich richtig und erforderlichenfalls auf dem neuesten Stand sein. Außerdem sind alle angemessenen Maßnahmen zu treffen, damit personenbezogene Daten, die im Hinblick auf die Zwecke ihrer Verarbeitung unrichtig sind, unverzüglich gelöscht oder berichtigt werden.
- Gemäß dem Grundsatz der Speicherbegrenzung müssen personenbezogene Daten in einer Form gespeichert werden, die die Identifizierung der betroffenen Personen nur so lange ermöglicht, wie es für die Zwecke, für die sie verarbeitet werden, erforderlich ist. Sie dürfen länger gespeichert werden, soweit die personenbezogenen Daten vorbehaltlich der Durchführung geeigneter technischer und organisatorischer Maßnahmen gemäß den Vorgaben der DS-GVO für wissenschaftliche Forschungszwecke gemäß Art. 89 I DS-GVO verarbeitet werden.
- Zuletzt ist der Grundsatz der Integrität und Vertraulichkeit zu beachten. Danach müssen personenbezogene Daten in einer Weise verarbeitet werden, die eine angemessene Sicherheit gewährleistet. Das schließt den Schutz vor unbefugter oder unrechtmäßiger Verarbeitung und vor unbeabsichtigtem Verlust, unbeabsichtigter Zerstörung oder unbeabsichtigter Schädigung durch geeignete technische und organisatorische Maßnahmen ein.

c. Rechtmäßigkeit der Datenverarbeitung (Art. 6 DS-GVO)

Die Verarbeitung personenbezogener Daten ist gemäß Art. 6 I DS-GVO grundsätzlich nur rechtmäßig, wenn eine der dort genannten Bedingungen erfüllt ist. Das ist gemäß Art. 6 I e DS-GVO der Fall, wenn die Verarbeitung für die Wahrnehmung einer Aufgabe erforderlich ist, die im öffentlichen Interesse liegt oder in Ausübung öffentlicher Gewalt erfolgt, die dem Verantwortlichen übertragen wurde. Die Mitgliedstaaten können nach Art. 6 II DS-GVO spezifische Bestimmungen über die Anwendung von Art. 6 I e DS-GVO einführen, indem sie spezifische Anforderungen für die Verarbeitung sowie sonstige Maßnahmen präziser bestimmen, um eine rechtmäßige und nach Treu und Glauben erfolgende Verarbeitung zu gewährleisten. Die Möglichkeit besteht auch für besondere Verarbeitungssituationen gemäß Kapitel IX der DS-GVO – unter anderem für die Datenverarbeitung zu Forschungszwecken nach Art. 89 DS-GVO. Somit stellt sich die Frage, ob Art. 89 DS-GVO Voraussetzungen aufführt, die über die Anforderungen des § 13 NDSG hinausgehen.

d. Garantien und Ausnahmen (Art. 89 DS-GVO)

Gemäß Art. 89 I DS-GVO unterliegt die Datenverarbeitung zu wissenschaftlichen Forschungszwecken geeigneten Garantien für die Rechte und Freiheiten der betroffenen Person gemäß DS-GVO. Durch die „Garantien" soll danach sichergestellt werden, dass technische und organisatorische Maßnahmen bestehen, mit denen insbesondere die Achtung des Grundsatzes der Datenminimierung gewährleistet wird. Fraglich ist, was im Zusammenhang mit Schutzvorkehrungen bei der Datenverarbeitung der Begriff der Garantien bedeutet. Die englischsprachige Fassung der DS-GVO verwendet den Begriff „safeguards", der sich mit Schutzvorkehrung oder Sicherungsmaßnahme übersetzen lässt. Der Ausdruck „Garantien für die Rechte und Freiheiten der betroffenen Person" bedeutet folglich, dass bei der Datenverarbeitung Vorkehrungen zum Schutz betroffener Personen zu treffen sind – Art. 89 I DS-GVO betont insofern Maßnahmen zur Achtung des Grundsatzes der Datenminimierung.

e. Fazit zu den unionsrechtlichen Anforderungen

Das Auslegungsergebnis steht im Einklang mit der Zielsetzung der DS-GVO, die den Schutz von Grundrechten natürlicher Personen umfasst. Die Auslegung von § 13 I 1 NDSG hat ergeben, dass die Verarbeitung von personenbezogenen Daten durch öffentliche Stellen des Landes Niedersachsen im Rahmen individueller Projekte zur Beantwortung spezifizierter wissenschaftlicher Fragestellungen zulässig ist, wenn dabei im Einzelfall gewährleistet ist, dass der durch die Datenverarbeitung erfolgende Grundrechtseingriff verhältnismäßig ist.[24] Bei den Grundsätzen des Art. 5 DS-GVO ist nicht eindeutig, ob sie (nur) Vorkehrungen für die Datenverarbeitung darstellen, oder (auch) Voraussetzungen für ihre Rechtmäßigkeit.[25] Es deutet sich an, dass sie in der Hinsicht Unschärfen aufweisen, dass sie Tatbestands- und Rechtsfolgenseite vermengen. Die Grundsätze sind gemäß Art. 5 II DS-GVO gleichzeitig auch Pflichten des Verantwortlichen. Eine Voraussetzung für die Zulässigkeit der Datenverarbeitung ist somit, dass bereits aus der gemäß § 13 I 1 NDSG zu erstellenden Projekt- bzw. Vorhabenbeschreibung hervorgeht, dass

24 Vgl. oben unter A. I.

25 Nach *Kramer* handelt es sich bei den Grundsätzen um die Fortsetzung der in Art. 5 der europäischen Datenschutzrichtlinie aufgelisteten allgemeinen Anforderungen an eine rechtmäßige Datenverarbeitung, *Kramer*, in: Auernhammer (Hrsg.), DS-GVO Art. 5 Rn. 3. *Reimer* ist der Ansicht, dass die Bestimmung das „Wie" der Verarbeitung regelt, *Reimer*, in: Sydow (Hrsg.), DS-GVO Art. 5 Rn. 1. Nach *Frenzel* entfalten die Grundsätze unabhängig von in weiteren Regelungen der DS-GVO enthaltenen Konkretisierungen eigenständig Wirkung, *Frenzel*, in: Paal/Pauly (Hrsg.), DS-GVO Art. 5 Rn. 11.

die datenschutzrechtlichen Grundsätze beachtet werden bzw. warum ihre Beachtung vor dem Hintergrund des jeweiligen Forschungszwecks nicht (vollumfänglich) möglich ist. Ähnliches gilt für Art. 89 DS-GVO. Die Vorschrift besagt, dass die Datenverarbeitung zu wissenschaftlichen Forschungszwecken geeigneten Garantien für die Rechte und Freiheiten der betroffenen Person unterliegt (eng. „shall be subject to appropriate safeguards"). Art. 89 I DS-GVO hebt mit Bezug zur wissenschaftlichen Forschung Maßnahmen zur Achtung des Grundsatzes der Datenminimierung hervor. Wie auch beim Art. 5 DS-GVO folgt daraus, dass sich bereits auf konzeptioneller Ebene aus der Vorhabenbeschreibung ergeben muss, dass entsprechende Schutzvorkehrungen in einer Art vorgesehen sind, dass der resultierende zur Erreichung des Forschungszwecks unvermeidbare Grundrechtseingriff so gering wie möglich ist. Art. 6 DS-GVO enthält die Befugnis der Mitgliedstaaten, Vorschriften über die Datenverarbeitung u. a. für wissenschaftliche Forschungszwecke zu erlassen. Der Artikel stellt die Regelungsbefugnis für § 13 NDSG dar.[26]

4. Zwischenergebnis

- Das Auslegungsergebnis steht im Einklang mit Verfassungsrecht. Einfaches Bundesrecht ist nicht anzuwenden.
- Damit die Datenverarbeitung durch öffentliche Stellen zu Forschungszwecken verfassungskonform ist, bedarf es gemäß der vom Bundesverfassungsgericht aufgestellten Anforderungen zunächst einer gesetzlichen Grundlage. Sie ist in § 13 NDSG zu finden. Zur Wahrung des Grundrechts auf informationelle Selbstbestimmung ist außerdem die Verhältnismäßigkeit der Datenverarbeitung im jeweiligen Forschungsvorhaben zu prüfen. Es ist insofern unerheblich, dass in § 13 I 1 NDSG nicht von Grundrechten die Rede ist, sondern vom schutzwürdigen Interesse der betroffenen Person.
- Die unionsrechtlichen Vorgaben sind so zu verstehen, dass bei der Datenverarbeitung zu wissenschaftlichen Forschungszwecken der geringstmögliche Grundrechtseingriff zur Beantwortung der jeweiligen Forschungsfrage anzustreben ist. Insofern bestätigt sich das Ergebnis der Auslegung von § 13 I 1 NDSG, wonach die Verarbeitung von personenbezogenen Daten durch öffentliche Stellen des Landes Niedersachsen im Rahmen individueller Projekte zur Beantwortung spezifizierter wissenschaftlicher Fragestellungen zulässig ist, wenn dabei im Einzelfall gewährleistet ist, dass der durch die Datenverarbeitung erfolgende Grundrechtseingriff verhältnismäßig ist.
- Bei den Grundsätzen des Art. 5 DS-GVO ist nicht eindeutig, ob sie (nur) Vorkehrungen für die Datenverarbeitung darstellen, oder (auch) Voraussetzungen für ihre Rechtmäßigkeit. Es deutet sich an, dass sie in der Hinsicht Unschärfen aufweisen, dass sie Tatbestands- und Rechtsfolgenseite vermengen. Die Grundsätze sind gleichzeitig auch Pflichten des Verantwortlichen (Art. 5 II DS-GVO).
- Eine Voraussetzung für die Zulässigkeit der Datenverarbeitung ist, dass bereits aus der gemäß § 13 I 1 NDSG zu erstellenden Projekt- bzw. Vorhabenbeschreibung hervorgeht, dass

26 LT-Drs. (Nds.) 18/548, S. 50.

die datenschutzrechtlichen Grundsätze beachtet werden bzw. warum ihre Beachtung vor dem Hintergrund des jeweiligen Forschungszwecks nicht (vollumfänglich) möglich ist.

III. Technische und organisatorische Vorkehrungen

Für den Fall, dass die Verarbeitung personenbezogener Daten zu Forschungszwecken rechtmäßig ist, stellt sich die Frage, welche Maßnahmen und Vorkehrungen zu treffen sind. Vorschriften über bei der Datenverarbeitung zu treffende Vorkehrungen finden sich in den §§ 13 II und 17 II, III NDSG und Art. 5, 25 und 32 DS-GVO.

1. Vorkehrungen nach § 13 II NDSG

Werden personenbezogene Daten zu wissenschaftlichen Forschungszwecken verarbeitet, sieht § 13 II NDSG i.V.m. Art. 89 I DS-GVO vor, dass sie von der Forschungseinrichtung zu anonymisieren sind, sobald dies nach dem Forschungszweck möglich ist. Gemäß § 13 II 2 NDSG sind die Merkmale, mit deren Hilfe ein Personenbezug hergestellt werden kann, getrennt zu speichern. Diese Merkmale dürfen mit den Einzelangaben nur zusammengeführt werden, soweit der Forschungszweck dies erfordert (§ 13 II 3 NDSG).

2. Vorkehrungen nach § 17 II NDSG

Werden im Rahmen der Datenverarbeitung unter anderem nach § 13 NDSG besondere Kategorien personenbezogener Daten verarbeitet, so sind von den Verantwortlichen und den Auftragsverarbeitern zur Wahrung der Grundrechte und Interessen der betroffenen Person die in § 17 II NDSG genannten Maßnahmen zu treffen:

- Danach ist zunächst sicherzustellen, dass nachträglich festgestellt werden kann, ob und von wem personenbezogene Daten verarbeitet worden sind (§ 17 II Nr. 1 NDSG).
- Weiterhin sind die Befugnisse für den Zugriff auf die personenbezogenen Daten auf das erforderliche Maß zu beschränken und zu dokumentieren (§ 17 II Nr. 2 NDSG).
- Drittens müssen die Personen, die Zugang zu den personenbezogenen Daten haben, für den Umgang mit ihnen sensibilisiert werden (§ 17 II Nr. 3 NDSG).

3. Vorkehrungen nach § 17 III NDSG

Die Verantwortlichen und Auftragsverarbeiter haben gemäß § 17 III NDSG ergänzend zu § 17 II NDSG weitere Maßnahmen zu treffen, soweit es zum Schutz besonderer Kategorien personenbezogener Daten erforderlich ist. Die Auflistung in § 17 III NDSG ist beispielhaft und nicht abschließend („Als Maßnahmen kommen insbesondere in Betracht:"). Unter anderem kann es danach geboten sein sicherzustellen, dass die personenbezogenen Daten zur Verarbeitung nur im Vier-Augen-Prinzip freigegeben werden, dass auf die personenbezogenen Daten nur nach einer Zwei-Faktor-Authentisierung zugegriffen wird und dass die elektronische Übermittlung von personenbezogenen Daten nur mit Verschlüsselung erfolgt. In welcher Art und in welchem Umfang die in § 17 III NDSG genannten Maßnahmen zu treffen sind, folgt aus § 17 IV NDSG. Danach richten sich Art und Umfang der Maßnahmen nach dem Stand der Technik und den Implementierungskosten, der Art, dem Umfang, den Umständen und dem Zweck der Datenverarbeitung sowie nach der Eintrittswahrscheinlichkeit und der Schwere der mit der Datenverarbeitung verbundenen Risiken für die Grundrechte und Interessen der betroffenen Person. Die Vorschrift orientiert sich am in Art. 25 DS-GVO verankerten Grundsatz des Datenschutzes durch Technikgestaltung und durch datenschutzfreundliche Voreinstellungen sowie an den Vorgaben über die Sicherheit der Datenverarbeitung nach Art. 32 DS-GVO.[27] Ihre Bedeutung ist im Weiteren zu klären.

4. Verarbeitungsgrundsätze (Art. 5 DS-GVO)

Aus Art. 5 DS-GVO folgt, dass die im jeweiligen Forschungsvorhaben vorgesehenen Vorkehrungen in der Gesamtschau so ineinandergreifen müssen, dass die datenschutzrechtlichen Grundsätze beachtet werden. Das kann technische Merkmale wie Datenübertragung, Speicherung oder Verschlüsselung, aber auch das Gesamtkonzept des Forschungsvorhabens samt organisatorischer, personeller und betrieblicher Strukturen betreffen. An der Stelle zeigt sich die Doppelfunktion der datenschutzrechtlichen Grundsätze, die zum einen als Voraussetzung für die Rechtmäßigkeit der Datenverarbeitung,[28] zum anderen als Pflichtenkatalog vor und während der Datenverarbeitung zu verstehen sind.

5. Privacy-by-design (Art. 25 DS-GVO)

Art. 25 DS-GVO regelt das sogenannte „Privacy-by-design“ bzw. „Privacy-by-default“. Dabei geht es darum, dass bereits durch entsprechende Voreinstellungen nur personenbezogene Daten verarbeitet werden, die für den jeweiligen Zweck erforderlich sind. Das Ziel ist ein Systemdesign, das von vornherein datenschutzfreundlich ist. Konkrete Maßnahmen werden nicht vorgeschrieben – als Beispiel für eine technische Vorkehrung nennt Art. 25 DS-GVO die Pseudonymisierung. Die Verpflichtung gilt für die Menge der erhobenen personenbezogenen Daten, den Umfang ihrer Verarbeitung, ihre Speicherfrist und ihre Zugänglichkeit. Die Pflicht zur datenschutzfreundlichen Voreinstellung betrifft gemäß Art. 25 II DS-GVO auch organisatorische Maßnahmen. Privacy-by-design kann somit auch Elemente strategischer und betrieblicher Überlegungen sowie personeller Führung beinhalten.[29] Der Verantwortliche trifft die Maßnahmen gemäß Art. 25 I DS-GVO sowohl während der Planung der Datenverarbeitung als auch bei der Verarbeitung selbst. Dabei sind der Stand der Technik, die Implementierungskosten sowie Art, Umfang, Umstände und Zweck der Verarbeitung sowie die Eintrittswahrscheinlichkeit und Schwere der mit der Verarbeitung verbundenen Risiken für die betroffenen natürlicher Personen zu berücksichtigen.

27 LT-Drs. (Nds.) 18/548, S. 57.
28 Dazu oben unter A.II.3.
29 *Mantz*, in: Sydow (Hrsg.), DS-GVO Art. 25 Rn. 5.

6. Sicherheit der Verarbeitung (Art. 32 DS-GVO)

Gemäß Art. 32 I 1 DS-GVO haben der Verantwortliche und der Auftragsverarbeiter unter Berücksichtigung des Stands der Technik, der Implementierungskosten und der Art, des Umfangs, der Umstände und der Zwecke der Verarbeitung sowie der unterschiedlichen Eintrittswahrscheinlichkeit und Schwere des Risikos für die Rechte und Freiheiten natürlicher Personen geeignete technische und organisatorische Maßnahmen zu treffen, um ein dem Risiko angemessenes Schutzniveau zu gewährleisten. Nach Art. 32 I DS-GVO schließen die Maßnahmen gegebenenfalls unter anderem Folgendes ein:

- die Pseudonymisierung und Verschlüsselung personenbezogener Daten,
- die Fähigkeit, die Vertraulichkeit, Integrität, Verfügbarkeit und Belastbarkeit der Systeme und Dienste im Zusammenhang mit der Verarbeitung auf Dauer sicherzustellen,
- die Fähigkeit, die Verfügbarkeit der personenbezogenen Daten und den Zugang zu ihnen bei einem physischen oder technischen Zwischenfall rasch wiederherzustellen und
- ein Verfahren zur regelmäßigen Überprüfung, Bewertung und Evaluierung der Wirksamkeit der technischen und organisatorischen Maßnahmen zur Gewährleistung der Sicherheit der Verarbeitung.

Die Maßnahmen nach Art. 32 I DS-GVO stellen einen Mindestmaßnahmenkatalog dar,[30] der unberührt von den Vorschriften des NDSG zu beachten ist.[31] Ihre Umsetzung steht unter einem Verhältnismäßigkeitsvorbehalt.[32] Daher ist im Einzelfall abzuwägen, ob der jeweilige Zweck rechtfertigt, einzelne der aufgeführten Vorkehrungen nicht zu treffen. Bei der Beurteilung des angemessenen Schutzniveaus sind gemäß Art. 32 II DS-GVO insbesondere die Risiken zu berücksichtigen, die aus Vernichtung, Verlust, Veränderung oder unbefugte Offenlegung von beziehungsweise unbefugten Zugang zu personenbezogenen Daten, die übermittelt, gespeichert oder auf andere Weise verarbeitet wurden, resultieren können. Die Maßnahmenliste nach Art. 32 I DS-GVO enthält mit der Pseudonymisierung und der Verschlüsselung von Daten zwei konkrete informationstechnische Instrumente. Die anderen Maßnahmen beschreiben dagegen „Fähigkeiten“ und „Verfahren“ und geben damit Ziele des Informationssicherheitsmanagements als Ganzes vor.[33] Sie betreffen nicht nur die Daten an sich, sondern auch die Systeme und Dienste, mit denen sie verarbeitet werden.[34]

7. Zwischenergebnis

- Bei der Datenverarbeitung zu Forschungszwecken sind die Vorschriften über Sicherheitsvorkehrungen der §§ 13, 17 NDSG und der Art. 5, 25, 32 DS-GVO zu beachten.

30 *Kramer/Meints*, in: Auernhammer (Hrsg.), DS-GVO Art. 32 Rn. 10.
31 LT-Drs. (Nds.) 18/548, S. 57.
32 *Mantz*, in: Sydow (Hrsg.), DS-GVO Art. 32 Rn. 10.
33 *Kramer/Meints*, in: Auernhammer (Hrsg.), DS-GVO Art. 32 Rn. 17.
34 *Kramer/Meints*, in: Auernhammer (Hrsg.), DS-GVO Art. 32 Rn. 19.

- § 13 II NDSG regelt, dass personenbezogene Daten von der Forschungseinrichtung zu anonymisieren sind, sobald es nach dem Forschungszweck möglich ist.
- Bei der Verarbeitung besonderer Kategorien personenbezogener Daten sind ergänzend die in § 17 II NDSG aufgeführten Maßnahmen zu treffen. Unter anderem ist sicherzustellen, dass nachträglich festgestellt werden kann, ob und von wem personenbezogene Daten verarbeitet worden sind. Weiterhin sind die Befugnisse für den Zugriff auf die personenbezogenen Daten auf das erforderliche Maß zu beschränken und Personen, die Zugang zu den personenbezogenen Daten haben, für den Umgang mit ihnen zu sensibilisieren.
- Der Verantwortliche hat im Fall besonderer personenbezogener Daten ergänzend zu den Vorkehrungen des § 17 II NDSG weitere angemessene und spezifische Maßnahmen gemäß § 17 III NDSG durchzuführen, soweit es zum Schutz besonderer Kategorien personenbezogener Daten angemessen und erforderlich ist.
- Aus Art. 5 DS-GVO folgt, dass die im jeweiligen Forschungsvorhaben vorgesehenen Vorkehrungen in der Gesamtschau so ineinandergreifen müssen, dass die datenschutzrechtlichen Grundsätze beachtet werden.
- Gemäß Art. 25 DS-GVO ist zu gewährleisten, dass bereits durch entsprechende Voreinstellungen nur personenbezogene Daten verarbeitet werden, die für den jeweiligen Zweck erforderlich sind. Dabei sind u. a. der Stand der Technik, die Implementierungskosten und die Risiken für die betroffenen natürlicher Personen zu berücksichtigen.
- Die Maßnahmenliste nach Art. 32 I DS-GVO enthält mit der Pseudonymisierung und der Verschlüsselung von Daten zwei konkrete informationstechnische Instrumente. Sie gibt darüber hinaus Ziele des Informationssicherheitsmanagements als Ganzes vor. Im Einzelfall ist unter Berücksichtigung der Risiken für Betroffene abzuwägen, ob der jeweilige Zweck rechtfertigt, einzelne der in Art. 32 DS-GVO aufgeführten Maßnahmen nicht umzusetzen.

IV. Rechte des Betroffenen

Die DS-GVO und das NDSG räumt Betroffenen grundsätzlich Rechte ein, um gegen eine Verarbeitung auf sie bezogener Daten vorzugehen (Art. 12 bis 23 DS-GVO). Nach § 13 V NDSG i. V. m. Art. 89 II 1 DS-GVO können Verantwortliche aber von einer Gewährung der Rechte aus den Artikeln 15, 16, 18 und 21 der DS-GVO absehen, soweit und solange die Inanspruchnahme dieser Rechte voraussichtlich die Verwirklichung der jeweiligen wissenschaftlichen Forschungszwecke unmöglich macht oder ernsthaft beeinträchtigt und der Ausschluss dieser Rechte für die Erfüllung dieser Zwecke notwendig ist. Die gemäß § 13 V NDSG einschränkbaren Rechte umfassen

- das Auskunftsrecht der betroffenen Person (Art. 15 DS-GVO),
- das Recht auf Berichtigung (Art. 16 DS-GVO),
- das Recht auf Einschränkung der Verarbeitung (Art. 18 DS-GVO) und
- das Widerspruchsrecht (Art. 21 DS-GVO).

Werden aufgrund von Vorschriften des NDSG, der DS-GVO oder aufgrund anderer datenschutzrechtlicher Bestimmungen Rechte der betroffenen Person beschränkt, so haben die Verantwortlichen die Gründe dafür zu dokumentieren (§ 11 NDSG). Unter die gemäß § 13 V NDSG beschränkbaren Rechte fallen nicht die in der DS-GVO verankerten Rechte auf Löschung bzw. „Vergessenwerden“ (Art. 17 DS-GVO) und Datenübertragbarkeit (Art. 20 DS-GVO).

1. Recht auf Löschung (Art. 17 DS-GVO)

Nach Art. 17 I DS-GVO hat die betroffene Person das Recht, von dem Verantwortlichen zu verlangen, dass sie betreffende personenbezogene Daten unverzüglich gelöscht werden. Der Verantwortliche ist dann verpflichtet, personenbezogene Daten unverzüglich zu löschen, sofern einer der in der Vorschrift gennannten Gründe zutrifft. Das Recht auf Löschung besteht nach Art. 17 III DS-GVO nicht, soweit die Verarbeitung unter anderem für im öffentlichen Interesse liegende wissenschaftliche Forschungszwecke gemäß Art 89 I DS-GVO erforderlich ist, wenn das Recht auf Löschung voraussichtlich die Verwirklichung der Ziele der Verarbeitung unmöglich macht oder ernsthaft beeinträchtigt.

2. Recht auf Datenübertragbarkeit (Art. 20 DS-GVO)

Das Recht auf Datenübertragbarkeit sieht vor, dass die betroffene Person die sie betreffenden personenbezogenen Daten in einem gängigen Format erhalten kann. Die betroffene Person hat auch das Recht, die Daten einem anderen Verantwortlichen zu übermitteln. Eine Ausnahme vom Recht auf Datenübertragbarkeit zu Forschungszwecken ist weder in Art. 20 DS-GVO noch im NDSG zu finden. Das Recht besteht aber nach Art. 20 I DS-GVO nur, sofern die Verarbeitung auf einer Einwilligung oder auf einem Vertrag beruht (Art. 6 I a, b und 9 II a DS-GVO) und die Verarbeitung mithilfe automatisierter Verfahren erfolgt.

3. Zwischenergebnis

- Sofern die verantwortliche Stelle von einer Gewährung der Rechte aus den Artikeln 15, 16, 18 und 21 DS-GVO absehen möchte, hat sie gemäß § 13 V NDSG darzulegen, ob und in welchem Umfang die Gewährung der Rechte voraussichtlich die Verwirklichung der jeweiligen wissenschaftlichen Forschungszwecke unmöglich macht oder ernsthaft beeinträchtigt und der Ausschluss dieser Rechte für die Erfüllung dieser Zwecke notwendig ist. Entsprechendes gilt für die mögliche Beschränkung des Rechts auf Löschung nach Art. 17 III DS-GVO.
- Eine Ausnahme vom Recht auf Datenübertragbarkeit zu Forschungszwecken ist weder in Art. 20 DS-GVO noch im NDSG zu finden. Das Recht besteht aber nach Art. 20 I DS-GVO nur, sofern die Verarbeitung auf einer Einwilligung oder auf einem Vertrag beruht (Art. 6 I a, b und 9 II a DS-GVO) und die Verarbeitung mithilfe automatisierter Verfahren erfolgt.
- Werden aufgrund von Vorschriften des NDSG, der DS-GVO oder aufgrund anderer datenschutzrechtlicher Bestimmungen Rechte der betroffenen Person beschränkt, so haben die Verantwortlichen die Gründe dafür zu dokumentieren (§ 11 NDSG).

V. Pflichten des Verantwortlichen

Nachfolgend wird zunächst geklärt, wer mit Bezug zur Datenverarbeitung zu Forschungszwecken der Verantwortliche im Sinne der §§ 11 und 13 V NDSG ist. Anschließend wird auf die im Rahmen von Forschungsvorhaben zu beachtenden Pflichten eingegangen.

1. Begriff des „Verantwortlichen"

Der Verantwortliche ist gemäß Art. 4 Nr. 7 DS-GVO die natürliche oder juristische Person, Behörde, Einrichtung oder andere Stelle, die allein oder gemeinsam mit anderen über die Zwecke und Mittel der Verarbeitung von personenbezogenen Daten entscheidet.

2. Dokumentations- und Unterrichtungspflicht

Die Dokumentationspflicht umfasst das Ergebnis der Abwägung nach § 13 I 1 NDSG und ihre Begründung. Beides ist gemäß § 13 I 2 NDSG aufzuzeichnen und der Datenschutzbeauftragte der öffentlichen Stelle ist über die Verarbeitung zu unterrichten. Darüber hinaus hat der Verantwortliche gemäß § 11 NDSG die Gründe zu dokumentieren, nach denen Rechte Betroffener auf Grundlage von § 13 V NDSG beschränkt werden.

3. Informationspflichten

Werden personenbezogene Daten nicht bei der betroffenen Person erhoben, gelten für den Verantwortlichen grundsätzlich die Informationspflichten des Art. 14 DS-GVO. Eine Beschränkung der Pflichten sieht § 14 NDSG vor, jedoch nicht für die Datenverarbeitung zu Forschungszwecken. Die Informationspflicht nach Art. 14 I und II DS-GVO umfasst unter anderem die Pflicht zur Mitteilung:

- des Namens und der Kontaktdaten des Verantwortlichen,
- der Kontaktdaten des Datenschutzbeauftragten,
- die Zwecke, für die die personenbezogenen Daten verarbeitet werden sollen, sowie die Rechtsgrundlage für die Verarbeitung,
- die Kategorien personenbezogener Daten, die verarbeitet werden,
- die Dauer, für die die personenbezogenen Daten gespeichert werden,
- die berechtigten Interessen, die von dem Verantwortlichen oder einem Dritten verfolgt werden.

Die Absätze I bis IV finden gemäß Art. 14 V DS-GVO keine Anwendung, wenn und soweit die betroffene Person bereits über die Informationen verfügt, sich die Erteilung der Informationen als unmöglich erweist oder einen unverhältnismäßigen Aufwand erfordern würde. Letzteres gilt nach Art. 14 V b DS-GVO etwa für die Verarbeitung für wissenschaftliche Forschungszwecke vorbehaltlich der in Art. 89 I DS-GVO genannten Bedingungen und Garantien oder soweit die

Informationspflicht voraussichtlich die Verwirklichung der Ziele der Verarbeitung unmöglich macht oder ernsthaft beeinträchtigt.

VI. Veröffentlichung und Weiterleitung der Daten

Fraglich ist, ob die zu Forschungszwecken verarbeiteten Daten veröffentlicht und weitergeleitet werden dürfen.

1. Veröffentlichung

Nach § 13 II NDSG dürfen personenbezogene Daten im Rahmen von wissenschaftlichen oder historischen Forschungsvorhaben nur veröffentlicht werden, wenn die betroffene Person eingewilligt hat oder dies für die Darstellung von Forschungsergebnissen über Ereignisse der Zeitgeschichte unerlässlich ist. Es besteht auch zu Forschungszwecken abgesehen von zeitgeschichtlichen Publikationen keine Ausnahme von der Pflicht zur Einholung der Einwilligung der betroffenen Person.

2. Weiterleitung

Nach § 13 IV NDSG dürfen personenbezogene Daten an Empfängerinnen und Empfänger, auf die die Vorschriften der §§ 1 bis 22 NDSG keine Anwendung finden, zu wissenschaftlichen oder historischen Forschungszwecken nur übermittelt werden, wenn sie sich verpflichtet haben, die Daten ausschließlich für das von ihnen bezeichnete Forschungsvorhaben und nach Maßgabe von § 13 I bis III NDSG zu verarbeiten und Schutzmaßnahmen nach § 17 NDSG oder gleichwertige Maßnahmen zu treffen. Die Übermittlung ist der von der oder dem Landesbeauftragten geleiteten Behörde frühzeitig anzuzeigen. Vorbehaltlich einer entsprechen Verpflichtung zur Wahrung der datenschutzrechtlichen Grundsätze und zur Einhaltung der Schutzmaßnahmen der §§ 13, 17 NDSG mit eindeutiger Bezeichnung des Forschungsvorhabens und des spezifischen Forschungszwecks dürfen personenbezogene Daten beispielsweise an Kooperationspartner in Verbundforschungsvorhaben übermittelt werden.

VII. Zusammenfassung der Ergebnisse aus Abschnitt A

- Die Verarbeitung von personenbezogenen Daten durch öffentliche Stellen des Landes Niedersachsen ist gemäß § 13 I 1 NDSG im Rahmen individueller Projekte zur Beantwortung spezifizierter wissenschaftlicher Fragestellungen zulässig, wenn dabei im Einzelfall gewährleistet ist, dass der durch die Datenverarbeitung erfolgende Grundrechtseingriff verhältnismäßig ist.
- Dass in § 13 NDSG nicht explizit von der Wahrung von Grundrechten, sondern vom „schutzwürdigen Interesse“ die Rede ist, bedeutet nicht, dass ein verminderter Prüfungsumfang vertretbar ist.
- Das Auslegungsergebnis steht im Einklang mit Unions- und Verfassungsrecht. Einfaches Bundesrecht ist nicht anzuwenden.

- Die unionsrechtlichen Vorgaben sind so zu verstehen, dass bei der Datenverarbeitung zu wissenschaftlichen Forschungszwecken der geringstmögliche Grundrechtseingriff zur Beantwortung der jeweiligen Forschungsfrage anzustreben ist.
- Bei den Grundsätzen des Art. 5 DS-GVO ist nicht eindeutig, ob sie (nur) Vorkehrungen für die Datenverarbeitung darstellen, oder (auch) Voraussetzungen für ihre Rechtmäßigkeit. Eine Voraussetzung für die Zulässigkeit der Datenverarbeitung ist, dass bereits aus der gemäß § 13 I 1 NDSG zu erstellenden Projekt- bzw. Vorhabenbeschreibung hervorgeht, dass die datenschutzrechtlichen Grundsätze beachtet werden bzw. warum ihre Beachtung vor dem Hintergrund des jeweiligen Forschungszwecks nicht (vollumfänglich) möglich ist.
- Bei der Datenverarbeitung zu Forschungszwecken sind die Vorschriften über Sicherheitsvorkehrungen der §§ 13, 17 NDSG und der Art. 25, 32 DS-GVO gleichermaßen zu beachten. Aus Art. 5 DS-GVO folgt ergänzend, dass die im jeweiligen Forschungsvorhaben vorgesehenen Vorkehrungen in der Gesamtschau so ineinandergreifen müssen, dass die datenschutzrechtlichen Grundsätze beachtet werden.
- Die DS-GVO und das NDSG räumt Betroffenen grundsätzlich Rechte ein, um gegen eine Verarbeitung auf sie bezogener Daten vorzugehen. Sofern die Inanspruchnahme der Rechte voraussichtlich die Verwirklichung des jeweiligen wissenschaftlichen Forschungszwecks unmöglich macht oder ernsthaft beeinträchtigt, besteht die Möglichkeit, Rechte zu beschränken. Das betrifft gemäß § 13 V NDSG die Rechte aus den Artikeln 15, 16, 18 und 21 DS-GVO und gemäß Art. 17 III DS-GVO das Recht auf Löschung. Werden aufgrund von Vorschriften des NDSG, der DS-GVO oder aufgrund anderer datenschutzrechtlicher Bestimmungen Rechte der betroffenen Person beschränkt, so haben die Verantwortlichen die Gründe dafür zu dokumentieren (§ 11 NDSG).
- Der Verantwortliche ist zur Dokumentation des Ergebnisses der Abwägung nach § 13 I 1 NDSG und ihrer Begründung verpflichtet. Beides ist gemäß § 13 I 2 NDSG aufzuzeichnen und der Datenschutzbeauftragte der öffentlichen Stelle ist über die Verarbeitung zu unterrichten. Für den Verantwortlichen gelten darüber hinaus Informationspflichten. Eine Ausnahme davon besteht gemäß Art. 14 V b DS-GVO, wenn die Informationspflicht voraussichtlich die Verwirklichung der Forschungsziele der Verarbeitung unmöglich macht oder ernsthaft beeinträchtigt.
- Es besteht auch zu Forschungszwecken im Regelfall keine Ausnahme von der Pflicht zur Einholung der Einwilligung der betroffenen Person.
- Vorbehaltlich einer entsprechen Verpflichtung zur Wahrung der datenschutzrechtlichen Grundsätze und zur Einhaltung der Schutzmaßnahmen der §§ 13, 17 NDSG mit eindeutiger Bezeichnung des Forschungsvorhabens und des spezifischen Forschungszwecks dürfen personenbezogene Daten beispielsweise an Kooperationspartner in Verbundforschungsvorhaben übermittelt werden.

B. Folgerungen für die Forschungsdatensammlung

Nachfolgend wird vor dem Hintergrund der in Abschnitt A erzielten Befunde zunächst geklärt, ob die Forschungsdatensammlung durch Kraftfahrzeuge, bei der Videodaten im öffentlichen Straßenraum aufgezeichnet werden, rechtmäßig ist. Im ersten Schritt wird dazu untersucht, ob die Voraussetzungen gemäß § 13 I 1 NDSG erfüllt sind. Die Untersuchung läuft im Kern auf die Prüfung der Verhältnismäßigkeit des Vorhabens hinaus. Daraufhin werden nach § 13 II NDSG und mit Blick auf die Verarbeitung von besonderen personenbezogenen gemäß § 17 II, III NDSG Ansätze entwickelt, um die dort genannten Vorkehrungen umzusetzen. Zuletzt werden Möglichkeiten zur Wahrung der Rechte der Betroffenen und Pflichten des Verantwortlichen vorgestellt.

I. Vorliegen der Voraussetzungen des § 13 NDSG

Im Folgenden wird geprüft, ob im Falle der Forschungsdatensammlung durch die TU Braunschweig die Tatbestandsmerkmale des § 13 I 1 NDSG erfüllt sind.

1. Tatbestandsmerkmal „öffentliche Stelle"

Bei der TU Braunschweig müsste es sich zunächst um eine öffentliche Stelle im Sinne von § 13 I 1 NDSG handeln. Öffentliche Stellen sind gemäß § 1 I NDSG Behörden, Organe der Rechtspflege und andere öffentlich-rechtlich organisierte Einrichtungen des Landes, der Kommunen und der sonstigen der Aufsicht des Landes unterstehenden Körperschaften, Anstalten und Stiftungen des öffentlichen Rechts. Die TU Braunschweig steht gemäß § 2 I 1 Nr. 1 des Niedersächsischen Hochschulgesetzes (NHG)[35] in staatlicher Verantwortung. Sie erfüllt nach § 47 I 1 NHG als Einrichtung des Landes staatliche Angelegenheiten. Bei der TU Braunschweig handelt es sich somit um eine öffentliche Stelle im Sinne des § 13 NDSG.

2. Tatbestandsmerkmal „personenbezogene Daten"

Im Forschungsvorhaben müsste die Verarbeitung personenbezogener Daten beabsichtigt sein. Das von einer Kamera aufgezeichnete Bild einer Person fällt gemäß § 1 I 1 NDSG i. V. m. Art. 4 Nr. 1 DS-GVO unter den Begriff personenbezogene Daten, sofern es die Identifikation der betroffenen Person ermöglicht.[36] Um festzustellen, ob eine natürliche Person identifizierbar ist, sind alle Mittel zu berücksichtigen, die für eine Identifizierung nach allgemeinem Ermessen wahrscheinlich genutzt werden. Bei der Feststellung, ob Mittel nach allgemeinem Ermessen wahrscheinlich zur Identifizierung der natürlichen Person genutzt werden, sind Faktoren wie die Kosten der Identifizierung und der dafür erforderliche Zeitaufwand heranzuziehen und die zum Zeitpunkt der Verarbeitung verfügbare Technologie und technologische Entwicklungen zu

35 Niedersächsisches Hochschulgesetz (NHG) in der Fassung vom 26. Februar 2007, zuletzt geändert durch Gesetz vom 11.09.2019 (Nds. GVBl. S. 261).
36 EuGH, Urt. v. 11.12.2014 – C-212/13, NJW 2015, 463 Rn. 22.

berücksichtigen.[37] Bei der Aufzeichnung von Videodaten durch Forschungsfahrzeuge ist davon auszugehen, dass die betroffenen, d. h. möglicherweise auf den Videoaufnahmen sichtbaren, Personen identifizierbar sind – vor allem dann, wenn spezifische Körpermerkmale wie Gesichter zu erkennen sind. Somit handelt es sich um personenbezogene Daten,[38] weshalb die spezialrechtlichen Vorgaben des NDSG und ggf. ergänzend die Vorschriften der DS-GVO zu beachten sind. Lediglich, wenn die Daten durch ausreichende Unkenntlichmachung von natürlichen Personen in einer Art anonymisiert werden, dass eine Identifikation ausgeschlossen ist, sind datenschutzrechtliche Vorgaben nicht anzuwenden. Im Fall der geplanten Forschungsdatensammlung durch die TU Braunschweig könnten darüber hinaus besondere Kategorien personenbezogener Daten nach Art. 9 I DS-GVO verarbeitet werden. Das betrifft personenbezogene Daten, aus denen beispielsweise die ethnische Herkunft, politische Meinungen, religiöse oder weltanschauliche Überzeugungen oder die Gewerkschaftszugehörigkeit hervorgehen. Bildaufzeichnungen im öffentlichen Straßenraum können Rückschlüsse auf die in Art. 9 I DS-GVO Eigenschaften natürlicher Personen ermöglichen. Das könnte beispielsweise der Fall sein, wenn Körpermerkmale oder Bekleidung zu erkennen, Begleitpersonen mit aufgezeichnet oder ein spezifischer situativer Kontext erfasst wird. Denkbar ist auch, dass bereits der Aufenthaltsort der betroffenen Person im öffentlichen Raum Rückschlüsse auf Eigenschaften nach Art. 9 I DS-GVO zulässt. Somit geht es bei der geplanten Forschungsdatensammlung um die Verarbeitung besonderer Kategorien personenbezogener Daten.

3. Tatbestandsmerkmal „bestimmtes wissenschaftliches Forschungsvorhaben"

Bei der Forschungsdatensammlung müsste es sich gemäß § 13 I 1 NDSG um ein bestimmtes wissenschaftliches Forschungsvorhaben handeln. Dazu müsste zunächst die wissenschaftliche Fragestellung spezifiziert sein. Die Forschungsfrage des Vorhabens der TU Braunschweig ist, welche Methoden sich eignen, um das Verhalten von Verkehrsteilnehmern zu prognostizieren, und wie sie in automatisierten Fahrzeugen genutzt werden können. Weiterhin müsste das Projekt in einem Plan über die Art und Weise, wie die wissenschaftliche Fragestellung beantwortet werden soll, beschrieben sein. Dabei müsste erläutert werden, welche Rolle die zu verarbeitenden Daten für die Erreichung des Forschungszwecks spielen. Institute der TU Braunschweig beabsichtigen unter anderem, mit Daten zu arbeiten, die mittels an Kraftfahrzeugen angebrachten außengerichteten Sensoren erfasst werden (Foto- und Videodaten). Eine Verpixelung von beispielsweise Gesichtern oder Kennzeichen in Videoaufnahmen ist aufgrund der Forschungsfragestellungen nicht möglich bzw. würde die Klärung wichtiger Forschungsfragestellungen unmöglich machen. Ein Ziel des Forschungsvorhabens liegt darin, Video- und Fotodaten dazu zu nutzen, um neuronale Netze anzulernen. Die Qualität der Basisdaten, mit denen die neuronalen Netze angelernt werden, ist von zentraler Bedeutung. Ein wesentliches Qualitätskriterium ist, dass die Daten unverfälscht sind („Rohdaten") – d. h. insbesondere keine Anomalien enthalten, wie sie beispielsweise bei der Anonymisierung von Bilddaten auftreten, wenn etwa Gesichter betroffener Personen un-

37 Vgl. den Erwägungsgrund Nr. 26 der DS-GVO.

38 Vgl. auch: BGH, Urt. v. 15.05.2018 – VI ZR 233/17, NJW 2018, 2883 (2885 Rn. 21).

kenntlich gemacht werden. Bei der Forschungsdatensammlung handelt es sich im Ergebnis um ein bestimmtes wissenschaftliches Forschungsvorhaben im Sinne des § 13 I 1 NDSG.

4. Tatbestandsmerkmal „verarbeiten"

Im Forschungsvorhaben müsste eine Verarbeitung von Daten vorgesehen sein. Datenverarbeitung im Sinne von § 13 I 1 NDSG ist gemäß § 1 I 1 NDSG i. V. m. Art. 4 Nr. 2 DS-GVO jeder mit oder ohne Hilfe automatisierter Verfahren ausgeführte Vorgang oder jede solche Vorgangsreihe im Zusammenhang mit personenbezogenen Daten wie das Erheben, das Erfassen, die Organisation, das Ordnen, die Speicherung, die Anpassung oder Veränderung, das Auslesen, das Abfragen, die Verwendung, die Offenlegung durch Übermittlung, Verbreitung oder eine andere Form der Bereitstellung, den Abgleich oder die Verknüpfung, die Einschränkung, das Löschen oder die Vernichtung. Die sensorbasierte Erfassung und Speicherung sowie mögliche weitere Aktivitäten im Sinne des Art. 4 Nr. 2 DS-GVO, beispielsweise die (automatisierte) Aufzeichnung von Videodaten durch entsprechend ausgestattete Forschungsfahrzeuge, sind alle als Verarbeitung im Sinne des § 13 I 1 NDSG einzustufen.

5. Tatbestandsmerkmal „schutzwürdiges Interesse"

Gemäß § 13 I 1 NDSG darf der Datenverarbeitung für das Forschungsvorhaben kein schutzwürdiges Interesse der betroffenen Person entgegenstehen. Weiterhin muss das öffentliche Interesse an der Durchführung des Forschungsvorhabens das schutzwürdige Interesse der betroffenen Person überwiegen. Die Verarbeitung von personenbezogenen Daten durch öffentliche Stellen des Landes Niedersachsen ist gemäß § 13 I 1 NDSG im Rahmen individueller Projekte zur Beantwortung spezifizierter wissenschaftlicher Fragestellungen zulässig, wenn dabei im Einzelfall gewährleistet ist, dass der durch die Datenverarbeitung erfolgende Grundrechtseingriff verhältnismäßig ist. Dass in § 13 NDSG nicht explizit von der Wahrung von Grundrechten, sondern vom „schutzwürdigen Interesse" die Rede ist, bedeutet nicht, dass der Prüfungsumfang geringer ist.[39] Vielmehr ist bei jeder Art der Verarbeitung personenbezogener Daten davon auszugehen, dass Grundrechte betroffen sind. Das schutzwürdige Interesse der Betroffenen Person steht der Datenverarbeitung im Rahmen des Forschungsvorhabens nicht entgegen, wenn die Verarbeitung der personenbezogenen Daten auf einer gesetzlichen Grundlage erfolgt und dem Grundsatz der Verhältnismäßigkeit genügt.

7. Zwischenfazit

- Bei der TU Braunschweig handelt es sich um eine öffentliche Stelle im Sinne des § 13 I 1 NDSG.
- Bei der geplanten Forschungsdatensammlung geht es um die Verarbeitung besonderer Kategorien personenbezogener Daten.

39 Vgl. unter A. I.5

- Bei der Forschungsdatensammlung handelt es sich um ein bestimmtes wissenschaftliches Forschungsvorhaben im Sinne des § 13 I 1 NDSG.
- Die sensorbasierte Erfassung und Speicherung sowie mögliche weitere Aktivitäten im Sinne des Art. 4 Nr. 2 DS-GVO, beispielsweise die (automatisierte) Aufzeichnung von Videodaten durch entsprechend ausgestattete Forschungsfahrzeuge, sind alle als Verarbeitung im Sinne des § 13 I 1 NDSG einzustufen.
- Das schutzwürdige Interesse der betroffenen Person gemäß § 13 I 1 NDSG ist bei der Forschungsdatensammlung dann gewahrt, wenn der durch die Datenverarbeitung erfolgende Grundrechtseingriff verhältnismäßig ist.

II. Verhältnismäßigkeit

Dem Vorhaben könnten Art. 1 I und 2 I GG entgegenstehen. Das Bundesverfassungsgericht führte in seinem Urteil vom 15. Dezember 1983 („Volkszählungsurteil") aus, dass es für die Rechtmäßigkeit der Datenverarbeitung durch öffentliche Stellen einer gesetzlichen Grundlage bedarf. Außerdem ist der Grundsatz der Verhältnismäßigkeit zu beachten. Zuletzt sind organisatorische und verfahrensrechtliche Vorkehrungen zu treffen, welche der Gefahr einer Verletzung des Persönlichkeitsrechts entgegenwirken. Nachfolgend wird geprüft, ob den Anforderungen im Falle der Forschungsdatensammlung durch die TU Braunschweig entsprochen wird.

1. Gesetzliche Grundlage

Die gesetzliche Grundlage für die Forschungsdatensammlung durch die TU Braunschweig bildet § 13 I 1 NDSG.

2. Grundsatz der Verhältnismäßigkeit

Damit die Forschungsdatensammlung durch die TU Braunschweig verhältnismäßig ist, muss mit ihr ein legitimer Zweck verfolgt werden. Sie muss geeignet sein, den Zweck zu erreichen. Weiterhin darf es kein milderes Mittel geben (Erforderlichkeit), und zuletzt hat die Verarbeitung angemessen im engeren Sinne zu sein.

a. Legitimer Zweck

Aufseiten der TU Braunschweig besteht zunächst Wissenschafts- und Forschungsfreiheit nach Art. 5 III GG. Die Freiheitsgarantie erstreckt sich auf jede wissenschaftliche Tätigkeit, d. h. auf alles, was nach Inhalt und Form als ernsthafter planmäßiger Versuch zur Ermittlung der Wahrheit anzusehen ist.[40] Das folgt unmittelbar aus der prinzipiellen Unabgeschlossenheit jeglicher wissenschaftlichen Erkenntnis.[41] Vor dem Hintergrund ist ein legitimer Zweck der Datenverarbeitung nach § 13 NDSG die Forschung selbst. Ein öffentliches Allgemeininteresse an der Durchführung eines Forschungsvorhabens, in dem Forschungsfahrzeuge kontinuierlich Bilddaten ihrer Umge-

40 BVerfG, Urt. v. 29.05.1973 – 1 BvR 424/71, BVerfGE 35, 79-170 = NJW 1973, 1176.
41 BVerfG, Urt. v. 29.05.1973 – 1 BvR 424/71, BVerfGE 35, 79-170 = NJW 1973, 1176.

bung aufzeichnen, liegt unter anderem darin, die Frage zu beantworten, welche technischen Ansätze im Zusammenhang mit der Automatisierung von Kraftfahrzeugen dazu beitragen können, die Sicherheit im Straßenverkehr zu erhöhen. Um das zu klären, sind Datenbestände nötig, die analysiert und zur Erforschung automatisierter Fahrsysteme genutzt werden können.

b. Geeignetheit

Die Forschungsdatensammlung stellt einen Baustein dar, um die Zahl von Unfällen im Straßenverkehr durch den Einsatz von Fahrsystemen langfristig zu senken, indem der Automatisierungsgrad von Kraftfahrzeugen stetig erhöht wird. Neue Fahrsysteme und die ihnen zugrunde liegenden Algorithmen können durch einen Bestand an Basisdaten wissenschaftlich bewertet und weiterentwickelt werden. Die Datenverarbeitung ist somit geeignet, den legitimen Zweck zu erreichen. Fraglich ist, ob die geplante Forschungsdatensammlung auch erforderlich ist.

c. Erforderlichkeit

Damit das Vorhaben erforderlich ist, darf es kein milderes Mittel geben, um den Zweck zu erreichen. Fahrsysteme sind vermehrt auf Daten aus Sensoren angewiesen. Darunter spielen insbesondere die mittels Fahrzeugsensoren verarbeiteten Video-Umgebungsdaten eine wichtige Rolle. Sie können genutzt werden, um Methoden zu entwickeln, mit denen sich Verkehrsteilnehmer detektieren und ihr Verhalten prognostizieren lässt. Ein Ziel des Forschungsvorhabens an der TU Braunschweig liegt vor dem Hintergrund darin, Video- und Fotodaten einzusetzen, um neuronale Netze für die Entscheidungsfindung in automatisierten Fahrzeugen anzulernen. Um das Ziel zu erreichen, sind Daten hoher Qualität erforderlich, die insbesondere davon abhängt, ob die Daten unverfälscht sind („Rohdaten") – d. h. keine Anomalien enthalten, wie sie beispielsweise bei der Anonymisierung von Bilddaten auftreten, wenn etwa Gesichter betroffener Personen unkenntlich gemacht werden.

Eine Anonymisierung betroffener Personen kommt mit Blick auf die Forschungsfrage nicht in Betracht. Ebenso wenig ist es möglich, die Verarbeitung personenbezogener Daten gänzlich zu vermeiden, indem etwa Aufzeichnungen nur stattfinden, wenn keine anderen Verkehrsteilnehmer anwesend sind. Denkbar wäre, andere Sensorarten wie Radar, Lidar oder Ultraschall einzusetzen. Aus den damit verarbeiteten Daten gehen aber wesentliche Kriterien, anhand derer Rückschlüsse über das Verhalten von Verkehrsteilnehmern gezogen werden können, nicht hervor. So können mit Lidar-, Radar- oder Ultraschallsensoren spezifische Körpermerkmale von Fußgängern oder Radfahrern nur rudimentär erfasst werden. Als Eingangsgrößen für neuronale Netze zur Verhaltensprädiktion kommen die damit erfassten Daten daher nicht infrage. Eine adäquate Objekterfassung mit hoher Güte der semantischen Informationen bei gleichzeitig weitem Sichtfeld und hoher Winkelauflösung können derzeit nur Videokameras leisten.[42] Vor dem Hintergrund besteht kein milderes Mittel, um das Ziel zu erreichen.

42 Für eine Bewertung der Eigenschaften verschiedener Sensorarten: *Milz/Schrepfer*, in: Bertram (Hrsg.), Automatisiertes Fahren, S. 6.

d. Angemessenheit

Das Vorhaben muss für den Einzelnen zumutbar sein und in einem vernünftigen Verhältnis zu den ihm und der Allgemeinheit erwachsenden Vorteilen stehen (Angemessenheit).[43] Zu prüfen ist, ob bei einer Gesamtabwägung zwischen der Schwere des Eingriffs und dem Gewicht und der Dringlichkeit der ihn rechtfertigenden Gründe die Grenze der Zumutbarkeit gewahrt bleibt.[44] Das Gebot der Angemessenheit erfordert eine Abwägung zwischen dem Nutzen der Maßnahme und den durch die Maßnahmen herbeigeführten Beeinträchtigungen und setzt dem Ergebnis eine Grenze.[45]

Bei der Verarbeitung personenbezogener Daten im Rahmen der Forschungsdatensammlung ist das vom Bundesverfassungsgericht aus Art. 2 I GG i. V. m. Art. 1 I GG abgeleitete Grundrecht auf informationelle Selbstbestimmung betroffen – im Kern geht es also um das allgemeine Persönlichkeitsrecht möglicherweise auf den Videoaufzeichnungen sichtbarer natürlicher Personen. Es umfasst die aus dem Gedanken der Selbstbestimmung folgende Befugnis des einzelnen, grundsätzlich selbst zu entscheiden, wann und innerhalb welcher Grenzen persönliche Lebenssachverhalte offenbart werden.[46] Dazu zählt auch die möglicherweise aus Videodaten zu entnehmende Information, zu welcher Zeit sich ein Betroffener an einem bestimmten Ort aufgehalten hat. Das Recht auf informationelle Selbstbestimmung als Ausprägung des allgemeinen Persönlichkeitsrechts ist gemäß Art. 2 I GG aber nicht schrankenlos gewährleistet. Der Einzelne muss Einschränkungen seines Rechts auf informationelle Selbstbestimmung etwa im überwiegenden Allgemeininteresse hinnehmen.[47] Die Tragweite des Rechts für Eingriffe durch den Staat hängt dabei von der Art der Angaben, ihrer Nutzbarkeit und ihrer Verwendungsmöglichkeit ab. Sie hängen wiederum von dem Zweck, dem die Erhebung dient, und von den der Informationstechnologie eigenen Verarbeitungs- und Verknüpfungsmöglichkeiten ab.

Dem allgemeinen Persönlichkeitsrecht Betroffener steht aufseiten der TU Braunschweig die Forschungsfreiheit gemäß Art. 5 III 1 GG gegenüber. Ihre Freiheitsgarantie erstreckt sich auf jede wissenschaftliche Tätigkeit, d. h. auf alles, was nach Inhalt und Form als ernsthafter planmäßiger Versuch zur Ermittlung der Wahrheit anzusehen ist.[48] Das folgt unmittelbar aus der prinzipiellen Unabgeschlossenheit jeglicher wissenschaftlichen Erkenntnis. Art. 5 III 1 GG gewährleistet Wissenschaftlern einen gegen Eingriffe des Staates geschützten Freiraum, der vor allem die auf wissenschaftlicher Eigengesetzlichkeit beruhenden Prozesse, Verhaltensweisen und Entscheidungen bei dem Auffinden von Erkenntnissen, ihrer Deutung und Weitergabe umfaßt.[49] Innerhalb dieses Freiraums forschen die Institute der TU Braunschweig an Methoden zur computerbasierten Entscheidungsfindung beim automatisierten Fahren. Im Kern geht es unter anderem um die Beantwortung offener Forschungsfragen im Zusammenhang mit Algorithmen und neuronalen Netzen für die Anwendung in automatisierten Fahrfunktionen. Die Zielsetzung der Forschungstätigkeit liegt, neben der originären Erkenntnisgewinnung, auch darin, Methoden zur Erhöhung der Si-

43 BVerfG, Beschl. v. 18.12.1974 – 1 BvR 430/65 u. 259/66, BVerfGE 38, 281–312 = NJW 1975, 1265 (1266).
44 BVerfG, Beschl. v. 17.10.1990 – 1 BvR 283/85, BVerfGE 83, 1–24 = NJW 1991, 555 (557).
45 *Grzeszick*, in: Maunz/Dürig, GG Art. 20 Rn. 117.
46 BVerfG, Urt. v. 15.12.1983 – 1 BvR 209/83, BVerfGE 65, 1–71 = NJW 1984, 419 (421).
47 BVerfG, Urt. v. 15.12.1983 – 1 BvR 209/83, BVerfGE 65, 1–71 = NJW 1984, 419 (422).
48 BVerfG, Urt. v. 29.05.1973 – 1 BvR 424/71, BVerfGE 35, 79-170 = NJW 1973, 1176.
49 BVerfG, Urt. v. 29.05.1973 – 1 BvR 424/71, BVerfGE 35, 79-170 = NJW 1973, 1176 1. Leitsatz.

cherheit im Straßenverkehr zu entwickeln. Das entspricht dem wesentlichen mit der Automatisierung von Kraftfahrzeugen verfolgten Zweck.

Die Sicherheit im Straßenverkehr hängt beim Einsatz automatisierter Kraftfahrzeuge insbesondere von ihrer Fähigkeit ab, die jeweilige Umgebung einschließlich natürlicher Personen wie Fußgängern und Radfahrern exakt zu erkennen und ihr mögliches Verhalten zu prognostizieren. Zur Entwicklung und Erprobung geeigneter Fahrfunktionen bedarf es daher Grundlagenerkenntnisse, für deren Generierung wiederum ein Bestand an Umgebungsdaten erforderlich ist. Die Forschungsdatensammlung durch die TU Braunschweig erfüllt den Zweck, die Umgebungsdaten zu erfassen und zu dem beschriebenen Zweck zu verwenden. Gleichwohl erscheint eine unbegrenzte Datensammlung zur Erreichung des Forschungszwecks nicht notwendig. Vielmehr hängt die Angemessenheit des Vorhabens in dem beschriebenen Spannungsfeld zwischen dem öffentlichen Interesse an der Beantwortung der Forschungsfragen und der Forschungsfreiheit auf der einen, dem allgemeinen Persönlichkeitsrecht bzw. dem Recht auf informationelle Selbstbestimmung auf der anderen Seite, vom absoluten Umfang der verarbeiteten Daten ab, beispielsweise der Anzahl verwendeter Forschungsfahrzeuge bzw. Kameras und ihrer (summierten) Aufzeichnungsdauer. Für die Forschungsdatensammlung folgt daraus, dass nur so viele Fahrzeuge einzusetzen und nur so viele Daten zu verarbeiten sind, wie für die Beantwortung der Forschungsfrage notwendig ist. Unter der Voraussetzung ist die Forschungsdatensammlung durch Institute der TU Braunschweig auch angemessen.

3. Zwischenfazit

- Die gesetzliche Grundlage für die Forschungsdatensammlung bildet § 13 NDSG.
- Ein legitimer Zweck liegt in Form des Allgemeininteresses an der Steigerung der Sicherheit im Straßenverkehr durch die Entwicklung automatisierter Fahrfunktionen sowie in Form der Wissenschafts- und Forschungsfreiheit nach Art. 5 III 1 GG vor.
- Die Datenverarbeitung ist geeignet, den legitimen Zweck zu erreichen, da neue Fahrsysteme und die ihnen zugrunde liegenden Algorithmen nur durch einen großen Bestand an Eingangs- bzw. Basisdaten, insbesondere Videodaten, wissenschaftlich untersucht und weiterentwickelt werden können.
- Es besteht kein milderes Mittel, um das Ziel zu erreichen. Eine Anonymisierung betroffener Personen kommt mit Blick auf die Forschungsfrage nicht in Betracht. Ebenso wenig ist es möglich, die Verarbeitung personenbezogener Daten gänzlich zu vermeiden, indem etwa Aufzeichnungen nur stattfinden, wenn keine anderen Verkehrsteilnehmer anwesend sind. Mit anderen Sensorarten, etwa auf Basis von Lidar-, Radar- oder Ultraschall, können spezifische Körpermerkmale von Fußgängern oder Radfahrern nicht mit ausreichender Qualität erfasst werden.
- Die Angemessenheit des Vorhabens hängt vom absoluten Umfang der verarbeiteten Daten ab, beispielsweise der Anzahl verwendeter Forschungsfahrzeuge bzw. Kameras und ihrer (summierten) Aufzeichnungsdauer. Für die Forschungsdatensammlung folgt daraus, dass nur so viele Fahrzeuge einzusetzen und Daten nur in dem Umfang zu verarbeiten sind, wie es für die Beantwortung der Forschungsfrage notwendig ist.

III. Technische und organisatorische Vorkehrungen

Aufgrund der Verarbeitung personenbezogener Daten sind im Rahmen der Forschungsdatensammlung Vorkehrungen gemäß § 13 II NDSG zu treffen. Darüber hinaus sind bedingt durch die Verarbeitung besonderer personenbezogener Daten die Maßnahmen nach § 17 II NDSG umzusetzen. Zuletzt ist abzuwägen, ob auch Maßnahmen gemäß § 17 III NDSG infrage kommen. Darüber hinaus sind Möglichkeiten zur datenschutzfreundlichen Voreinstellung nach Art. 25 DS-GVO und mögliche weitere Vorkehrungen gemäß Art. 32 DS-GVO zu prüfen.

1. Vorkehrungen nach § 13 II NDSG

Werden personenbezogene Daten zu wissenschaftlichen Forschungszwecken verarbeitet, sieht § 13 II NDSG vor, dass sie von der Forschungseinrichtung zu anonymisieren sind, sobald dies nach dem Forschungszweck möglich ist. Die im Rahmen der Forschungsdatensammlung zu verarbeitenden Videoaufzeichnungen können aufgrund des spezifischen Forschungszwecks nicht in einer Art bearbeitet bzw. von vornherein so erfasst werden, dass kein Personenbezug hergestellt werden kann.[50] Um der Anforderung der Sätze 2 und 3 des § 13 II NDSG zu entsprechen, könnte aber erwogen werden, zumindest die mit den Bilddaten verknüpften Daten, etwa über Zeitpunkt und Ort der Erfassung, getrennt von den eigentlichen Bilddaten zu speichern oder sie von vornherein zu löschen, sofern sie für den Forschungszweck insgesamt nicht erforderlich sind. Für spezielle Forschungsfragen, bei denen auch anonymisierte Daten ausreichen, sind diese zu verwenden. Das schließt etwa Forschungsfragen ein, bei denen Personenmerkmale wie Mimik und Gestik keine Relevanz haben, und der vollumfängliche Erhalt der Rohdatenpixel von Personen in Bilddaten ebenfalls nicht. Dann sind natürliche Personen unkenntlich zu machen.

2. Vorkehrungen nach § 17 II NDSG

Werden im Rahmen der Datenverarbeitung unter anderem nach § 13 NDSG besondere Kategorien personenbezogener Daten verarbeitet, so sind von den Verantwortlichen und den Auftragsverarbeitern zur Wahrung der Grundrechte und Interessen der betroffenen Person die in § 17 II NDSG genannten Maßnahmen zu treffen. Im Rahmen der Forschungsdatensammlung durch die TU Braunschweig ist danach sicherzustellen, dass nachträglich festgestellt werden kann, ob und von wem personenbezogene Daten verarbeitet worden sind (§ 17 II Nr. 1 NDSG). Hinweise darauf, wie die Maßnahmen umgesetzt werden können, lassen sich der informationstechnischen Norm DIN EN ISO/IEC 27001 über Informationssicherheits-Managementsysteme entnehmen. Mögliche Maßnahmen sind danach:[51]

- die Registrierung und Deregistrierung von Benutzern, d. h. ein formaler Prozess für die Registrierung und Deregistrierung von Benutzern, um die Zuordnung von Zugangsrechten zu ermöglichen,

50 Vgl. dazu bereits oben unter B.II.2.
51 DIN EN ISO/IEC 27001 (Stand: Juni 2017), Anhang A, S. 17 ff.

- eine Ereignisprotokollierung, die Benutzertätigkeiten, Ausnahmen, Störungen und Informationssicherheitsvorfälle aufzeichnet, und
- Administratoren- und Bedienerprotokolle, um Tätigkeiten von Systemadministratoren und Systembedienern aufzuzeichnen.

Weiterhin sind gemäß § 17 II Nr. 2 NDSG die Befugnisse für den Zugriff auf die personenbezogenen Daten auf das erforderliche Maß zu beschränken und zu dokumentieren. Dazu kann beispielsweise ein formaler Prozess zur Zuteilung von Benutzerzugängen umgesetzt werden, um die Zugangsrechte für alle Benutzerarten zu allen Systemen und Diensten zuzuweisen oder zu entziehen.[52] Drittens müssen die Personen, die Zugang zu den personenbezogenen Daten haben, für den Umgang mit ihnen sensibilisiert werden (§ 17 II Nr. 3 NDSG). Denkbar ist, entsprechendes Informationsmaterial und Dokumentationen über die datenschutzrechtlichen Anforderungen beim Umgang mit besonderen Kategorien personenbezogener Daten zur Verfügung zu stellen bzw. ihr Studium zur Voraussetzung für den Zugang zu den personenbezogenen Daten zu machen.

3. Vorkehrungen nach § 17 III NDSG

Die Verantwortlichen und Auftragsverarbeiter haben gemäß § 17 III NDSG ergänzend zu § 17 II NDSG weitere angemessene und spezifische Maßnahmen zu treffen, soweit es zum Schutz besonderer Kategorien personenbezogener Daten erforderlich ist. Die Auflistung in § 17 III NDSG ist beispielhaft und nicht abschließend („Als Maßnahmen kommen insbesondere in Betracht"). In welcher Art und in welchem Umfang die in § 17 III NDSG genannten Maßnahmen zu treffen sind, folgt aus § 17 IV NDSG. Danach richten sich Art und Umfang der Maßnahmen nach dem Stand der Technik und den Implementierungskosten, der Art, dem Umfang, den Umständen und dem Zweck der Datenverarbeitung sowie nach der Eintrittswahrscheinlichkeit und der Schwere der mit der Datenverarbeitung verbundenen Risiken für die Grundrechte und Interessen der betroffenen Person. Zu klären ist, ob die durch die Forschungsdatensammlung betroffenen Grundrechte bereits durch die Vorkehrungen gemäß § 17 II NDSG in angemessener Weise geschützt sind und welche weiteren Maßnahmen möglicherweise infrage kommen. Dabei ist maßgeblich, dass die Daten nicht gemäß § 13 II NDSG anonymisiert werden können, ohne die Erreichung des Forschungszwecks infrage zu stellen.[53] Die möglichen Sicherheitsvorkehrungen lassen sich vereinfacht nach analoge (physische), digitale und personell-organisatorische Ansätze unterscheiden. Physische Maßnahmen betreffen beispielsweise den Umgang mit Datenträgern. Denkbar ist, im Forschungsvorhaben die Handhabung von Wechseldatenträgern zu standardisieren. Das kann ihren Austausch und Transport, aber auch ihre Entsorgung und Lagerung betreffen. Darüber hinaus erscheint es angemessen, den Zugang zu den Büros und Lagervorrichtungen zu verwalten und die Zugänge zu den Datenträgern nur gemäß den vorab festgelegten Berechtigungen zu ermöglichen.

52 DIN EN ISO/IEC 27001 (Stand: Juni 2017), Anhang A, S. 20.
53 Vgl. oben unter B.III.1.

Das Schutzniveau kann durch digitale Maßnahmen weiter gesteigert werden. Ein Schwerpunkt liegt gemäß § 17 III 2 Nr. 3, 4 NDSG und Art. 32 I a DS-GVO auf der Verschlüsselung (kryptographische Maßnahmen). Das betrifft die Speicherung auf einzelnen Datenträgern wie Festplatten oder USB-Sticks genauso wie Unterordner in Netzwerken oder Clouds. Bei Letzteren kann durch den Einsatz von üblichen Kryptifizierungsprogrammen nach dem Stand der Technik mit geringem Aufwand auch die verschlüsselte Übertragung zwischen Netzwerk und lokalem Rechner gewährleistet werden. Zuletzt kommen zusätzlich personelle und organisatorische Maßnahmen infrage. § 17 III 2 Nr. 7 NDSG sieht beispielweise eine Schulung der Personen, die Zugang zu den personenbezogenen Daten haben, vor. Während die Pflicht zur Sensibilisierung gemäß § 17 II Nr. 3 NDSG unter anderem auf die Schaffung eines Bewusstseins über die möglichen Risiken für Betroffene abzielt, geht es bei der Schulung um konkrete (Weiter-)Bildungsmaßnahmen zur Umsetzung von Richtlinien und Verfahren der datenverarbeitenden Organisation.[54] Bei der Forschungsdatensammlung ist somit sicherzustellen, dass alle Projektbeteiligten mit den entwickelten und implementierten Abläufen und Vorkehrungen vertraut sind. Das Durchlaufen einer entsprechenden Einweisung ist zu dokumentieren. Darüber hinausgehende Maßnahmen wie die Datenfreigabe im Vier-Augen-Prinzip oder eine Zwei-Faktor-Authentisierung (§ 17 III 2 Nr. 1, 2 NDSG) erscheinen gemessen an den damit verbundenen höheren Implementierungskosten und dem zusätzlichen technischen und personellen Aufwand weder erforderlich noch angemessen (§ 17 III 1 NDSG), insbesondere da sich die Schutzwirkung gegenüber den beschriebenen Maßnahmen nur unwesentlich erhöhen würde.

4. Verarbeitungsgrundsätze (Art. 5 DS-GVO)

Bei der Datenverarbeitung zu Forschungszwecken sind die Vorschriften über Sicherheitsvorkehrungen der §§ 13, 17 NDSG und der Art. 5, 25, 32 DS-GVO gleichermaßen zu beachten.[55] Somit stellt sich die Frage, ob neben den bereits aufgezeigten noch weitere Vorkehrungen umzusetzen sind. Gemäß Art. 5 I b und 89 I 2 DS-GVO ist bei der Datenverarbeitung zu Forschungszwecken insbesondere der Grundsatz der Datenminimierung zu beachten. Für die Forschungsdatensammlung folgt daraus unter anderem, dass nur so viele Fahrzeuge einzusetzen und personenbezogene Daten nur in dem Umfang zu erfassen sind, wie es für die Beantwortung der Forschungsfrage notwendig ist.[56] In Verbindung mit dem Grundsatz der Speicherbegrenzung folgt daraus auch, dass von den erfassten Daten nur diejenigen vorzuhalten sind, die für den Forschungszweck notwendig sind. Grundsätzlich sind die erhobenen und verarbeiteten Forschungsdaten somit zu löschen, wenn das Forschungsprojekt beendet ist. Das würde aber sowohl eine Nachprüfung der Forschungsergebnisse als auch eine weitere Nutzung der Primärdaten für weitere Forschungsprojekte oder langfristige Studien verhindern und möglicherweise auch dem Grundsatz der Datenminimierung widersprechen.[57] Gemäß Art. 5 I e DS-GVO ist es daher zulässig, Daten zum Zwecke der Überprüfung oder Nachnutzung zu speichern, auch wenn sie zum

54 DIN EN ISO/IEC 27001 (Stand: Juni 2017), Anhang A, S. 18.

55 Zur Interpretation der datenschutzrechtlichen Grundsätze als Vorkehrungen s. oben unter A.II.3.

56 Dazu oben unter B.II.2.d.

57 *Rossnagel*, ZD 2019, 157 (162).

Primärzweck nicht erforderlich sind.[58] An der Stelle zeigt sich ein Spannungsfeld zwischen dem „Open-Science-Paradigma", das die Offenheit der Datennutzung zu wissenschaftlichen Zwecken zum Ziel hat, und den Grundrechten einzelner Betroffener, deren personenbezogene Daten möglicherweise verarbeitet werden (sollen). Im Raum steht auch die Frage, ob es mit Blick auf mögliche anschließende Forschungsfragen verhältnismäßig sein kann, von vornherein mehr Daten zu verarbeiten, als zum eigentlichen Forschungszweck erforderlich ist. Diese u. a. aus dem Grundsatz der Speicherbegrenzung resultierenden Fragen werden im Rahmen des vorliegenden Gutachtens, das die Rechtmäßigkeit der Datenverarbeitung für einen spezifizierten Forschungszweck prüft, nicht behandelt. Für die Forschungsdatensammlung folgt daraus, dass Daten für eine Nachnutzung vorgehalten werden dürfen, wenn in begründeter Weise mit der künftigen Durchführung weiterer Forschungsvorhaben zu rechnen ist, bei denen die gleichen personenbezogenen Daten in ähnlicher Weise verarbeitet werden müssten und stattdessen auf die bereits im Rahmen der Forschungsdatensammlung erhobenen Daten zurückgegriffen werden könnte.

5. Privacy-by-design (Art. 25 DS-GVO)

Zu klären ist, ob weitere Vorkehrungen gemäß Art. 25 DS-GVO umzusetzen sind. Dabei geht es darum, dass bereits durch entsprechende Voreinstellungen nur personenbezogene Daten verarbeitet werden, die für den jeweiligen Zweck erforderlich sind.[59] Hauptadressat der Vorschrift sind Hersteller von Produkten bzw. Anbieter von Dienstleistungen, bei denen eine Verarbeitung von personenbezogenen Daten erfolgt oder erfolgen soll.[60] Gleichwohl verpflichtet Art. 25 II DS-GVO den Verantwortlichen dazu, geeignete technische und organisatorische Maßnahmen zu treffen, die sicherstellen, dass durch Voreinstellung grundsätzlich nur personenbezogene Daten, die für den jeweiligen bestimmten Zweck erforderlich sind, verarbeitet werden. Für die Forschungsdatensammlung durch die TU Braunschweig folgt daraus in erster Linie, dass die Umsetzung der Vorkehrungen nach § 13, 17 NDSG so weit wie möglich zu automatisieren ist. Das betrifft insbesondere die Verschlüsselung von Datenträgern bzw. die verschlüsselte Übertragung von Daten. Denkbar ist auch, Musterprofile mit vorab definierten Berechtigungen zu erstellen.

6. Sicherheit der Verarbeitung (Art. 32 DS-GVO)

Zuletzt sind mögliche weitere Vorkehrungen gemäß Art. 32 DS-GVO zu prüfen. Die Maßnahmenliste nach Art. 32 I DS-GVO enthält mit der Pseudonymisierung und der Verschlüsselung von Daten zwei konkrete informationstechnische Instrumente, deren Umsetzung bereits behandelt wurde.[61] Die anderen aufgeführten Maßnahmen beschrieben „Fähigkeiten" und „Verfahren" und geben somit Ziele des Informationssicherheitsmanagements als Ganzes vor.[62] Die Umsetzung der Maßnahmen nach Art. 32 DS-GVO steht unter einem Verhältnismäßigkeitsvorbehalt.[63] Im Einzelfall ist abzuwägen, ob der jeweilige Zweck rechtfertigt, einzelne der aufgeführten

58 *Rossnagel*, ZD 2019, 157 (162).
59 Vgl. oben unter A.III.5.
60 Vgl. den Erwägungsgrund Nr. 78 der DS-GVO.
61 Vgl. zu den Vorkehrungen nach §§ 13, 17 NDSG unter B.III.1 bis B.III.3.
62 *Kramer/Meints*, in: Auernhammer (Hrsg.), DS-GVO Art. 32 Rn. 17.
63 *Mantz*, in: Sydow (Hrsg.), DS-GVO Art. 32 Rn. 10.

Vorkehrungen nicht zu treffen. Dieser Ansatz findet sich sinngemäß in § 17 III 1 NDSG. Die Vorschrift verpflichtet Verantwortliche und Auftragsverarbeiter dazu, weitere angemessene und spezifische Maßnahmen zu treffen, soweit es zum Schutz besonderer Kategorien personenbezogener Daten erforderlich ist. Ihre Implikationen wurden bereits untersucht.[64]

7. Zwischenergebnis zu den Vorkehrungen

- Die im Rahmen der Forschungsdatensammlung zu verarbeitenden Videoaufzeichnungen können aufgrund des spezifischen Forschungszwecks nicht in einer Art bearbeitet bzw. von vornherein so erfasst werden, dass kein Personenbezug hergestellt werden kann (§ 13 II NDSG).
- Die in § 17 II NDSG genannten Maßnahmen sind umzusetzen. Das umfasst insbesondere die Pflicht zur Protokollierung von Aktivitäten, das Befugnis- und Zugriffsmanagement sowie die Sensibilisierung des Personals.
- Vor dem Hintergrund des Stands der Technik, der Implementierungskosten und der möglichen Risiken für Betroffene erscheinen weitere Vorkehrungen nach § 17 III NDSG angemessen. Entsprechende Maßnahmen betreffen u. a. den Umgang mit Datenträgern, die verschlüsselte Speicherung und Übertragung von Daten und die Einrichtung von Einweisungs- bzw. Schulungsprozessen für das beteiligte Personal.
- Gemäß Art. 5 I b und 89 I 2 DS-GVO ist bei der Datenverarbeitung zu Forschungszwecken insbesondere der Grundsatz der Datenminimierung zu beachten. Für die Forschungsdatensammlung folgt daraus unter anderem, dass nur so viele Fahrzeuge einzusetzen und personenbezogene Daten nur in dem Umfang zu erfassen sind, wie es für die Beantwortung der Forschungsfrage notwendig ist.[65]
- Aus dem Grundsatz der Speicherbegrenzung folgt, dass von den erfassten personenbezogenen Daten nur diejenigen vorzuhalten sind, die für den Forschungszweck notwendig sind. Für eine mögliche Nachnutzung dürfen Daten nur gespeichert werden, wenn in begründeter Weise mit der künftigen Durchführung weiterer Forschungsvorhaben zu rechnen ist, bei denen die gleichen personenbezogenen Daten in ähnlicher Weise verarbeitet werden müssten und stattdessen auf die bereits im Rahmen der Forschungsdatensammlung erhobenen Daten zurückgegriffen werden könnte.
- Aus der Pflicht zum Privacy-by-design folgt für die Forschungsdatensammlung durch die TU Braunschweig in erster Linie, dass die Umsetzung der Vorkehrungen nach § 13, 17 NDSG so weit wie möglich zu automatisieren ist. Das betrifft insbesondere die Verschlüsselung von Datenträgern bzw. die verschlüsselte Übertragung von Daten. Denkbar ist auch, Musterprofile mit vorab definierten Berechtigungen zu erstellen.

64 Vgl. oben unter B.III.3.
65 Dazu oben unter B.II.2.d.

IV. Rechte des Betroffenen

Die DS-GVO und das NDSG räumt Betroffenen grundsätzlich Rechte ein, um gegen eine Verarbeitung auf sie bezogener Daten vorzugehen (Art. 12 bis 23 DS-GVO). Nach § 13 V NDSG i. V. m. Art. 89 II DS-GVO können Verantwortliche aber von einer Gewährung der Rechte aus den Artikeln 15, 16, 18 und 21 der DS-GVO absehen, soweit und solange die Inanspruchnahme dieser Rechte voraussichtlich die Verwirklichung der jeweiligen wissenschaftlichen oder historischen Forschungszwecke unmöglich macht oder ernsthaft beeinträchtigt und der Ausschluss dieser Rechte für die Erfüllung dieser Zwecke notwendig ist.

1. Beschränkung von Rechten

Sofern die TU Braunschweig bei der Forschungsdatensammlung von einer Gewährung der Rechte aus den Artikeln 15, 16, 18 und 21 DS-GVO absehen möchte, hat sie gemäß § 13 V NDSG darzulegen, ob und in welchem Umfang die Gewährung der Rechte voraussichtlich die Verwirklichung der jeweiligen wissenschaftlichen Forschungszwecke unmöglich macht oder ernsthaft beeinträchtigt und der Ausschluss dieser Rechte für die Erfüllung dieser Zwecke notwendig ist.

Durch das Auskunftsrecht (Art. 15 DS-GVO) hat die betroffene Person das Recht, von dem Verantwortlichen eine Bestätigung darüber zu verlangen, ob sie betreffende personenbezogene Daten verarbeitet werden. Ist das der Fall, hat sie das Recht, verschiedene Informationen zu erhalten – unter anderem über den Verarbeitungszweck, die Art der Daten und die Speicherdauer. Fraglich ist, ob eine Gewährung des Rechts die Erreichung des mit der Forschungsdatensammlung verfolgten Forschungszwecks unmöglich macht oder ernsthaft beeinträchtigt, der Ausschluss des Rechts gemäß § 13 V NDSG somit zulässig ist. Im Rahmen der Forschungsdatensammlung werden Videodaten gespeichert, ohne dass den darauf möglicherweise zu erkennenden Personen Merkmale wie Namen, Nummern oder ähnliche Annotierungen zugewiesen werden. Sofern eine betroffene Person also Auskunft vom Verantwortlichen erhalten möchte, ob sie auf den Videos zu sehen oder zu erkennen ist, müsste in jedem Einzelfall der gesamte Datenbestand durchsucht werden. Schon wenige Anfragen von Betroffenen würden somit nur zur Gewährung des Auskunftsrechts personelle und technische Kapazitäten auf Seiten der durchführenden Stelle beanspruchen, welche die Zielerreichung des Vorhabens insgesamt ernsthaft beeinträchtigen würden. Denkbar ist daher, den Untersuchungsbereich auf die Daten einzuschränken, bei denen die Erfassung der betroffenen Person am wahrscheinlichsten ist. Eine solche Einschränkung könnte beispielsweise anhand von Aussagen der betroffenen Person über den vermuteten Ort und die Zeit der Videoerfassung erfolgen, die dann mit den Routen der Forschungsfahrzeuge abgeglichen werden könnten. Die betroffene Person müsste also bei der Anfrage auf Auskunft einen Zeit- und Ortsstempel vorweisen können, der mit hinreichender Gewissheit darauf schließen lässt, dass die Person überhaupt von der Kamera eines Forschungsfahrzeugs erfasst worden sein könnte. Eine solche Auskunft gegenüber dem Verantwortlichen wäre daher notwendig, um die Gewährung des Auskunftsrechts auf angemessene Art und Weise zu ermöglichen. Gleichzeitig würde ein solcher Stempel wiederum personenbezogene Daten enthalten, welche die Person dem Verantwortlichen zur Verfügung stellen müsste. Wenn eine Auskunftsanfrage gestellt würde, müsste zunächst geklärt werden, ob die betroffene Person in den Aufzeichnungen auch identifizierbar ist.

Wäre das zu verneinen, würde keine Verarbeitung personenbezogener Daten vorliegen und die Person würde eine entsprechend negative Rückmeldung über die Erfüllung des Tatbestands nach Art. 15 I DS-GVO erhalten. Sie hätte in der Folge kein Recht auf Erhalt der Informationen gemäß Art. 15 I a–h DS-GVO. Wäre die Identifizierbarkeit dagegen zu bejahen, könnte die betroffene Person grundsätzlich Auskunft über die Informationen verlangen. Fraglich ist, ob die Mitteilung der Informationen die Erreichung des Forschungszwecks unmöglich machen oder ernsthaft beeinträchtigen könnte. Bei den Informationen handelt es sich um:

- die Verarbeitungszwecke,
- die Kategorien personenbezogener Daten, die verarbeitet werden,
- die Empfänger oder Kategorien von Empfängern, gegenüber denen die personenbezogenen Daten offengelegt worden sind oder noch offengelegt werden, insbesondere bei Empfängern in Drittländern oder bei internationalen Organisationen,
- falls möglich die geplante Dauer, für die die personenbezogenen Daten gespeichert werden, oder, falls dies nicht möglich ist, die Kriterien für die Festlegung dieser Dauer,
- das Bestehen eines Rechts auf Berichtigung oder Löschung der sie betreffenden personenbezogenen Daten oder auf Einschränkung der Verarbeitung durch den Verantwortlichen oder eines Widerspruchsrechts gegen diese Verarbeitung,
- das Bestehen eines Beschwerderechts bei einer Aufsichtsbehörde; wenn die personenbezogenen Daten nicht bei der betroffenen Person erhoben werden, alle verfügbaren Informationen über die Herkunft der Daten,
- das Bestehen einer automatisierten Entscheidungsfindung einschließlich Profiling gemäß Art. 22 I und IV DS-GVO und aussagekräftige Informationen über die involvierte Logik sowie die Tragweite und die angestrebten Auswirkungen einer derartigen Verarbeitung für die betroffene Person.

Die Informationen könnten im Rahmen einer allgemeinen Projektbeschreibung, beispielsweise über einen Webauftritt, auch unabhängig von einzelnen Anträgen auf Auskunft gemäß Art. 15 DS-GVO öffentlich zur Verfügung gestellt werden und wären somit auch für potenziell betroffene Personen einsehbar. Die Motivation für eine mögliche Beantragung der Auskunft könnte dann nur noch darin liegen, zu erfahren, ob die Person auf den Videoaufnahmen identifizierbar ist. Im Ergebnis ist das Auskunftsrecht so lange zu gewähren, bis Umfang und Art der Auskunftsanfragen darauf schließen lassen, dass die Erreichung des Forschungszwecks bei weiterer Gewährung des Rechts unmöglich oder ernsthaft beeinträchtigt würde. Aufgrund des damit verbundenen Einsatzes personeller und technischer Kapazitäten ist es angemessen, nicht in jedem Einzelfall den gesamten Datenbestand zu durchsuchen, sondern die Prüfung anhand einer begründeten Vermutung des potenziell Betroffenen („Stempel") über die Verarbeitung seiner personenbezogenen Daten auf eine entsprechende Teilmenge zu beschränken.

Das Recht auf Berichtigung (Art. 16 DS-GVO) ist im Fall der Forschungsdatensammlung nicht anwendbar, da es sich auf „unrichtige" Daten bezieht. Im Rahmen der Forschungsdatensammlung wäre die Vorschrift erst dann einschlägig, wenn die erfassten Roh- bzw. Basisdaten im Nachhinein geändert oder ergänzt würden. Die Gewährung des Rechts auf Einschränkung der Verarbeitung (Art. 18 DS-GVO) und des Widerspruchsrechts (Art. 21 DS-GVO) würde voraussichtlich die Verwirklichung des Forschungszwecks unmöglich machen oder zumindest ernsthaft beeinträchtigen. Die Gewährung des Widerspruchsrechts könnte etwa bedeuten, die betreffenden Abschnitte aus den Videodaten zu entfernen, wodurch sie das Verkehrsgeschehen nicht mehr stetig abbilden würden. Dem Recht auf Einschränkung könnte entsprochen werden, indem die Daten zwar zunächst gespeichert, aber nicht übertragen oder weiterverarbeitet werden. Je mehr Betroffene von den Rechten Gebrauch machen würden, desto weniger wären die Daten zur Beantwortung der wissenschaftlichen Forschungsfragen geeignet,[66] was das Vorhaben insgesamt infrage stellen würde.

2. Recht auf Löschung

Gemäß Art. 17 I DS-GVO hat die betroffene Person das Recht, von dem Verantwortlichen zu verlangen, dass sie betreffende personenbezogene Daten unverzüglich gelöscht werden. Das Recht besteht gemäß Art. 17 III DS-GVO nicht, soweit die Datenverarbeitung für im öffentlichen Interesse liegende wissenschaftliche Forschungszwecke erforderlich ist, wenn das Recht voraussichtlich die Verwirklichung der Ziele der Verarbeitung unmöglich macht oder ernsthaft beeinträchtigt. Solange die im Rahmen der Forschungsdatensammlung durch die TU Braunschweig erfassten Daten genutzt werden, um die spezifizierten Forschungsfragen zu beantworten, sind sie zur Erreichung des Forschungszwecks erforderlich. Das Recht auf Löschung kann folglich solange nicht gewährt werden, wie das bestimmte wissenschaftliche Forschungsvorhaben[67] läuft und die Erreichung des damit verbundenen Forschungszwecks insbesondere von den personenbezogenen Daten abhängt, die ansonsten gemäß Art. 17 I DS-GVO zu löschen wären.

3. Recht auf Datenübertragbarkeit

Eine Ausnahme vom Recht auf Datenübertragbarkeit zu Forschungszwecken ist weder in Art. 20 DS-GVO noch im NDSG zu finden. Das Recht besteht aber nach Art. 20 I DS-GVO nur, sofern die Verarbeitung auf einer Einwilligung oder auf einem Vertrag beruht (Art. 6 I a, b und 9 II a DS-GVO) *und* die Verarbeitung mithilfe automatisierter Verfahren erfolgt. Im Fall der Videoaufzeichnung durch Forschungsfahrzeuge haben Betroffene bereits mangels Vorliegens einer Einwilligung oder eines Vertrags nicht das Recht auf Datenübertragbarkeit.

V. Pflichten des Verantwortlichen

Nachfolgend wird zunächst geklärt, wer mit Bezug zur Forschungsdatensammlung durch die TU Braunschweig der Verantwortliche im Sinne von §§ 11 und 13 V NDSG ist. Anschließend werden die im Rahmen des Forschungsvorhabens zu beachtenden Pflichten aufgelistet.

66 Vgl. dazu oben unter II.2.
67 Dazu unter A. I.3.

1. Verantwortlicher

Bei der Forschungsdatensammlung ist der Verantwortliche die natürliche Person, die den Zweck des Forschungsvorhabens und die darin zu klärenden Forschungsfragen bestimmt, vor dem Hintergrund über die Art und den Umfang der zu verarbeitenden personenbezogenen Daten verfügt und den Einsatz der Forschungsfahrzeuge festlegt.

2. Dokumentation der Gründe

Werden Rechte Betroffener beschränkt, hat der Verantwortliche gemäß § 11 NDSG die Gründe dafür zu dokumentieren.

3. Informationspflicht

Werden personenbezogene Daten nicht bei der betroffenen Person erhoben, gelten für den Verantwortlichen grundsätzlich die Informationspflichten des Art. 14 DS-GVO. Eine Ausnahme besteht für die Verarbeitung für wissenschaftliche Forschungszwecke unter anderem soweit die Informationspflicht voraussichtlich die Verwirklichung der Ziele der Verarbeitung unmöglich macht oder ernsthaft beeinträchtigt. Um der Informationspflicht nachzukommen, ist denkbar, Mitteilungen auf den Forschungsfahrzeugen anzubringen. Es erscheint auch möglich, einen entsprechenden Web-Auftritt einzurichten, auf dem über den Forschungszweck aufgeklärt wird. Auch andere Arten medialer Informationskampagnen, etwa in Printmedien, kommen infrage.

C. Zentrale Ergebnisse der Abschnitte A und B

Zur Rechtmäßigkeit der Forschungsdatensammlung:

- Die Verarbeitung von personenbezogenen Daten durch öffentliche Stellen des Landes Niedersachsen ist gemäß § 13 I 1 NDSG im Rahmen individueller Projekte zur Beantwortung spezifizierter wissenschaftlicher Fragestellungen zulässig, wenn dabei im Einzelfall gewährleistet ist, dass der durch die Datenverarbeitung erfolgende Grundrechtseingriff verhältnismäßig ist. Dass in § 13 I 1 NDSG nicht explizit von der Wahrung von Grundrechten, sondern vom „schutzwürdigen Interesse“ die Rede ist, bedeutet nicht, dass ein verminderter Prüfungsumfang vertretbar ist.

- Bei den Grundsätzen des Art. 5 DS-GVO ist nicht eindeutig, ob sie (nur) Vorkehrungen für die Datenverarbeitung darstellen, oder (auch) Voraussetzungen für ihre Rechtmäßigkeit. Eine Voraussetzung für die Zulässigkeit der Datenverarbeitung ist, dass bereits aus der gemäß § 13 I 1 NDSG zu erstellenden Projekt- bzw. Vorhabenbeschreibung hervorgeht, dass die datenschutzrechtlichen Grundsätze beachtet werden bzw. warum ihre Beachtung vor dem Hintergrund des jeweiligen Forschungszwecks nicht (vollumfänglich) möglich ist.

- Die gesetzliche Grundlage für die Forschungsdatensammlung bildet § 13 NDSG.

- Ein legitimer Zweck liegt in Form des Allgemeininteresses an der Steigerung der Sicherheit im Straßenverkehr durch die Entwicklung automatisierter Fahrfunktionen sowie in Form der Wissenschafts- und Forschungsfreiheit nach Art. 5 III 1 GG vor.

- Die Datenverarbeitung ist geeignet, den legitimen Zweck zu erreichen, da neue Fahrsysteme und die ihnen zugrunde liegenden Algorithmen nur durch einen großen Bestand an Eingangs- bzw. Basisdaten, insbesondere Videodaten, wissenschaftlich untersucht und weiterentwickelt werden können.

- Es besteht kein milderes Mittel, um das Ziel zu erreichen. Eine Anonymisierung betroffener Personen ist aufgrund der spezifischen Forschungsfrage nicht möglich. Ebenso wenig ist es möglich, die Verarbeitung personenbezogener Daten gänzlich zu vermeiden, indem etwa Aufzeichnungen nur stattfinden, wenn keine anderen Verkehrsteilnehmer anwesend sind. Mit anderen Sensorarten, etwa auf Basis von Lidar-, Radar- oder Ultraschall, können forschungsrelevante Merkmale von Fußgängern oder Radfahrern nicht mit ausreichender Qualität erfasst werden.

- Die Angemessenheit des Vorhabens hängt unter anderem vom absoluten Umfang der verarbeiteten Daten ab, beispielsweise der Anzahl verwendeter Forschungsfahrzeuge bzw. Kameras und ihrer (summierten) Aufzeichnungsdauer. Für die Forschungsdatensammlung folgt daraus, dass nur so viele Fahrzeuge einzusetzen und Daten nur in dem Umfang zu verarbeiten sind, wie es für die Beantwortung der Forschungsfrage notwendig ist.

Zu den Vorkehrungen bei der Datenverarbeitung:

- Bei der Datenverarbeitung zu Forschungszwecken sind die Vorschriften über Sicherheitsvorkehrungen der §§ 13, 17 NDSG und der Art. 25, 32 DS-GVO gleichermaßen zu beachten. Aus Art. 5 DS-GVO folgt ergänzend, dass die im jeweiligen Forschungsvorhaben vorgesehenen Vorkehrungen in der Gesamtschau so ineinandergreifen müssen, dass die datenschutzrechtlichen Grundsätze beachtet werden.

- Die im Rahmen der Forschungsdatensammlung zu verarbeitenden Videoaufzeichnungen können aufgrund des spezifischen Forschungszwecks nicht in einer Art bearbeitet bzw. von vornherein so erfasst werden, dass kein Personenbezug hergestellt werden kann (§ 13 II NDSG).

- Die in § 17 II NDSG genannten Maßnahmen sind umzusetzen. Das umfasst insbesondere die Pflicht zur Protokollierung von Aktivitäten, das Befugnis- und Zugriffsmanagement sowie die Sensibilisierung des Personals.

- Vor dem Hintergrund des Stands der Technik, der Implementierungskosten und der möglichen Risiken für Betroffene sind weitere Vorkehrungen nach § 17 III NDSG umzusetzen. Das betrifft u. a. den Umgang mit Datenträgern, die verschlüsselte Speicherung und Übertragung von Daten und die Einrichtung von Einweisungs- bzw. Schulungsprozessen für das beteiligte Personal.

- Gemäß Art. 5 I b und 89 I DS-GVO ist bei der Datenverarbeitung zu Forschungszwecken insbesondere der Grundsatz der Datenminimierung zu beachten. Für die Forschungsdatensammlung folgt daraus unter anderem, dass nur so viele Fahrzeuge einzusetzen und personenbezogene Daten nur in dem Umfang zu erfassen sind, wie es für die Beantwortung der Forschungsfrage notwendig ist.

- Aus dem Grundsatz der Speicherbegrenzung folgt, dass von den erfassten personenbezogenen Daten nur diejenigen vorzuhalten sind, die für den Forschungszweck notwendig sind. Für eine mögliche Nachnutzung dürfen Daten nur gespeichert werden, wenn in begründeter Weise mit der künftigen Durchführung weiterer Forschungsvorhaben zu rechnen ist, bei denen die gleichen personenbezogenen Daten in ähnlicher Weise verarbeitet werden müssten und stattdessen auf die bereits im Rahmen der Forschungsdatensammlung erhobenen Daten zurückgegriffen werden könnte.

- Aus der Pflicht zum Privacy-by-design folgt für die Forschungsdatensammlung durch die TU Braunschweig in erster Linie, dass die Umsetzung der Vorkehrungen nach § 13, 17 NDSG so weit wie möglich zu automatisieren ist. Das betrifft insbesondere die Verschlüsselung von Datenträgern bzw. die verschlüsselte Übertragung von Daten. Denkbar ist auch, Musterprofile mit vorab definierten Berechtigungen zu erstellen.

D. Resümee und Fazit

Seit 1990 ist die Anzahl an Personen, die im Straßenverkehr getötet wurden, um etwa drei Viertel gesunken. Ein Grund für den Rückgang liegt im zunehmenden Einsatz von Fahrerassistenzsystemen. Es deutet sich an, dass in der Automatisierung von Kraftfahrzeugen bis hin zur (temporären) Substitution des menschlichen Fahrers durch Fahrfunktionen ein großes Potenzial liegt, um die Verkehrssicherheit weiter zu erhöhen. Vor dem Hintergrund laufen an der TU Braunschweig Forschungsvorhaben, in denen zentrale Fragen mit Bezug zum automatisierten und vernetzten Fahren beantwortet werden. Unter anderem wird erforscht, wie künftige Fahrroboter während der Fahrzeugführung selbständig Entscheidungen treffen können. Dazu müssen sie das Verhalten anderer Verkehrsteilnehmer prognostizieren und richtig bewerten können. Basisgrößen für die Verhaltensprädiktion sind unter anderem Gestik und Mimik von Fußgängern und Fahrradfahrern. Um entsprechende Fahrfunktionen zu erproben und Algorithmen auf den selbständigen Betrieb im Straßenverkehr vorzubereiten, ist es nötig, Videodaten – und somit personenbezogene Daten – im öffentlichen Straßenraum zu erfassen. Die Rechtmäßigkeit der Forschungsdatensammlung regelt in Niedersachsen § 13 I 1 NDSG. Der durch die Datenverarbeitung erfolgende Grundrechtseingriff muss danach verhältnismäßig sein. Die schutzwürdigen Interessen und Grundrechte Betroffener sind gegen die Forschungsfreiheit gemäß Art. 5 III 1 GG und ein mögliches überwiegendes Allgemeininteresse an dem Forschungsvorhaben abzuwägen. Ergänzend sind Vorschriften der DS-GVO zu beachten, insbesondere die datenschutzrechtlichen Grundsätze nach Art. 5 DS-GVO. Bei der Datenverarbeitung selbst müssen grundsätzlich Sicherheitsvorkehrungen gemäß den §§ 13, 17 NDSG und den Art. 25, 32 DS-GVO umgesetzt werden. Ausnahmen bestehen für Forschungsvorhaben unter anderem, wenn sich abzeichnet, dass die Vorkehrungen den Forschungszweck konterkarieren würden. Mit Bezug zur Datenverarbeitung in Forschungsvorhaben ist gemäß Art. 89 I DS-GVO insbesondere der Grundsatz der Datenminimierung zu beachten. In Verbindung mit dem Grundsatz der Speicherbegrenzung folgt daraus, dass von den erfassten Daten nur diejenigen vorzuhalten sind, die für den jeweiligen Forschungszweck unmittelbar notwendig sind. Es ist zwar zulässig, Daten zum Zwecke der Überprüfung oder Nachnutzung zu speichern, auch wenn sie für den Primärzweck nicht erforderlich sind. Im Raum steht aber die Frage, ob es mit Blick auf mögliche an ein bestimmtes Forschungsvorhaben anschließende Fragestellungen auch verhältnismäßig ist, von vornherein mehr Daten zu verarbeiten, als für den ursprünglichen Forschungszweck benötigt werden. An der Stelle offenbart sich ein Spannungsfeld zwischen dem „Open-Science-Paradigma", das die Offenheit der Datennutzung zu wissenschaftlichen Zwecken zum Ziel hat, und den Grundrechten Betroffener, deren personenbezogene Daten möglicherweise verarbeitet werden.

Literaturverzeichnis

Duden, Bedeutungswörterbuch, 4. Auflage, Berlin 2010

Frenzel, Eike Michael, in: Boris Paal / Daniel Pauly (Hrsg.), Datenschutz-Grundverordnung Bundesdatenschutzgesetz, 2. Auflage, München 2018, DS-GVO Art. 5

Greve, Holger, Das neue Bundesdatenschutzgesetz, Neue Zeitschrift für Verwaltungsrecht (NVwZ) 2017, 737 ff.

Grzeszick, Bernd, in: Roman Herzog / Rupert Scholz / Matthias Herdegen / Hans H. Klein (Hrsg.), Maunz/Dürig Grundgesetz-Kommentar, 89. Auflage, München 2020, GG Art. 20

Kramer, Philipp, in: Herbert Auernhammer (Hrsg.), DSGVO BDSG Kommentar, 5. Auflage, Köln 2017, DS-GVO Art. 5

Kramer, Philipp / Martin Meints, in: Herbert Auernhammer (Hrsg.), DSGVO BDSG Kommentar, 5. Auflage, Köln 2017, DS-GVO Art. 32

Mantz, Reto, in: Gernot Sydow (Hrsg.), Europäische Datenschutzgrundverordnung, Baden-Baden 2017, DS-GVO Art. 25

Milz, Stefan / Jörg Schrepfer, Is artificial intelligence the solution to all our problems? Exploring the applications of AI for automated driving, in: Torsten Bertram (Hrsg.), Automatisiertes Fahren, Wiesbaden 2020

Reimer, Philipp, in: Gernot Sydow (Hrsg.), Europäische Datenschutzgrundverordnung, Baden-Baden 2017, DS-GVO Art. 5

Rossnagel, Alexander, Zeitschrift für Datenschutz (ZD) 2019, 157 ff.

Materialteil

I. Niedersächsisches Datenschutzgesetz

1. NDSG §§ 1–22

Niedersächsisches Datenschutzgesetz (NDSG) vom 16. Mai 2018

Die Vorschriften des Zweiten und des Dritten Teils dienen der Umsetzung der Richtlinie (EU) 2016/680 des Europäischen Parlaments und des Rates vom 27. April 2016 zum Schutz natürlicher Personen bei der Verarbeitung personenbezogener Daten durch die zuständigen Behörden zum Zwecke der Verhütung, Ermittlung, Aufdeckung oder Verfolgung von Straftaten oder der Strafvollstreckung sowie zum freien Datenverkehr und zur Aufhebung des Rahmenbeschlusses 2008/977/JI des Rates (ABl. EU Nr. L 119 S. 89).

Verkündet als Artikel 1 des Gesetzes zur Neuordnung des niedersächsischen Datenschutzrechts vom 16. Mai 2018 (Nds. GVBl. S. 66)

Erster Teil
Ergänzende Vorschriften für Verarbeitungen zu Zwecken gemäß Artikel 2 der Verordnung (EU) 2016/679

Erstes Kapitel
Allgemeines

§ 1
Regelungsgegenstand und Anwendungsbereich

(1) Dieser Teil des Gesetzes trifft ergänzende Regelungen zur Verordnung (EU) 2016/679 des Europäischen Parlaments und des Rates vom 27. April 2016 zum Schutz natürlicher Personen bei der Verarbeitung personenbezogener Daten, zum freien Datenverkehr und zur Aufhebung der Richtlinie 95/46/EG (Datenschutz-Grundverordnung) (ABl. EU Nr. L 119 S. 1; Nr. L 314 S. 72) für die Verarbeitung personenbezogener Daten

1. durch Behörden, Organe der Rechtspflege und andere öffentlich-rechtlich organisierte Einrichtungen (öffentliche Stellen)

   a) des Landes,

   b) der Kommunen und

   c) der sonstigen der Aufsicht des Landes unterstehenden Körperschaften, Anstalten und Stiftungen des öffentlichen Rechts

sowie

2. durch Personen und Stellen außerhalb des öffentlichen Bereichs, soweit ihnen Aufgaben der öffentlichen Verwaltung übertragen sind,

soweit die Datenverarbeitung in den sachlichen Anwendungsbereich der Datenschutz-Grundverordnung fällt oder nach § 2 auf die Datenverarbeitung die Regelungen der Datenschutz-Grundverordnung anzuwenden sind. Personen und Stellen nach Satz 1 Nr. 2 sind öffentliche Stellen im Sinne der Vorschriften dieses Teils, soweit ihnen Aufgaben der öffentlichen Verwaltung übertragen sind. Öffentliche Stellen sind auch Vereinigungen des privaten Rechts, die Aufgaben der öffentlichen Verwaltung wahrnehmen und an denen eine oder mehrere der in Satz 1 genannten juristischen Personen des öffentlichen Rechts unmittelbar oder durch eine solche Vereinigung beteiligt sind.

(2) Für die Gerichte sowie für die Behörden der Staatsanwaltschaft gelten die Vorschriften dieses Teils nur, soweit sie Verwaltungsaufgaben wahrnehmen.

(3) Für den Landtag, seine Mitglieder, die Fraktionen sowie ihre jeweiligen Verwaltungen und Beschäftigten gelten die Vorschriften dieses Teils nur, soweit sie Verwaltungsaufgaben wahrnehmen.

(4) Soweit öffentliche Stellen als Unternehmen am Wettbewerb teilnehmen und dabei personenbezogene Daten in Ausübung ihrer wirtschaftlichen Tätigkeit verarbeiten, finden für sie selbst, ihre Zusammenschlüsse und Verbände die für nicht öffentliche Stellen geltenden Vorschriften Anwendung.

(5) Für öffentlich-rechtliche Kreditinstitute und öffentlich-rechtliche Versicherungsanstalten sowie deren Vereinigungen gelten § 12 dieses Gesetzes und im Übrigen die für nicht öffentliche Stellen geltenden Vorschriften.

(6) Besondere Rechtsvorschriften über die Verarbeitung personenbezogener Daten gehen den Vorschriften dieses Teils vor.

§ 2
Erweiterte Anwendung der Datenschutz-Grundverordnung

Die Regelungen der Datenschutz-Grundverordnung finden

1. abweichend von Artikel 2 Abs. 1 der Datenschutz-Grundverordnung mit Ausnahme der Artikel 30, 35 und 36 der Datenschutz-Grundverordnung auch Anwendung auf die nicht automatisierte Verarbeitung personenbezogener Daten, die in einem Dateisystem weder gespeichert sind noch gespeichert werden sollen, und

2. abweichend von Artikel 2 Abs. 2 Buchst. a der Datenschutz-Grundverordnung auch Anwendung auf die Verarbeitung personenbezogener Daten

   a) zum Zweck der Vorbereitung öffentlicher Auszeichnungen und Ehrungen, soweit in § 15 Abs. 2 nichts anderes bestimmt ist,

   b) in Begnadigungsverfahren, soweit in § 16 Satz 2 nichts anderes bestimmt ist, und

   c) im Rahmen einer sonstigen nicht in den sachlichen Anwendungsbereich des Unionsrechts fallenden Tätigkeit, die nicht unter Artikel 2 Abs. 2 Buchst. b bis d der Datenschutz-Grundverordnung fällt, soweit die Datenverarbeitung durch Rechtsvorschrift nicht speziell geregelt ist.

Zweites Kapitel
Rechtsgrundlagen der Datenverarbeitung

§ 3
Zulässigkeit der Verarbeitung personenbezogener Daten

Die Verarbeitung personenbezogener Daten ist zulässig, soweit sie zur Erfüllung einer in der Zuständigkeit der oder des Verantwortlichen liegenden Aufgabe, deren Wahrnehmung

1. im öffentlichen Interesse liegt oder
2. in Ausübung öffentlicher Gewalt, die der oder dem Verantwortlichen übertragen wurde, erfolgt,

erforderlich ist. Im Übrigen bestimmt sich die Zulässigkeit der Datenverarbeitung nach Artikel 6 Abs. 1 der Datenschutz-Grundverordnung.

§ 4
Hinweis bei der Datenerhebung bei anderen Personen

Werden personenbezogene Daten nicht bei der betroffenen Person, sondern bei einer anderen Person oder einer Stelle außerhalb des öffentlichen Bereichs erhoben, so ist dieser anderen Person oder Stelle auf Verlangen der Erhebungszweck mitzuteilen, soweit dadurch schutzwürdige Interessen der betroffenen Person nicht beeinträchtigt werden. Soweit eine Auskunftspflicht besteht, ist sie hierauf, sonst auf die Freiwilligkeit ihrer Angaben hinzuweisen.

§ 5
Übermittlung personenbezogener Daten

(1) Die Übermittlung personenbezogener Daten an eine andere öffentliche Stelle ist zulässig, soweit sie zur Erfüllung der Aufgaben der übermittelnden Stelle oder der empfangenden Stelle erforderlich ist und die Daten für den Zweck erhoben worden sind oder die Voraussetzungen für eine Zweckänderung vorliegen. Die Übermittlung personenbezogener Daten an eine nicht öffentliche Stelle ist zulässig, soweit

1. sie zur Erfüllung der Aufgaben der übermittelnden Stelle erforderlich ist und die Daten für den Zweck erhoben worden sind oder die Voraussetzungen für eine Zweckänderung vorliegen oder
2. die empfangende Stelle ein berechtigtes Interesse an der Kenntnis der zu übermittelnden Daten glaubhaft macht und kein Grund zu der Annahme besteht, dass das schutzwürdige Interesse der betroffenen Person an der Geheimhaltung überwiegt.

Bei einer Übermittlung nach Satz 2 hat sich der Empfänger gegenüber der übermittelnden öffentlichen Stelle zu verpflichten, die Daten nur für den Zweck zu verarbeiten, zu dem sie ihm übermittelt wurden. An öffentlich-rechtliche Religionsgesellschaften ist die Übermittlung nur zulässig, sofern sichergestellt ist, dass bei dem Empfänger eine Datenverarbeitung im Einklang mit der Datenschutz-Grundverordnung erfolgt.

(2) Die Verantwortung für die Zulässigkeit der Übermittlung personenbezogener Daten trägt die übermittelnde Stelle. Erfolgt die Übermittlung aufgrund eines Ersuchens einer öffentlichen Stelle, so trägt diese die Verantwortung. Die übermittelnde Stelle hat dann lediglich zu prüfen, ob sich das Übermittlungsersuchen im Rahmen der Aufgaben der ersuchenden Stelle hält. Die Rechtmäßigkeit des Ersuchens prüft sie nur, wenn im Einzelfall hierzu Anlass besteht; die ersuchende Stelle hat der übermittelnden Stelle die für diese Prüfung erforderlichen Angaben zu machen. Erfolgt die Übermittlung durch automatisierten Abruf (§ 7), so trägt die Verantwortung für die Rechtmäßigkeit des Abrufs der Empfänger.

(3) Sind mit personenbezogenen Daten weitere personenbezogene Daten der betroffenen oder einer anderen Person so verbunden, dass eine Trennung nicht oder nur mit unverhältnismäßigem Aufwand möglich ist, so ist die Übermittlung auch dieser Daten an öffentliche Stellen zulässig, soweit nicht berechtigte Interessen der betroffenen oder einer anderen Person an deren Geheimhaltung offensichtlich überwiegen; eine weitere Verarbeitung dieser Daten ist unzulässig.

§ 6
Zweckbindung, Zweckänderung

(1) Zu dem Zweck einer Verarbeitung personenbezogener Daten zählt auch die Verarbeitung

1. zur Wahrnehmung von Aufsichts- und Kontrollbefugnissen, zur Rechnungsprüfung und zur Durchführung von Organisationsuntersuchungen sowie
2. zu Ausbildungs- und Prüfungszwecken, soweit nicht berechtigte Interessen der betroffenen Person an der Geheimhaltung der Daten überwiegen.

(2) Eine Verarbeitung von personenbezogenen Daten zu einem anderen Zweck als dem, für den die Daten erhoben wurden, ist zulässig, soweit und solange

1. die Datenverarbeitung zur Abwehr einer konkreten Gefahr für die öffentliche Sicherheit oder zur Abwehr von erheblichen Nachteilen für das Wohl des Bundes oder eines Landes erforderlich ist,
2. die Datenverarbeitung zur Verfolgung von Straftaten oder Ordnungswidrigkeiten, zur Strafvollstreckung oder zur Vollstreckung von Geldbußen erforderlich ist,
3. die Datenverarbeitung zur Abwehr einer schwerwiegenden Beeinträchtigung der Rechte und Freiheiten einer anderen Person erforderlich ist,
4. die Datenverarbeitung zur Überprüfung von Angaben der betroffenen Person erforderlich ist,
5. die Datenverarbeitung zum Schutz der betroffenen Person erforderlich ist oder
6. die Daten aus allgemein zugänglichen Quellen entnommen werden können oder die Daten verarbeitende Stelle sie veröffentlichen dürfte, es sei denn, dass schutzwürdige Interessen der betroffenen Person der Datenverarbeitung offensichtlich entgegenstehen.

(3) Personenbezogene Daten, die einem Berufsgeheimnis oder einem besonderen Amtsgeheimnis unterliegen und der Daten verarbeitenden Stelle von der zur Verschwiegenheit verpflichteten Person in Ausübung ihrer Berufs- oder Amtspflicht übermittelt worden sind, dürfen nicht nach Absatz 2 zu anderen Zwecken verarbeitet werden.

(4) Personenbezogene Daten, die ausschließlich zu Zwecken der Datenschutzkontrolle, der Gewährleistung der Datensicherheit oder des ordnungsgemäßen Betriebs einer Datenverarbeitungsanlage gespeichert werden, dürfen nicht nach Absatz 2 zu anderen Zwecken verarbeitet werden.

(5) Eine Information der betroffenen Person nach Artikel 13 Abs. 3 und Artikel 14 Abs. 4 der Datenschutz-Grundverordnung über die Datenverarbeitung nach Absatz 2 Nrn. 1 bis 4 erfolgt nicht, soweit und solange hierdurch der Zweck der Verarbeitung gefährdet würde.

§ 7
Automatisierte Verfahren und gemeinsame Dateien

Die Einrichtung eines automatisierten Abrufverfahrens oder einer gemeinsamen automatisierten Datei, in oder aus der mehrere Daten verarbeitende öffentliche Stellen personenbezogene Daten verarbeiten, ist zulässig, soweit dies unter Berücksichtigung der Rechte und Freiheiten der betroffenen Personen und der Aufgaben der beteiligten Stellen angemessen ist und durch technische und organisatorische Maßnahmen Risiken für die Rechte und Freiheiten der betroffenen Personen vermieden werden können.

Drittes Kapitel
Rechte der betroffenen Person

§ 8
Beschränkung der Informationspflicht nach Artikel 13 Abs. 1 und 2 und Artikel 14 Abs. 1 bis 3 der Datenschutz-Grundverordnung

Die Verantwortlichen können von der Erteilung der Information nach Artikel 13 Abs. 1 und 2 und Artikel 14 Abs. 1 bis 3 der Datenschutz-Grundverordnung absehen, soweit und solange

1. die Information die öffentliche Sicherheit gefährden oder sonst dem Wohl des Bundes oder eines Landes Nachteile bereiten würde,
2. dies zur Verfolgung von Straftaten oder Ordnungswidrigkeiten erforderlich ist oder
3. die Information dazu führen würde, dass ein Sachverhalt, der nach einer Rechtsvorschrift oder wegen der Rechte und Freiheiten einer anderen Person geheim zu halten ist, aufgedeckt wird.

§ 9
Beschränkung des Auskunftsrechts nach Artikel 15 der Datenschutz-Grundverordnung

(1) Bezieht sich eine nach Artikel 15 der Datenschutz-Grundverordnung verlangte Auskunft auf personenbezogene Daten, die an

1. eine Behörde der Staatsanwaltschaft, eine Polizeidienststelle oder eine andere zur Verfolgung von Straftaten zuständige Stelle,
2. eine Verfassungsschutzbehörde, den Bundesnachrichtendienst oder den Militärischen Abschirmdienst oder
3. das Bundesministerium der Verteidigung oder eine Behörde seines nachgeordneten Bereichs

übermittelt wurden, so ist dieser Behörde vor der Erteilung der Auskunft Gelegenheit zur Stellungnahme zu geben. Im Fall des Satzes 1 Nr. 3 ist dies nur erforderlich, wenn die Erteilung der Auskunft die Sicherheit des Bundes berühren könnte. Die Sätze 1 und 2 gelten entsprechend für personenbezogene Daten, die von einer Behörde nach Satz 1 übermittelt wurden.

(2) Die Verantwortlichen können die Erteilung einer Auskunft ablehnen, soweit und solange

1. die Auskunft die öffentliche Sicherheit gefährden oder sonst dem Wohl des Bundes oder eines Landes Nachteile bereiten würde,
2. dies zur Verfolgung von Straftaten oder Ordnungswidrigkeiten erforderlich ist oder
3. die Auskunft dazu führen würde, dass ein Sachverhalt, der nach einer Rechtsvorschrift oder wegen der Rechte und Freiheiten einer anderen Person geheim zu halten ist, aufgedeckt wird.

Abgelehnt werden kann auch eine Auskunft über personenbezogene Daten, die ausschließlich zu Zwecken der Gewährleistung der Datensicherheit oder der Datenschutzkontrolle verarbeitet werden und durch geeignete technische und organisatorische Maßnahmen gegen eine Verarbeitung zu anderen Zwecken geschützt sind, wenn die Erteilung der Auskunft einen unverhältnismäßigen Aufwand erfordern würde.

(3) Die Ablehnung der Auskunft ist zu begründen, soweit nicht durch die Mitteilung der Gründe der mit der Auskunftsverweigerung verfolgte Zweck gefährdet würde.

(4) Wird der betroffenen Person eine Auskunft nicht erteilt, so ist die Auskunft auf Verlangen der betroffenen Person der von der oder dem Landesbeauftragten für den Datenschutz geleiteten Behörde (§ 18 Abs. 1 Satz 2) zu erteilen. Die Mitteilung der von der oder dem Landesbeauftragten für den Datenschutz geleiteten Behörde an die betroffene Person darf keine Rückschlüsse auf den Erkenntnisstand des Verantwortlichen zulassen, sofern dieser nicht einer weitergehenden Auskunft zustimmt.

(5) Über personenbezogene Daten, die nicht automatisiert verarbeitet werden und die in einem Dateisystem weder gespeichert sind noch gespeichert werden sollen (§ 2 Nr. 1), wird die Aus-

kunft nur erteilt, soweit die betroffene Person Angaben macht, die das Auffinden der Daten ermöglichen, und der für die Erteilung der Auskunft erforderliche Aufwand nicht außer Verhältnis zu dem geltend gemachten Informationsinteresse steht.

§ 10
Beschränkung der Benachrichtigungspflicht nach Artikel 34 der Datenschutz-Grundverordnung

Die Verantwortlichen können von der Benachrichtigung nach Artikel 34 der Datenschutz-Grundverordnung absehen, soweit und solange

1. die Benachrichtigung die öffentliche Sicherheit gefährden oder sonst dem Wohl des Bundes oder eines Landes Nachteile bereiten würde,
2. dies zur Verfolgung von Straftaten oder Ordnungswidrigkeiten erforderlich ist,
3. die Benachrichtigung dazu führen würde, dass ein Sachverhalt, der nach einer Rechtsvorschrift oder wegen der Rechte und Freiheiten einer anderen Person geheim zu halten ist, aufgedeckt wird oder
4. die Benachrichtigung die Sicherheit von automatisierten Informationssystemen gefährden würde.

§ 11
Dokumentationspflicht bei der Beschränkung von Rechten der betroffenen Person

Werden aufgrund von Vorschriften dieses Teils, aufgrund von Vorschriften der Datenschutz-Grundverordnung oder aufgrund anderer datenschutzrechtlicher Bestimmungen Rechte der betroffenen Person beschränkt, so haben die Verantwortlichen die Gründe dafür zu dokumentieren.

Viertes Kapitel
Besonderer Datenschutz

§ 12
Verarbeitung personenbezogener Daten bei Dienst- und Arbeitsverhältnissen

(1) Die beamtenrechtlichen Vorschriften über das Führen von Personalakten des § 50 des Beamtenstatusgesetzes und der §§ 88 bis 95 des Niedersächsischen Beamtengesetzes sind für alle nicht beamteten Beschäftigten einer öffentlichen Stelle entsprechend anzuwenden, soweit tarifvertraglich nichts anderes geregelt ist.

(2) Werden Feststellungen über die Eignung einer Bewerberin oder eines Bewerbers für ein Dienst- oder Arbeitsverhältnis durch ärztliche oder psychologische Untersuchungen oder Tests getroffen, so darf die Einstellungsbehörde von der untersuchenden Person oder Stelle in der Regel nur das Ergebnis der Eignungsuntersuchung und Feststellungen über Faktoren anfordern, die die gesundheitliche Eignung beeinträchtigen können. Weitere personenbezogene Daten darf sie nur anfordern, wenn sie die Bewerberin oder den Bewerber zuvor schriftlich über die Gründe dafür unterrichtet hat.

§ 13
Verarbeitung personenbezogener Daten zu wissenschaftlichen oder historischen Forschungszwecken

(1) Öffentliche Stellen dürfen personenbezogene Daten einschließlich Daten im Sinne des Artikels 9 Abs. 1 der Datenschutz-Grundverordnung für ein bestimmtes wissenschaftliches oder historisches Forschungsvorhaben verarbeiten oder an andere Stellen zu diesem Zweck übermitteln, wenn die Art und Verarbeitung der Daten darauf schließen lassen, dass ein schutzwürdiges Interesse der betroffenen Person der Verarbeitung der Daten für das Forschungsvorhaben nicht entgegensteht oder das öffentliche Interesse an der Durchführung des Forschungsvorhabens das schutzwürdige Interesse der betroffenen Person überwiegt. Das Ergebnis der Abwägung und seine Begründung sind aufzuzeichnen. Über die Verarbeitung ist die oder der Datenschutzbeauftragte nach Artikel 37 der Datenschutz-Grundverordnung zu unterrichten.

(2) Werden personenbezogene Daten zu wissenschaftlichen oder historischen Forschungszwecken verarbeitet, so sind sie von der Forschungseinrichtung zu anonymisieren, sobald dies nach dem Forschungszweck möglich ist. Bis dahin sind die Merkmale, mit deren Hilfe ein Personenbezug hergestellt werden kann, getrennt zu speichern. Diese Merkmale dürfen mit den Einzelangaben nur zusammengeführt werden, soweit der Forschungszweck dies erfordert.

(3) Im Rahmen von wissenschaftlichen oder historischen Forschungsvorhaben dürfen personenbezogene Daten nur veröffentlicht werden, wenn

1. die betroffene Person eingewilligt hat oder
2. dies für die Darstellung von Forschungsergebnissen über Ereignisse der Zeitgeschichte unerlässlich ist.

(4) Personenbezogene Daten dürfen an Empfängerinnen und Empfänger, auf die die Vorschriften dieses Teils keine Anwendung finden, zu wissenschaftlichen oder historischen Forschungszwecken nur übermittelt werden, wenn sich diese verpflichtet haben, die Daten ausschließlich für das von ihnen bezeichnete Forschungsvorhaben und nach Maßgabe der Absätze 1 bis 3 zu verarbeiten und Schutzmaßnahmen nach § 17 oder gleichwertige Maßnahmen zu treffen. Die Übermittlung ist der von der oder dem Landesbeauftragten geleiteten Behörde frühzeitig anzuzeigen.

(5) Die Verantwortlichen können von einer Gewährung der Rechte aus den Artikeln 15, 16, 18 und 21 der Datenschutz-Grundverordnung absehen, soweit und solange die Inanspruchnahme dieser Rechte voraussichtlich die Verwirklichung der jeweiligen wissenschaftlichen oder historischen Forschungszwecke unmöglich macht oder ernsthaft beeinträchtigt und der Ausschluss dieser Rechte für die Erfüllung dieser Zwecke notwendig ist.

§ 14
Videoüberwachung

(1) Die Beobachtung öffentlich zugänglicher Räume mithilfe von optisch-elektronischen Einrichtungen (Videoüberwachung) und die weitere Verarbeitung der dadurch erhobenen personenbezogenen Daten sind zulässig, soweit sie zur Wahrnehmung einer im öffentlichen Interesse

liegenden Aufgabe erforderlich sind und keine Anhaltspunkte dafür bestehen, dass schutzwürdige Interessen der von der Videoüberwachung betroffenen Personen überwiegen. Zur Wahrnehmung einer öffentlichen Aufgabe gehören auch

1. der Schutz von Personen, die der beobachtenden Stelle angehören oder diese aufsuchen,
2. der Schutz von Sachen, die zu der beobachtenden Stelle oder zu den Personen nach Nummer 1 gehören, und
3. die Wahrnehmung des Hausrechts der beobachtenden Stelle.

Zu einem anderen Zweck dürfen die nach Satz 1 erhobenen Daten nur verarbeitet werden, soweit dies zur Abwehr einer konkreten Gefahr für die öffentliche Sicherheit oder zur Verfolgung von Straftaten erforderlich ist; § 6 Abs. 5 gilt entsprechend.

(2) Die Videoüberwachung ist durch geeignete Maßnahmen zum frühestmöglichen Zeitpunkt erkennbar zu machen. Zudem ist auf den Namen und die Kontaktdaten des Verantwortlichen sowie die Möglichkeit, bei dem Verantwortlichen die Informationen nach Artikel 13 der Datenschutz-Grundverordnung zu erhalten, hinzuweisen.

(3) Beim Einholen des Rates der oder des Datenschutzbeauftragten zu einer Videoüberwachung nach Artikel 35 Abs. 2 der Datenschutz-Grundverordnung hat die öffentliche Stelle insbesondere den Zweck, die räumliche Ausdehnung und die Dauer der Videoüberwachung, den betroffenen Personenkreis, die Maßnahmen nach Absatz 2 und die vorgesehenen Auswertungen mitzuteilen.

§ 15
Öffentliche Auszeichnungen und Ehrungen

(1) Zur Vorbereitung öffentlicher Auszeichnungen und Ehrungen dürfen die zuständigen Stellen die dazu erforderlichen personenbezogenen Daten einschließlich besonderer Kategorien personenbezogener Daten im Sinne des Artikels 9 Abs. 1 der Datenschutz-Grundverordnung verarbeiten, es sei denn, dass der zuständigen Stelle bekannt ist, dass die betroffene Person ihrer öffentlichen Auszeichnung oder Ehrung oder der damit verbundenen Datenverarbeitung widersprochen hat. Auf Anforderung der in Satz 1 genannten Stellen dürfen öffentliche Stellen die erforderlichen Daten übermitteln. Eine Verarbeitung der personenbezogenen Daten für andere Zwecke ist nur mit Einwilligung der betroffenen Person zulässig; § 6 Abs. 2 findet keine Anwendung.

(2) Die Artikel 13 bis 15, 19 und 21 Abs. 4 der Datenschutz-Grundverordnung finden keine Anwendung.

§ 16
Begnadigungsverfahren

In Begnadigungsverfahren dürfen die zuständigen Stellen die für eine Begnadigung erforderlichen Daten einschließlich besonderer Kategorien personenbezogener Daten im Sinne des Artikels 9 Abs. 1 der Datenschutz-Grundverordnung verarbeiten. Die Artikel 13 bis 15 und 19 der Datenschutz-Grundverordnung finden keine Anwendung.

§ 17
Verarbeitung besonderer Kategorien personenbezogener Daten

(1) Die Verarbeitung besonderer Kategorien personenbezogener Daten im Sinne des Artikels 9 Abs. 1 der Datenschutz-Grundverordnung ist zulässig, soweit und solange es erforderlich ist

1. zur Wahrnehmung von Rechten und Pflichten, die aus dem Recht der sozialen Sicherheit und des Sozialschutzes folgen,
2. zur Wahrnehmung von Rechten und Pflichten der öffentlichen Stellen auf dem Gebiet des Dienst- und Arbeitsrechts,
3. zum Zweck der Gesundheitsvorsorge oder der Arbeitsmedizin, für die Beurteilung der Arbeitsfähigkeit von beschäftigten Personen, für die medizinische Diagnostik, die Versorgung oder Behandlung im Gesundheits- oder Sozialbereich oder für die Verwaltung von Systemen und Diensten im Gesundheits- und Sozialbereich oder aufgrund eines Vertrags der betroffenen Person mit einer oder einem Angehörigen eines Gesundheitsberufs, wenn diese Daten von ärztlichem Personal oder durch sonstige Personen, die einer Geheimhaltungspflicht unterliegen, oder unter deren Verantwortung verarbeitet werden,
4. aus Gründen des öffentlichen Interesses im Bereich der öffentlichen Gesundheit und des Infektionsschutzes, wie dem Schutz vor schwerwiegenden grenzüberschreitenden Gesundheitsgefahren oder zur Gewährleistung hoher Qualitäts- und Sicherheitsstandards bei der Gesundheitsversorgung und bei Arzneimitteln und Medizinprodukten; ergänzend zu den in den Absätzen 2 und 3 genannten Maßnahmen sind insbesondere die berufsrechtlichen und strafrechtlichen Vorgaben zur Wahrung des Berufsgeheimnisses einzuhalten,
5. zur Abwehr erheblicher Nachteile für das Gemeinwohl oder von Gefahren für die öffentliche Sicherheit und Ordnung,
6. zur Verfolgung von Straftaten oder Ordnungswidrigkeiten, zur Vollstreckung oder zum Vollzug von Strafen oder Maßnahmen im Sinne des § 11 Abs. 1 Nr. 8 des Strafgesetzbuchs (StGB) oder von Erziehungsmaßregeln oder Zuchtmitteln im Sinne des Jugendgerichtsgesetzes oder zur Vollstreckung von Bußgeldentscheidungen.

(2) Werden im Rahmen der Datenverarbeitung nach diesem Kapitel oder nach anderen datenschutzrechtlichen Bestimmungen besondere Kategorien personenbezogener Daten im Sinne des Artikels 9 Abs. 1 der Datenschutz-Grundverordnung verarbeitet, so sind von den Verantwortlichen und den Auftragsverarbeitern zur Wahrung der Grundrechte und Interessen der betroffenen Person die folgenden Maßnahmen zu treffen:

1. Sicherstellung, dass nachträglich festgestellt werden kann, ob und von wem personenbezogene Daten verarbeitet worden sind,
2. Beschränkung der Befugnisse für den Zugriff auf personenbezogene Daten auf das erforderliche Maß sowie die Dokumentation der Befugnisse,
3. Sensibilisierung der Personen, die Zugang zu den personenbezogenen Daten haben.

(3) Soweit es zum Schutz besonderer Kategorien personenbezogener Daten erforderlich ist, haben die Verantwortlichen und Auftragsverarbeiter ergänzend zu Absatz 2 weitere angemessene und spezifische Maßnahmen zu treffen. Als Maßnahmen kommen insbesondere in Betracht:

1. Sicherstellung, dass die personenbezogenen Daten zur Verarbeitung nur im Vier-Augen-Prinzip freigegeben werden,
2. Sicherstellung, dass auf die personenbezogenen Daten nur nach einer Zwei-Faktor-Authentisierung zugegriffen wird,
3. Sicherstellung, dass die elektronische Übermittlung von personenbezogenen Daten nur mit einer Verschlüsselung erfolgt,
4. Sicherstellung, dass in einem vernetzten IT-System die personenbezogenen Daten nur mit Verschlüsselung gespeichert werden,
5. Sicherstellung, dass durch eine redundante Auslegung der Systeme, der Energieversorgung und der Datenübertragungseinrichtungen ein Datenverlust vermieden wird,
6. Sicherstellung, dass Daten nicht unbefugt verändert werden und ihre Integrität gewahrt ist, etwa durch Einsatz einer elektronischen Signatur,
7. Schulung der Personen, die Zugang zu den personenbezogenen Daten haben.

(4) Art und Umfang der Maßnahmen nach den Absätzen 2 und 3 richten sich nach dem Stand der Technik und den Implementierungskosten, nach der Art, dem Umfang, den Umständen und dem Zweck der Datenverarbeitung sowie nach der Eintrittswahrscheinlichkeit und der Schwere der mit der Datenverarbeitung verbundenen Risiken für die Grundrechte und Interessen der betroffenen Person.

Fünftes Kapitel
Die oder der Landesbeauftragte für den Datenschutz

§ 18
Aufsichtsbehörde, Rechtsstellung der oder des Landesbeauftragten für den Datenschutz

(1) Die oder der Landesbeauftragte für den Datenschutz leitet eine von der Landesregierung unabhängige oberste Landesbehörde mit Sitz in Hannover. Diese Behörde ist Aufsichtsbehörde im Sinne des Artikels 51 Abs. 1 der Datenschutz Grundverordnung für die Datenverarbeitung im Anwendungsbereich der Vorschriften dieses Teils.

(2) Neben der nach Artikel 53 Abs. 2 der Datenschutz-Grundverordnung erforderlichen Qualifikation, Erfahrung und Sachkunde, insbesondere im Bereich des Schutzes personenbezogener Daten, soll die oder der Landesbeauftragte die Befähigung zum Richteramt haben.

(3) Die oder der Landesbeauftragte wird nach der Wahl durch den Landtag auf die Dauer von acht Jahren in ein Beamtenverhältnis auf Zeit berufen. Die einmalige Wiederwahl ist zulässig. Die Amtszeit verlängert sich bis zur Berufung einer Nachfolgerin oder eines Nachfolgers, längstens jedoch um sechs Monate.

(4) Für die Landesbeauftragte oder den Landesbeauftragten gilt keine Altersgrenze. § 37 des Niedersächsischen Beamtengesetzes ist nicht anzuwenden.

(5) Eine Amtsenthebung nach Artikel 53 Abs. 4 der Datenschutz-Grundverordnung erfolgt durch Beschluss des Landtages. Der Beschluss bedarf der Mehrheit von zwei Dritteln der Mitglieder des Landtages.

(6) Die von der oder dem Landesbeauftragten geleitete Behörde wählt ihr eigenes Personal aus. Das Personal untersteht ausschließlich der Leitung der oder des Landesbeauftragten. Soweit dienstrechtliche Befugnisse der Landesregierung zustehen, werden Stellen auf Vorschlag der von der oder dem Landesbeauftragten geleiteten Behörde besetzt. Soweit dienstrechtliche Befugnisse der Landesregierung zustehen, können die Beschäftigten ohne ihre Zustimmung nur im Einvernehmen mit der von der oder dem Landesbeauftragten geleiteten Behörde versetzt, abgeordnet oder umgesetzt werden.

(7) Die von der oder dem Landesbeauftragten geleitete Behörde darf Aufgaben der Personalverwaltung ganz oder teilweise auf eine andere Behörde übertragen. In diesem Fall dürfen personenbezogene Daten aus der Personalakte auch ohne Einwilligung der betroffenen Person an diese Behörde übermittelt und von ihr verarbeitet werden, soweit dies für die Erfüllung der übertragenen Aufgabe erforderlich ist.

(8) Der Landesrechnungshof hat die Rechnungsprüfung bei der von der oder dem Landesbeauftragten geleiteten Behörde so durchzuführen, dass die Unabhängigkeit im Sinne des Artikels 52 Abs. 1 der Datenschutz-Grundverordnung nicht beeinträchtigt wird.

§ 19
Aufgaben der Aufsichtsbehörde

(1) Die von der oder dem Landesbeauftragten geleitete Behörde nimmt ihre Aufgaben als Aufsichtsbehörde nach der Datenschutz-Grundverordnung auch in Bezug auf die Vorschriften dieses Teils und andere datenschutzrechtliche Bestimmungen wahr.

(2) Die von der oder dem Landesbeauftragten geleitete Behörde ist bei Planungen des Landes, der Kommunen, der kommunalen Anstalten und der gemeinsamen kommunalen Anstalten, der kommunalen Zweckverbände sowie des Bezirksverbands Oldenburg und des Regionalverbandes „Großraum Braunschweig“ zum Aufbau automatisierter Informationssysteme frühzeitig zu unterrichten.

§ 20
Befugnisse der Aufsichtsbehörde, Mitwirkung

(1) Die von der oder dem Landesbeauftragten geleitete Behörde hat ihre Befugnisse nach Artikel 58 Abs. 1 bis 3 der Datenschutz-Grundverordnung auch in Bezug auf die Vorschriften dieses Teils und andere datenschutzrechtliche Bestimmungen.

(2) Bestehen Anhaltspunkte dafür, dass eine Datenverarbeitung gegen die Datenschutz-Grundverordnung, die Vorschriften dieses Teils oder andere datenschutzrechtliche Bestimmungen verstößt, so kann die von der oder dem Landesbeauftragten geleitete Behörde den Verantwortlichen

oder den Auftragsverarbeiter auffordern, innerhalb einer bestimmten Frist Stellung zu nehmen. Die von der oder dem Landesbeauftragten geleitete Behörde unterrichtet gleichzeitig die Rechts- oder Fachaufsichtsbehörde über die Aufforderung. In der Stellungnahme nach Satz 1 soll auch dargestellt werden, wie die Folgen eines Verstoßes beseitigt und künftige Verstöße vermieden werden sollen. Die Verantwortlichen und Auftragsverarbeiter leiten der Rechts- oder Fachaufsichtsbehörde eine Abschrift ihrer Stellungnahme zu.

(3) Auch Behörden und sonstige öffentliche Stellen des Landes können gerichtlich gegen sie betreffende verbindliche Entscheidungen der von der oder dem Landesbeauftragen für den Datenschutz geleiteten Behörde vorgehen. Die Klage hat aufschiebende Wirkung.

(4) Die Behörden und sonstigen öffentlichen Stellen sind verpflichtet, die von der oder dem Landesbeauftragten geleitete Behörde bei der Wahrnehmung ihrer Aufgaben zu unterstützen. Dazu haben sie der von der oder dem Landesbeauftragten geleiteten Behörde insbesondere jederzeit Zugang zu den Diensträumen, einschließlich aller Datenverarbeitungsanlagen und -geräte, sowie zu allen personenbezogenen Daten und Informationen, die die von der oder dem Landesbeauftragten geleitete Behörde zur Erfüllung ihrer Aufgaben für erforderlich hält, zu gewähren. Auf Verlangen der von der oder dem Landesbeauftragten geleiteten Behörde sind alle Unterlagen über die Verarbeitung personenbezogener Daten innerhalb einer bestimmten Frist vorzulegen.

(5) Die Befugnis, Geldbußen zu verhängen, steht der von der oder dem Landesbeauftragten geleiteten Behörde gegenüber öffentlichen Stellen nur zu, soweit diese als Unternehmen am Wettbewerb teilnehmen.

§ 21
Stellungnahme zum Tätigkeitsbericht

Die Landesregierung nimmt zu dem Tätigkeitsbericht der von der oder dem Landesbeauftragten geleiteten Behörde nach Artikel 59 der Datenschutz-Grundverordnung innerhalb von sechs Monaten gegenüber dem Landtag Stellung.

§ 22
Aufsichtsbehörde für die Datenverarbeitung außerhalb des Anwendungsbereichs der Vorschriften dieses Teils

Die von der oder dem Landesbeauftragten geleitete Behörde ist auch Aufsichtsbehörde im Sinne des Artikels 51 Abs. 1 der Datenschutz-Grundverordnung in Verbindung mit § 40 des Bundesdatenschutzgesetzes

1. für die Datenverarbeitung durch nicht öffentliche Stellen und
2. für die Datenverarbeitung durch öffentliche Stellen, soweit nach § 1 Abs. 4 oder Abs. 5 die für nicht öffentliche Stellen geltenden Vorschriften des Bundesdatenschutzgesetzes anzuwenden sind.

Die von der oder dem Landesbeauftragten geleitete Behörde nimmt dabei ihre Aufgaben und Befugnisse als Aufsichtsbehörde nach der Datenschutz-Grundverordnung auch in Bezug auf andere datenschutzrechtliche Bestimmungen wahr.

2. Gesetzesbegründung vom 28.03.2018

Entwurf eines Gesetzes zur Neuordnung des niedersächsischen Datenschutzrechts

Hannover, den 28.03.2018

Niedersächsischer Landtag

18. Wahlperiode

Drucksache 18/548

Begründung

A. Allgemeiner Teil

I. Anlass, Ziele und Schwerpunkte des Entwurfs

Am 25. Mai 2016 ist die Verordnung (EU) 2016/679 des Europäischen Parlaments und des Rates vom 27. April 2016 zum Schutz natürlicher Personen bei der Verarbeitung personenbezogener Daten, zum freien Datenverkehr und zur Aufhebung der Richtlinie 95/46/EG (Datenschutz-Grundverordnung) (ABl. EU Nr. L 119 S. 1, Nr. L 314 S. 72) – im Folgenden: DSGVO – in Kraft getreten. Gemäß ihrem Artikel 99 Abs. 2 gilt sie ab dem 25. Mai 2018. Gemäß Artikel 288 des Vertrages über die Arbeitsweise der Europäischen Union gelten EU-Verordnungen unmittelbar und bedürfen keiner Umsetzung in das mitgliedstaatliche Recht. Dennoch enthält die Datenschutz-Grundverordnung sogenannte Öffnungsklauseln für den nationalen Gesetzgeber mit Regelungsoptionen und konkreten Regelungsaufträgen. Der sich daraus ergebende Anpassungsbedarf soll mit diesem Gesetz umgesetzt werden. Wiederholungen von Regelungen der Datenschutz-Grundverordnung dürfen im nationalen Recht nur insoweit erfolgen, als diese im Fall von Präzisierungen oder Einschränkungen von Regelungen der Datenschutz-Grundverordnung durch das nationale Recht erforderlich sind, um die Kohärenz zu wahren und die Vorschriften des nationalen Rechts für die Personen, für die sie gelten, verständlicher zu machen (Erwägungsgrund 8 DSGVO). Insoweit musste auf Wiederholungen von Regelungen der Datenschutz-Grundverordnung weitgehend verzichtet werden.

Zu Artikel 1 (Niedersächsisches Datenschutzgesetz):

Mit diesem Gesetz wird das bisherige Niedersächsische Datenschutzgesetz in einer Neufassung an die Datenschutz-Grundverordnung angepasst. Dabei sind der Datenschutz-Grundverordnung widersprechende Regelungen aufzuheben, gleichlautende Vorschriften grundsätzlich ebenfalls aufzuheben und Regelungsaufträge zu erfüllen. Darüber hinaus werden Regelungsoptionen so genutzt, dass der bisherige Datenschutzstandard des Landes Niedersachsen aufrecht erhalten werden kann, insbesondere hinsichtlich der materiellen Anforderungen an die Datenverarbeitung. Wegen der grundlegenden strukturellen Änderung des im Bereich des Schutzes des Rechts auf informationelle Selbstbestimmung anzuwendenden Rechts ist eine bloße Änderung des Niedersächsischen Datenschutzgesetzes nicht opportun. Mit der Neufassung soll der Systemwechsel im Datenschutzrecht deutlich gemacht werden. Die Datenschutz-Grundverordnung ist unmittelbar in den Mitgliedstaaten anzuwenden. Das Niedersächsische Datenschutzgesetz (NDSG) trifft künftig nur noch ergänzende Regelungen zur Datenschutz-Grundverordnung.

[...]

II. Wesentliche Ergebnisse der Gesetzesfolgenabschätzung

Zu Artikel 1:

Die Neufassung des Niedersächsischen Datenschutzgesetzes ist erforderlich, da ab dem 25. Mai 2018 die Datenschutz-Grundverordnung gelten wird, die in den Mitgliedstaaten unmittelbare Wirkung haben wird. Das Recht in den Mitgliedstaaten muss zu diesem Zeitpunkt der Datenschutz-Grundverordnung angepasst sein, d. h. es darf keine der Datenschutz-Grundverordnung entgegenstehenden Vorschriften und grundsätzlich auch keine mit der Datenschutz-Grundverordnung identischen Vorschriften enthalten. Darüber hinaus enthält die Datenschutz-Grundverordnung Regelungsaufträge und Regelungsoptionen für die Mitgliedstaaten, die mit dem neuen Niedersächsischen Datenschutzgesetz umgesetzt wurden. Das bisherige Niedersächsische Datenschutzgesetz ist zu dem oben genannten Zeitpunkt aufzuheben und das neue Niedersächsische Datenschutzgesetz in Kraft zu setzen. Zur Rechtsform eines Gesetzes besteht keine Regelungsalternative. Das neue Niedersächsische Datenschutzgesetz beinhaltet – wie auch das bisherige Niedersächsische Datenschutzgesetz – Eingriffe in das grundrechtlich verankerte Recht auf informationelle Selbstbestimmung, insbesondere durch eine Einschränkung der Betroffenenrechte. Somit greift der Parlamentsvorbehalt. Die Finanzfolgenabschätzung ergibt, dass durch dieses Gesetz keine Kosten entstehen. Soweit durch die Datenschutzreform der EU neue Anforderungen und Instrumentarien eingeführt wurden, die Kosten verursachen könnten, ergeben sich diese unmittelbar aus der Datenschutz-Grundverordnung. Durch die Regelungen des neuen Niedersächsischen Datenschutzgesetzes werden keine Mehrkosten gegenüber dem bisherigen Niedersächsischen Datenschutzgesetz verursacht. Auch wird von Regelungsoptionen der Datenschutz-Grundverordnung nicht in der Weise Gebrauch gemacht, dass gegenüber den Kostenfolgen der Datenschutz-Grundverordnung Mehrkosten entstehen würden.

[...]

B. Besonderer Teil

[...]

Zu § 1 (Regelungsgegenstand und Anwendungsbereich des Gesetzes)

Zu Absatz 1:

Regelungsgegenstand des Gesetzes ist es, zur Durchführung der Datenschutz-Grundverordnung ergänzende Regelungen zu treffen. Durch diese Formulierung soll für die Anwenderinnen und Anwender des Gesetzes sowie die betroffenen Personen deutlich gemacht werden, dass zunächst die Datenschutz-Grundverordnung unmittelbar anzuwenden ist und dieses Gesetz lediglich ergänzende Regelungen enthält. Wie im bisherigen Niedersächsischen Datenschutzgesetz soll das Gesetz gemäß Satz 1 Nr. 1 im Anwendungsbereich der Datenschutz-Grundverordnung für alle öffentlichen Stellen des Landes Niedersachsen, für die Kommunen sowie die sonstigen der

Aufsicht des Landes unterstehenden Körperschaften, Anstalten und Stiftungen des öffentlichen Rechts und deren Vereinigungen gelten, soweit diese personenbezogene Daten verarbeiten. Auf Anregung der Landesbeauftragten für den Datenschutz in der Verbandsanhörung wurde Satz 1 Nr. 1 in Anlehnung an das BDSG 2018 als Legaldefinition für den Begriff der „öffentlichen Stelle" ausgestaltet. Nach Satz 1 Nr. 2 gilt das Gesetz auch für Personen und Stellen außerhalb des öffentlichen Bereichs, soweit ihnen Aufgaben der öffentlichen Verwaltung übertragen sind. Dies war im bisherigen Recht auch bereits so und wird hier nunmehr ausdrücklich berücksichtigt, um eine vollständige Aufzählung zu erhalten. Im Anschluss an die Aufzählung der Behörden bzw. Personen oder Stellen wird der Bezug hergestellt zum sachlichen Anwendungsbereich der Datenschutz-Grundverordnung (Fall 1) bzw. zur erweiterten Anwendung der Datenschutz-Grundverordnung nach § 2 (Fall 2). Mit dem Verweis auf § 2 wird klargestellt, dass für die Verarbeitungen personenbezogener Daten, die nicht in den sachlichen Anwendungsbereich des Artikels 2 DS-GVO fallen, in diesem Gesetz ebenfalls Regelungen getroffen werden. Satz 2 entspricht § 1 Abs. 1 Satz 2 der bisherigen Fassung des Niedersächsischen Datenschutzgesetzes. Diese Regelung wird aufgrund der Verwendung des Begriffs „öffentliche Stelle" insbesondere in § 20 Abs. 3 und 4 und § 23 Abs. 1 Nr. 1 benötigt. Aufgrund der Stellungnahme der Landesbeauftragten für den Datenschutz in der Verbandsanhörung wurde Satz 3 angefügt. Nach Satz 3 können auch Vereinigungen des privaten Rechts (z. B. organisiert als eingetragener Verein oder GmbH) öffentliche Stellen sein. Durch die Formulierung ist nunmehr klargestellt, dass bereits bei nur einer beteiligten Stelle eine Vereinigung vorliegen kann. Sobald eine nicht öffentliche Stelle teilnimmt, liegt, wie auch im bisherigen Recht, keine Vereinigung im Sinne dieser Vorschrift vor; vielmehr sind dann die Bestimmungen des Bundesdatenschutzgesetzes anzuwenden, die für nicht öffentliche Stellen gelten.

Zu Absatz 2:

Absatz 2 sieht für Gerichte und Behörden der Staatsanwaltschaft eine Ausnahme von der Anwendbarkeit des Niedersächsischen Datenschutzgesetzes vor, soweit diese keine Verwaltungsaufgaben wahrnehmen. Dass auch Gerichte vollumfänglich der Datenschutz-Grundverordnung unterliegen, folgt aus dem Umkehrschluss des Artikels 55 Abs. 3 DSGVO, wonach die Aufsichtsbehörden nicht für die Aufsicht über die von Gerichten im Rahmen ihrer justiziellen Tätigkeit vorgenommenen Verarbeitungen zuständig sind. Für die justiziellen Aufgaben wird die Datenschutz-Grundverordnung durch das Bundesdatenschutzgesetz und gegebenenfalls speziellere bundesrechtliche Regelungen ergänzt.

Zu Absatz 3:

Die Ausnahmeregelung für den Landtag wurde in der Systematik der Vorschrift dem Wortlaut des Absatzes 2 angeglichen. Die Geltung des Niedersächsischen Datenschutzgesetzes für Verwaltungsaufgaben wird nunmehr positiv angeordnet. Sie entspricht im Ergebnis jedoch inhaltlich der bisherigen Regelung des § 2 Abs. 2 NDSG. Parlamentarische Aufgaben fallen nach Artikel 2 Abs. 2 Buchst. a DSGVO nicht in den Anwendungsbereich der Datenschutz-Grundverordnung. Für die Wahrnehmung parlamentarischer Aufgaben gilt wie bisher eine vom Landtag erlassene Datenschutzordnung.

Zu Absatz 4:

Die Regelung löst den bisherigen § 2 Abs. 3 NDSG ab, wobei aufgrund der Stellungnahme der Landesbeauftragten für den Datenschutz in der Verbandsanhörung anstatt der bisherigen Fallgruppen eine abstrakte Formulierung gewählt wird, die nicht mehr auf die Organisationsform, sondern auf die Teilnahme am Wettbewerb abstellt. Damit sollen mögliche Lücken geschlossen werden. Die Datenverarbeitung der in Absatz 4 benannten Stellen zu wirtschaftlichen Zwecken unterliegt nicht den Regelungen für öffentliche Stellen. Für den Bereich der wirtschaftlichen Tätigkeit gelten ergänzend zu den Regelungen der Datenschutz-Grundverordnung die für nicht öffentliche Stellen geltenden Vorschriften des Bundesdatenschutzgesetzes bzw. spezialgesetzliche Regelungen (siehe § 1 Abs. 2 BDSG). Dieses soll die Chancengleichheit im Wettbewerb sichern. Ein typisches Beispiel für öffentliche Wettbewerbsunternehmen sind die Krankenhäuser in öffentlich-rechtlicher Trägerschaft. Dies gilt jedoch nicht, soweit diese hoheitliche Aufgaben wahrnehmen (z. B. im Rahmen von Zwangseinweisungen) oder im Bereich von Forschung und Lehre. Statt der im bisherigen § 2 Abs. 3 Satz 1 für anwendbar erklärten Regelungen der §§ 8, 19 und 26 gilt hier nunmehr unmittelbar die Datenschutz-Grundverordnung. So regelt Artikel 30 DSGVO das Verzeichnis über Verarbeitungstätigkeiten und Artikel 77 DSGVO das Recht auf Beschwerde bei einer Aufsichtsbehörde. Die Regelungen zur Aufsichtsbehörde, auf die der bisherige § 2 Abs. 3 Satz 1 verwiesen hat, befinden sich nunmehr ebenfalls in der Datenschutz-Grundverordnung, ergänzt durch den Fünften Abschnitt im Zweiten Teil Fünftes Kapitel dieses Gesetzes. Soweit die genannten Stellen personenbezogene Daten nicht für wirtschaftliche Zwecke verarbeiten, gilt ergänzend zur Datenschutz-Grundverordnung dieses Gesetz. Dies betrifft beispielsweise die Personaldatenverarbeitung. Diese erfolgt auf Grundlage von § 12 dieses Gesetzes.

Zu Absatz 5:

Die Regelung entspricht dem bisherigen § 2 Abs. 4 NDSG. Für öffentlich-rechtliche Kreditinstitute und öffentlich-rechtliche Versicherungsanstalten sowie deren Vereinigungen gelten § 12 und im Übrigen ergänzend zu den Regelungen der Datenschutz-Grundverordnung die für nicht öffentliche Stellen geltenden Vorschriften des Bundesdatenschutzgesetzes bzw. spezialgesetzliche Regelungen (siehe § 1 Abs. 2 BDSG).

Zu Absatz 6:

Die Regelung zur Spezialität wie im bisherigen § 2 Abs. 6 wird zur Klarstellung aufrechterhalten. Eine Regelung vergleichbar dem bisherigem § 1 (Aufgabe des Gesetzes) kann nicht aufrechterhalten werden. Die Aufgabe dieses (Ergänzungs-)Gesetzes kann keine andere sein als die der Datenschutz-Grundverordnung. Im Gegensatz zum bisherigen Niedersächsischen Datenschutzgesetz hat die Datenschutz-Grundverordnung neben dem Schutz natürlicher Personen bei der Verarbeitung personenbezogener Daten auch den freien Datenverkehr zum Gegenstand (vgl. Artikel 1 Abs. 3 sowie Titel der Datenschutz-Grundverordnung). Die Regelungen in den Absätzen 5, 7 und 8 der bisherigen Fassung des § 2 NDSG werden ebenfalls nicht übernommen. Absatz 5 regelte die Geltung des Rechts des jeweiligen Sitzlandes für öffentlich-rechtliche Rundfunkanstalten. Diese Regelung kann und wird auch faktisch bereits an anderer Stelle getroffen.

Nach § 41 Abs. 1 des Gesetzes zum Staatvertrag über den Norddeutschen Rundfunk gilt für den Datenschutz beim NDR das Hamburgische Datenschutzgesetz. Eine Klärung des Anwendungsvorrangs wie in dem bisherigen Absatz 7 ist ebenfalls entbehrlich. Eine Regelung wie im bisherigen § 2 Abs. 8 zum Begnadigungsverfahren entfällt an dieser Stelle; diesbezügliche Vorschriften befinden sich nunmehr in § 2 Nr. 2 Buchst. b und § 16 dieses Gesetzes.

Zu § 2 (Erweiterte Anwendung der Datenschutz-Grundverordnung):

Dem Anwendungsbereich der Datenschutz-Grundverordnung unterfallen nicht alle Bereiche der Verarbeitung personenbezogener Daten durch öffentliche Stellen. Dem Anwendungsbereich der Datenschutz-Grundverordnung unterfallen alle ganz oder teilweise automatisierten Verarbeitungen personenbezogener Daten sowie die nicht automatisierte Verarbeitung personenbezogener Daten, die in einem Dateisystem gespeichert werden. Damit unterfallen dem Anwendungsbereich neben der elektronischen Datenverarbeitung auch die Verarbeitung personenbezogener Daten in Papierakten, wenn diese einer gewissen Ordnung, z. B. nach einem Aktenplan, unterliegen. Nicht vom Anwendungsbereich der Datenschutz-Grundverordnung erfasst ist hingegen die Datenverarbeitung in Akten oder Aktensammlungen, die nicht nach bestimmten Kriterien geordnet sind (vgl. Artikel 2 Abs. 1 DSGVO, Erwägungsgrund 15 DSGVO). Nummer 1 sieht daher vor, dass die Regelungen der Datenschutz-Grundverordnung abweichend von Artikel 2 Abs. 1 DSGVO auch für die nicht automatisierte Verarbeitung personenbezogener Daten, die in einem Dateisystem weder gespeichert sind noch gespeichert werden sollen, gelten. Mit dieser Regelung sollen alle ausschließlich in Papierform gespeicherten personenbezogenen Daten, welche nicht dem Anwendungsbereich der Datenschutz-Grundverordnung unterfallen, dem allgemein geltenden Datenschutzregime unterworfen werden. Soweit in Papierform geführte Unterlagen von Behörden und öffentlichen Stellen zum Zweck der Auffindbarkeit und Auswertbarkeit registriert und damit „nach bestimmten Kriterien geordnet“ werden, gilt für diese Datenverarbeitungen die Datenschutz-Grundverordnung unmittelbar (vgl. Erwägungsgrund 15 zur Datenschutz-Grundverordnung). Mit § 2 Nr. 1 soll sichergestellt werden, dass auch für Daten in sonstigen Akten die allgemeinen Datenschutzvorschriften gelten. Nummer 2 bestimmt die erweiterte Anwendung der Datenschutz-Grundverordnung auch für die Bereiche, die nicht in den Anwendungsbereich des Unionsrechts im Sinne des Artikels 2 Abs. 2 Buchst. a DSGVO fallen. Nummer 2 Buchst. a nennt die Verarbeitungen personenbezogener Daten zum Zweck der Vorbereitung öffentlicher Auszeichnungen und Ehrungen, soweit in § 15 Abs. 2 nichts anderes bestimmt ist; Nummer 2 Buchst. b nennt die Verarbeitungen personenbezogener Daten in Begnadigungsverfahren, soweit in § 16 Satz 2 nichts anderes bestimmt ist. Nummer 2 Buchst. c nennt die Verarbeitung personenbezogener Daten im Rahmen einer sonstigen nicht in den sachlichen Anwendungsbereich des Unionsrecht fallenden Tätigkeit (z. B. Tätigkeiten des Verfassungsschutzes), die nicht unter Artikel 2 Abs. 2 Buchst. b bis d DSGVO fällt, soweit die Datenverarbeitung durch Rechtsvorschrift nicht speziell geregelt ist. Mit dieser Regelung sollen mögliche Gesetzeslücken vermieden werden, sodass keine Bereiche entstehen können, für die keine datenschutzrechtlichen Regelungen gelten. Damit wird auch für solche Bereiche sichergestellt, dass im Grundsatz die für alle öffentlichen Stellen geltenden allgemeinen Rechtsvorschriften zur Anwendung kommen. Ausnahmen hierzu sind in diesem Gesetz in den §§ 15 und 16 geregelt. Darüber hinaus sind Abweichungen wie bisher spezialgesetzlich zu regeln. Der Kritik der Arbeitsgemeinschaft der kommunalen Spitzenverbände Niedersachsens in der Verbandsanhörung an der in § 2 vorgesehenen erweiterten Anwendung ist entgegenzuhalten, dass es keine Bereiche ohne Datenschutzregime geben darf. Angesichts eines nunmehr fehlenden Vollgesetzes in Niedersachsen bleibt zweckmäßigerweise die Erweiterung der Anwendung der Vorschriften der Datenschutz-Grundverordnung. Alternativ müssten für diese Bereiche vollumfängliche eigene Datenschutzregelungen geschaffen werden.

Zu Abschnitt 2 (Rechtsgrundlagen der Datenverarbeitung):

Die allgemeinen Regelungen zur Zulässigkeit der Verarbeitung personenbezogener Daten durch die öffentlichen Stellen im Land Niedersachsen finden sich zukünftig in Artikel 6 Abs. 1 DSGVO. Dies entspricht im Wesentlichen dem bisherigen § 4 Abs. 1 in Verbindung mit den §§ 9 ff. NDSG. Nach Artikel 6 Abs. 2, Abs. 3 in Verbindung mit Abs. 1 Satz 1 Buchst. c und e DSGVO haben die Mitgliedstaaten Regelungsbefugnisse bzw. Gestaltungsspielräume in dem dort genannten Umfang. Eine weitere Regelungsbefugnis besteht im Hinblick auf die Datenverarbeitung zu anderen Zwecken gemäß Artikel 6 Abs. 4 Fall 2 DSGVO.

Zu § 3 (Zulässigkeit der Verarbeitung personenbezogener Daten):

Mit § 3 wird eine Rechtsgrundlage für die Datenverarbeitung auf der Grundlage von Artikel 6 Abs. 1 Buchst. e in Verbindung mit Artikel 6 Abs. 2, Abs. 3 Satz 1 DSGVO geschaffen. Dies ist rechtlich notwendig, da Artikel 6 Abs. 1 Buchst. e DSGVO selbst keine Rechtsgrundlage für die Verarbeitung von Daten schafft, was sich aus der Formulierung „wird festgelegt durch" in Artikel 6 Abs. 3 Satz 1 DSGVO ergibt. Der Unions- oder der nationale Gesetzgeber hat eine Rechtsgrundlage zu setzen, wobei diese Rechtsgrundlage nach Artikel 6 Abs. 3 Satz 3 DSGVO spezifische Bestimmungen enthalten kann, jedoch nicht muss. Diesem Regelungsauftrag wird nachgekommen. Die Verarbeitung personenbezogener Daten durch öffentliche Stellen ist nach der Vorschrift zulässig, wenn sie für die Wahrnehmung einer im öffentlichen Interesse liegenden Aufgabe erforderlich ist oder wenn sie in Ausübung öffentlicher Gewalt erfolgt, die dem Verantwortlichen übertragen wurde. Die Verarbeitung personenbezogener Daten ist allerdings nicht nur auf dieser Rechtsgrundlage zulässig, sondern auch auf der Grundlage der weiteren in Artikel 6 Abs. 1 DSGVO aufgeführten Erlaubnistatbestände sowie auf der Grundlage der Datenschutz-Grundverordnung erlassenen bereichsspezifischen Regelungen. Die Einwilligung als Rechtsgrundlage der Verarbeitung personenbezogener Daten ergibt sich aus Artikel 6 Abs. 1 Satz 1 Buchst. a DSGVO unmittelbar. § 3 kann nicht als Rechtsgrundlage für die Verarbeitung besonderer Kategorien personenbezogener Daten nach Artikel 9 Abs. 1 DSGVO herangezogen werden. Hier gelten die Regelungen des Artikels 9 Abs. 2 DSGVO.

[…]

Zu § 13 (Verarbeitung personenbezogener Daten zu wissenschaftlichen oder historischen Forschungszwecken):

§ 13 regelt die spezifischen Anforderungen an die Verarbeitung personenbezogener Daten für Forschungszwecke. Die Regelungsbefugnis für § 13 ergibt sich aus Artikel 6 Abs. 2 und 3 in Verbindung mit Artikel 89 DSGVO. Gemäß Artikel 89 Abs. 1 DSGVO unterliegt die Datenverarbeitung zu wissenschaftlichen oder historischen Forschungszwecken geeigneten Garantien für die Rechte und Freiheiten der betroffenen Person gemäß der Datenschutz-Grundverordnung. Geeignete Garantien sind in erster Linie technische und organisatorische Maßnahmen, mit denen insbesondere die Achtung des Grundsatzes der Datenminimierung gewährleistet wird. Für die Verarbeitung besonderer Kategorien personenbezogener Daten im Sinne des Artikels 9 Abs. 1 DSGVO für wissenschaftliche oder historische Forschungszwecke ohne ausdrückliche Einwilligung (vgl. Artikel 9 Abs. 2 Buchst. a DSGVO) der betroffenen Person bedarf es gemäß Artikel 9 Abs. 2 Buchst. j DSGVO einer nationalen Regelung. Von der in § 13 geregelten Verarbeitung ist zugleich die Weiterverarbeitung umfasst, da nach Artikel 5 Abs. 1 Buchst. b Halbsatz 2 DSGVO eine Weiterverarbeitung für wissenschaftliche oder historische Forschungszwecke nicht als unvereinbar mit den Zwecken, für die die Daten erhoben wurden, gilt. Eine Prüfung der Vereinbarkeit mit dem ursprünglichen Zweck gemäß Artikel 6 Abs. 4 Fall 3 DSGVO erübrigt sich daher. Die Vorgaben zur Zweckbindung im bisherigen Recht, die für ein Forschungsvorhaben gespeicherten oder übermittelten Daten nur für Zwecke der wissenschaftlichen Forschung verarbeiten zu dürfen (bisher § 25 Abs. 3 NDSG), werden in der Datenschutz-Grundverordnung abgelöst durch den allgemeinen Zweckbindungsgrundsatz in Artikel 5 Abs. 1 Buchst. b Halbsatz 1 DSGVO. Eine zulässige Weiterverarbeitung zu anderen Zwecken nach Artikel 6 Abs. 4 Fall 3 DSGVO durch den Verantwortlichen erscheint in der Regel ausgeschlossen, da es insbesondere regelmäßig an einer Verbindung zwischen den Zwecken im Sinne des Artikels 6 Abs. 4 Fall 3 Buchst. a DSGVO fehlen dürfte, daher der Verantwortliche eine Kompatibilität verneinen müsste. Gegenüber dem bisher geltenden Recht wurde die Regelung – Artikel 89 DSGVO entsprechend – um den Bereich der historischen Forschung ergänzt.

Zu Absatz 1:

In Absatz 1 wurde aufgrund der Stellungnahme der Landesbeauftragten für den Datenschutz in der Verbandsanhörung eine Regelung eingeführt, die die Verarbeitung zu wissenschaftlichen und historischen Forschungszwecken grundlegend regelt und die für Daten im Sinne des Artikels 9 Abs. 1 DSGVO und sonstige Daten nunmehr gleichermaßen gilt. Absatz 1 regelt, unter welchen Voraussetzungen eine Verarbeitung der personenbezogenen Daten für ein bestimmtes Forschungsvorhaben und eine Übermittlung an andere Stellen zu diesem Zweck zulässig ist. Nach Satz 1 ist eine Datenverarbeitung zulässig, wenn die Art und Verarbeitung der Daten darauf schließen lassen, dass ein schutzwürdiges Interesse der Betroffenen der Verarbeitung der Daten für das Forschungsvorhaben nicht entgegensteht oder das öffentliche Interesse an der Durchführung des Forschungsvorhabens das schutzwürdige Interesse der Betroffenen überwiegt. Damit wird ein angemessener Ausgleich zwischen grundsätzlich gleichrangigen Grundrechtspositionen, der Forschungsfreiheit einerseits und dem Recht auf informationelle Selbstbestimmung andererseits gewährleistet. Die Regelung umfasst alle personenbezogenen Daten, einschließlich besonderer Kategorien personenbezogener Daten nach Artikel 9 Abs. 1 DSGVO. Bei besonderen Kategorien personenbezogener Daten wird das Interesse der betroffenen Person in der Regel entsprechend höher anzusetzen sein, sodass auf der anderen Seite das Interesse an der Durchführung des Forschungsvorhabens wiederum noch stärker sein muss, um ein Überwiegen bejahen zu können. Das Ergebnis der Interessenabwägung und seine Begründung sind nach Satz 2 aufzuzeichnen. Nach Satz 3 ist die oder der Datenschutzbeauftragte nach Artikel 37 DSGVO über die Verarbeitung zu unterrichten.

Zu Absatz 2:

Die Vorgaben zur Anonymisierung (Satz 1) und zur grundsätzlichen Trennung der Hilfsmerkmale von den Einzelangaben (Satz 2) stellen geeignete Garantien zur Wahrung der Rechte und Freiheiten der betroffenen Person im Sinne des Artikels 89 Abs. 1 DSGVO dar. Der Begriff der Anonymisierung ist in Artikel 89 Abs. 1 Satz 4 DSGVO beschrieben. Es handelt sich demnach um eine Verarbeitung personenbezogener Daten in einer Weise, bei der die Identifizierung betroffener Personen nicht oder nicht mehr möglich ist. Angesichts der Beschreibung in Artikel 89 Abs. 1 Satz 4 DSGVO, die jedoch nicht Aufnahme in den Katalog der Begriffsbestimmungen in Artikel 4 DSGVO gefunden hat, kann der Forderung der Landesbeauftragten für den Datenschutz in der Verbandsanhörung nach einer Legaldefinition des Begriffs im Niedersächsischen Datenschutzgesetz nicht entsprochen werden. Eine Anonymisierung ist vorzunehmen, sobald dies nach dem Forschungszweck möglich ist. Was bisher in § 25 Abs. 4 Halbsatz 2 als Pflicht zur Löschung von Merkmalen, mit denen ein Bezug auf eine bestimmte natürliche Person hergestellt werden kann, geregelt war, ergibt sich nunmehr unmittelbar aus Artikel 5 Abs. 1 Buchst. e DSGVO, wobei hier auch der zweite Halbsatz der Regelung zu beachten ist.

Zu Absatz 3:

Absatz 3 spezifiziert die Verarbeitung personenbezogener Daten im Hinblick auf deren Veröffentlichung, indem zum Schutz der Rechte der betroffenen Person nur im besonderen Ausnahmefall eine personenbezogene Darstellung der Forschungsergebnisse zugelassen wird. Neben dem Fall der Einwilligung soll dies, wie bisher (§ 25 Abs. 5 NDSG) nur zulässig sein, wenn dies für die Darstellung von Forschungsergebnissen über Ereignisse der Zeitgeschichte unerlässlich ist. Die Regelungsbefugnis ergibt sich aus Artikel 6 Abs. 2 und 3 in Verbindung mit Artikel 89 Abs. 1 DSGVO.

Zu Absatz 4:

Absatz 4 Satz 1 lässt die Übermittlung von personenbezogenen Daten zu wissenschaftlichen und historischen Forschungszwecken an Empfängerinnen und Empfänger, auf die die Vorschriften des Niedersächsischen Datenschutzgesetzes keine Anwendung finden, unter bestimmten Voraussetzungen zu. Diese müssen sich verpflichten, die Daten ausschließlich für das von ihnen bezeichnete Forschungsvorhaben zu verwenden und die in den Absätzen 1 bis 3 normierten Garantien zum Schutz der Rechte und Freiheiten der betroffenen Person im Sinne des Artikels 89 Abs. 1 DSGVO zu beachten. Diese Regelung folgt dem bisherigen § 25 Abs. 7 Satz 1 NDSG. Sie gewährleistet, dass auch bei Datenempfängerinnen und Datenempfängern außerhalb des Anwendungsbereichs des Niedersächsischen Datenschutzgesetzes derselbe Schutzstandard für die Rechte und Freiheiten der betroffenen Person gilt wie bei Empfängerinnen und Empfängern im Anwendungsbereich des Niedersächsischen Datenschutzgesetzes. Nach Satz 1 ist es außerdem erforderlich, dass sich die Empfängerin oder der Empfänger verpflichtet, Schutzmaßnahmen nach § 17 oder gleichwertige Maßnahmen zu treffen. Satz 2 entspricht weitgehend dem bisherigen § 25 Abs. 7 Satz 2 NDSG. Die Anzeigepflicht gegenüber der von der oder dem Landesbeauftragten geleiteten Behörde ermöglicht Kontrollmaßnahmen, gegebenenfalls in Zusammenarbeit mit anderen Kontrollinstanzen. Eine Pflicht der von der oder dem Landesbeauftragten geleiteten Behörde zur Reaktion auf die Anzeige soll damit weiterhin nicht begründet werden. Insofern ist die diesbezügliche Kritik der Landesbeauftragten für den Datenschutz in der Verbandsanhörung am Aufrechterhalten der bisherigen Regelung nicht nachzuvollziehen. Darüber hinaus gelten die Vorgaben der Datenschutz-Grundverordnung, sofern die Empfängerin oder der Empfänger in deren sachlichen und räumlichen Anwendungsbereich fällt.

Zu Absatz 5:

Absatz 5 regelt, unter welchen Voraussetzungen die Rechte der betroffenen Personen auf Auskunft, Berichtigung, Einschränkung der Verarbeitung und Widerspruch nicht bestehen. Die Regelungsbefugnis ergibt sich aus Artikel 89 Abs. 2 DSGVO. Dieser erlaubt es den Mitgliedstaaten, Ausnahmen von den Rechten der betroffenen Person insoweit vorzusehen, als diese Rechte zulässige, im öffentlichen Interesse liegende Forschungsvorhaben voraussichtlich unmöglich machen oder ernsthaft beeinträchtigen und solche Ausnahmen für die Erfüllung dieser Zwecke notwendig sind. Die in Artikel 89 Abs. 1 DSGVO genannten Bedingungen und Garantien für die Rechte und Freiheiten der betroffenen Personen sind dabei zu beachten. Dies entspricht der in der Datenschutz-Grundverordnung angelegten Privilegierung der Forschung. Dabei kommt es allerdings immer auf den Einzelfall an, so muss z. B. das Recht auf Berichtigung das Forschungsvorhaben unmöglich machen oder ernsthaft beeinträchtigen und die Ausnahme für die Erfüllung der Forschungszwecke notwendig sein, was nur in Ausnahmefällen, z. B. in einem bereits sehr weit gediehenen Stadium eines Forschungsvorhabens bei Daten, deren Richtigkeit für das Ergebnis der Forschungsarbeit nicht entscheidend ist, der Fall sein dürfte. Insofern ist die Forderung der Landesbeauftragten für den Datenschutz in der Verbandsanhörung nach einer generellen Streichung der Ausnahme von dem Recht auf Berichtigung sachlich nicht gerechtfertigt.

[…]

Zu § 17 (Schutzmaßnahmen bei der Verarbeitung besonderer Kategorien personenbezogener Daten):

§ 17 wurde aufgrund der Forderung der Landesbeauftragten für den Datenschutz in der Verbandsanhörung auf alle Verarbeitungen besonderer Kategorien personenbezogener Daten im Sinne des Artikels 9 Abs. 1 DSGVO erweitert. § 17 ist damit nunmehr eine allgemeine Regelung über Schutzmaßnahmen im Sinne der Ausnahmetatbestände nach Artikel 9 Abs. 2 DSGVO bei der Verarbeitung besonderer Kategorien personenbezogener Daten. Mit § 17 wird hingegen nicht von den Ausnahmetatbeständen des Artikel 9 Abs. 2 DSGVO selbst Gebrauch gemacht; dieses kann entgegen der in der Verbandsanhörung geäußerten Vorstellungen der Landesbeauftragten für den Datenschutz sachgerecht nur in den entsprechenden Fachgesetzen erfolgen. Die Regelung gilt zum einen für die besonderen Verarbeitungssituationen in diesem Abschnitt, sofern diese die Verarbeitung besonderer Kategorien personenbezogener Daten im Sinne des Artikels 9 Abs. 1 DSGVO beinhalten. Zum anderen gilt diese Regelung für die Verarbeitung besonderer Kategorien personenbezogener Daten nach anderen datenschutzrechtlichen Bestimmungen, sofern diese keine spezielleren Regelungen zu Schutzmaßnahmen im Sinne des Artikels 9 Abs. 2

DSGVO enthalten; somit wird ein Auffangtatbestand geschaffen. In allen Fällen der Verarbeitung besonderer Kategorien personenbezogener Daten im Sinne des Artikels 9 Abs. 1 DSGVO sind immer dem Risiko der Verarbeitung dieser Daten entsprechende Schutzmaßnahmen zur Wahrung der Grundrechte und Interessen der betroffenen Person vorzusehen. Die Verarbeitung personenbezogener Daten besonderer Kategorien ist gemäß Artikel 9 Abs. 1 DSGVO grundsätzlich untersagt. Dies sind Daten, aus denen die rassische und ethnische Herkunft, politische Meinungen, religiöse oder weltanschauliche Überzeugungen oder die Gewerkschaftszugehörigkeit hervorgehen, sowie genetische Daten, biometrische Daten zur eindeutigen Identifizierung einer natürlichen Person, Gesundheitsdaten oder Daten zum Sexualleben oder der sexuellen Orientierung einer natürlichen Person. Ausnahmetatbestände zu dem Verbot sind in Artikel 9 Abs. 2 DSGVO geregelt, wobei sich einige Ausnahmen unmittelbar aus Artikel 9 Abs. 2 DSGVO ergeben (siehe Artikel 9 Abs. 2 Buchst. a, c, e und f DSGVO). Soweit die Mitgliedstaaten nach den übrigen Buchstaben des Artikels 9 Abs. 2 DSGVO Ausnahmen regeln dürfen, müssen diese regelmäßig Schutzmaßnahmen für die Daten vorsehen. Unberührt bleiben die Regelungen in Artikel 25 DSGVO (Datenschutz durch Technikgestaltung und durch datenschutzfreundliche Voreinstellungen) und Artikel 32 DSGVO (Sicherheit der Verarbeitung), die für alle Verarbeitungen gelten, somit auch für die Verarbeitung besonderer Kategorien personenbezogener Daten im Sinne des Artikels 9 Abs. 1 DSGVO. Allerdings zeigen die Regelungen des Artikels 9 Abs. 2 DSGVO, dass hier besondere Anforderungen bestehen. Die Schwere des Risikos für die Rechte und Freiheiten natürlicher Personen ist sowohl bei Artikel 25 DSGVO als auch bei Artikel 32 DSGVO zu beachten. Bei besonders sensiblen Daten müssen die Maßnahmen ausreichend wirkungsvoll sein, insbesondere müssen die Schutzmaßnahmen gemäß Artikel 32 Abs. 1 DSGVO mit angemessen starken Schutzmechanismen umgesetzt werden. Artikel 25 DSGVO stellt Anforderungen an die Entwicklung und Implementierung von Datenverarbeitungen, um eine wirksame Umsetzung der Datenschutzgrundsätze (z. B. Datenminimierung) zu erreichen. Der Verantwortliche hat hierfür geeignete technische und organisatorische Maßnahmen bei der Technikgestaltung in der Entwicklungsphase (sogenanntes „privacy by design“) und geeignete datenschutzfreundliche Voreinstellungen in der Implementierungsphase auszuwählen (sogenanntes „privacy by default“). Gemäß Artikel 32 Abs. 1 Buchst. a DSGVO ist neben der Pseudonymisierung auch die Verschlüsselung personenbezogener Daten vorgesehen. Artikel 32 Abs. 1 Buchst. b DSGVO sieht vor, die Fähigkeit, die Vertraulichkeit, Integrität, Verfügbarkeit und Belastbarkeit der Systeme und Dienste im Zusammenhang mit der Verarbeitung personenbezogener Daten auf Dauer sicherzustellen. Artikel 32 Abs. 1 Buchst. c DSGVO verlangt die Fähigkeit, die Verfügbarkeit der personenbezogenen Daten und den Zugang zu ihnen bei einem physischen oder technischen Zwischenfall rasch wiederherzustellen. Artikel 32 Abs. 1 Buchst. d DSGVO nennt als Maßnahme ein Verfahren zur regelmäßigen Überprüfung, Bewertung und Evaluierung der Wirksamkeit der technischen und organisatorischen Maßnahmen zur Gewährleistung der Sicherheit der Verarbeitung. Die Maßnahmen nach Absatz 1 und Absatz 2 sollen einen hinreichenden Schutz der besonders sensiblen Daten vor unsachgemäßer Handhabung gewährleisten. Unsachgemäße Handhabung umfasst hierbei nicht nur Missbrauch und externe Angriffe, sondern darüber hinaus auch unzureichenden Schutz vor menschlichen Fehlhandlungen, organisatorischen Mängeln, technischem Versagen und höherer Gewalt.

Zu Absatz 1:

Absatz 1 setzt das Erfordernis aus Artikel 9 Abs. 2 Buchst. b, g und j DSGVO um, „angemessene und spezifische Maßnahmen zur Wahrung der Grundrechte und Interessen der betroffenen Person" (Buchstaben g und j) bzw. „geeignete Garantien für die Grundrechte und die Interessen der betroffenen Person" (Buchstabe b) vorzusehen. Auch die zuletzt genannten geeigneten Garantien werden durch angemessene und spezifische Maßnahmen gewährleistet. Die Nummern 1 bis 3 geben Pflichtmaßnahmen vor, die von den Verantwortlichen bzw. den Auftragsverarbeitern zwingend umzusetzen sind.

Zu Nummer 1:

Die Zuordnung der handelnden Personen zu jeder durchgeführten Aktivität der Datenverarbeitung muss zweifelsfrei festgestellt werden können. Die daraus resultierenden Schutzmaßnahmen (z. B. Protokollierungen) können zwar unbefugte Aktivitäten nicht von vornherein abblocken, sie können aber bewirken, dass zweifelhafte Aktivitäten unterbleiben, weil der „Veranlasser" damit rechnen muss, zur Rechenschaft gezogen zu werden.

Zu Nummer 2:

Der Zugriff auf die Daten muss auf das erforderliche Maß für die Aufgabenerfüllung beschränkt werden. Die Zugriffsrechte müssen explizit erteilt werden; verboten ist, was nicht ausdrücklich erlaubt worden ist. Für die Erteilung von Zugriffsrechten müssen fachlich zuständige Stellen benannt sein. Die Regelung fordert ein, dass die Zugriffsrechte in dem Umfang beschränkt werden, wie sie für die einzelnen Personen für die ihnen übertragenen Funktionen ausreichend sind; z. B. können für einzelne Funktionen weitreichende, schreibende Rechte (z. B. Dateneingabe, Datenänderung, Datenlöschung, Datenübermittlung) erforderlich und für andere Funktionen lesende Rechte ausreichend sein. Die Erteilung der Zugriffsrechte und die technische Implementierung der Zugriffsrechte sind zu dokumentieren.

Zu Nummer 3:

Die Sensibilisierung muss für alle Personen erfolgen, die lesenden oder schreibenden Zugriff auf die personenbezogenen Daten besonderer Kategorien haben sollen. Sie muss ferner für alle Personen erfolgen, die Zugang zu den Systemen haben sollen, mit denen diese Daten verarbeitet werden (z. B. System- und Datenbankadministratoren). Sie sind darauf hinzuweisen, dass ihre Aufgaben den Umgang mit besonders sensiblen Daten umfassen und sie entsprechende Sicherheitsmaßnahmen zu ergreifen haben, die ihnen von der Dienststelle vorgegeben werden.

Zu Absatz 2:

Zusätzlich zu den sich aus Absatz 1 ergebenden Pflichtmaßnahmen können je nach Risikoeinschätzung weitere Schutzmaßnahmen zu treffen sein, wobei in Absatz 2 Satz 2 Nrn. 1 bis 7 einschlägige Beispiele für starke Schutzmechanismen zur Erreichung der Schutzziele des Artikels 32 Abs. 1 DSGVO genannt werden.

Zu Nummer 1:

Durch die Freigabe der Datenverarbeitung im Vier-Augen-Prinzip soll die Verbindlichkeit insbesondere der Dateneingabe, Datenänderung und Datenlöschung sichergestellt werden. Jede IT-gestützte Verarbeitung der Daten ist dadurch – vergleichbar mit der Unterschrift zweier Personen auf einem Dokument – verifizierbar. Diese Schutzmaßnahme soll verhindern, dass unbefugte Zugriffe durch eine einzelne Person möglich sind sowie kritische Verarbeitungsvorgänge ohne Gegenkontrolle abgeschlossen werden. Ziel ist es, das Risiko von Fehlern und Missbrauch zu reduzieren.

Zu Nummer 2:

Mit der Zwei-Faktor-Authentisierung jedes Zugriffsberechtigten soll die Authentizität der handelnden Personen sichergestellt werden. Die Echtheit und die Zurechenbarkeit der Aktivitäten bei der Datenverarbeitung sind dadurch überprüfbar, indem die Zugriffsberechtigten nachweisen, dass sie tatsächlich diejenigen sind, für die sie sich ausgeben. Der Zugriff auf die Daten darf erst nach besonders strenger Kontrolle bei der Authentisierung der zugreifenden Person freigegeben werden. Dabei werden zwei Authentisierungstechniken kombiniert, wie beispielsweise Passwort (Nachweis erfolgt durch „Wissen") und personenbezogenes Zertifikat auf einer Chipkarte (Nachweis erfolgt durch „Besitz").

Zu Nummer 3:

Die hohe Sensibilität der Daten besonderer Kategorien kann es erforderlich machen, dass die Daten nur mit einer Ende-zu-Ende-Verschlüsselung elektronisch übermittelt werden dürfen, um die Vertraulichkeit der Daten auf dem Transportweg über das Netz zu gewährleisten. Es handelt sich dabei um eine Schutzmaßnahme, bei der die Verschlüsselung vom Sender der Nachricht vorgenommen wird und die Entschlüsselung erst beim Empfänger der Nachricht erfolgt. Mitwissende Zwischenstationen auf dem Übertragungsweg, an denen die übertragenen Daten im Klartext vorliegen, werden dabei eliminiert.

Zu Nummer 4:

Ziel der verschlüsselten Datenspeicherung ist es, die Möglichkeit der Kenntnisnahme von Informationen durch unbefugte Beteiligte an der Datenverarbeitung mit privilegierten Rechten (z. B. System- oder Datenbankadministratoren) zu eliminieren und damit die Vertraulichkeit während der Datenspeicherung zu gewährleisten. Bei dieser Schutzmaßnahme dürfen die Daten in einem vernetzten IT-System nur mit Verschlüsselung gespeichert werden.

Zu Nummer 5:

Ziel der Redundanz von Infrastrukturen ist die zusätzliche Bereitstellung von Ressourcen als Reserve, um bei ihrem Ausfall – z. B. infolge technischen Versagens, wegen höherer Gewalt oder infolge eines gezielten Angriffs – die Verfügbarkeit der Daten weiterhin in der benötigten Güte und mit der geforderten Unterbrechungsfreiheit gewährleisten zu können. Zur Erhöhung der Ausfall-, Funktions- und Betriebssicherheit eines IT-Systems, der Energieversorgung und der Datenübertragungseinrichtungen werden diese parallel betrieben, damit bei einem Ausfall einer

Komponente die anderen den Dienst gewährleisten können. Damit soll ein Verlust von Daten, die von diesen Systemen abhängen, vermieden werden.

Zu Nummer 6:

Die Daten besonderer Kategorien müssen unversehrt und vollständig gespeichert sein oder übermittelt werden; die Datenverarbeitung muss korrekte Ergebnisse liefern. Um das Ziel der Integrität zu gewährleisten, ist eine angemessene Schutzmaßnahme auszuwählen, die verhindert, dass Daten unbefugt verändert werden oder zumindest die unbefugte Veränderung nachträglich dauerhaft festgestellt werden kann. Geeignet sind dafür beispielsweise elektronische Signaturen, weil sie über die Daten eine eindeutige, kurze Prüfsumme (Hashwert) bilden. Bei jeder Modifikation der Daten ändert sich der Hashwert, sodass bei der Verifizierung der elektronischen Signatur anhand des Vergleichs der Hashwerte erkannt wird, ob eine Manipulation oder eine andere Datenmodifizierung stattgefunden hat.

Zu Nummer 7:

Die Schulung von Personen mit Zugriffs- und Zugangsberechtigung stellt über die verpflichtend vorzunehmende Sensibilisierung der mit der Datenverarbeitung beauftragten Personen (Absatz 1 Nr. 3) hinaus eine weitere mögliche Schutzmaßnahme dar. Die Notwendigkeit von Schulungen ergibt sich aus den konkret vorliegenden Aufgaben, die den Umgang mit besonders sensiblen Daten zum Gegenstand haben. Ziel dieser Schutzmaßnahme ist es, menschliche Fehlhandlungen – z. B. aus Unkenntnis – zu verhindern.

Zu Absatz 3:

Absatz 3 regelt, wonach sich die Art und der Umfang der Maßnahmen nach den Absätzen 1 und 2 richten. Die Schutzmaßnahmen müssen in einem vertretbaren Verhältnis zum Risiko der Datenverarbeitung stehen. Die Vielfalt und Unterschiedlichkeit der in Betracht kommenden Sachverhalte erfordern abstrakte Kriterien, die je nach Einzelfall entsprechend ausgefüllt und gewichtet werden müssen. Eine „Ausschärfung“ der Kriterien im Sinne der Forderung der Gewerkschaft Erziehung und Wissenschaft in der Verbandsanhörung ist daher in einem Gesetzestext nicht möglich. Es sind insbesondere die Eintrittswahrscheinlichkeit potenzieller Risiken und die erwartete Höhe des Schadens, der bei einem tatsächlichen Eintreten des Risikos verursacht würde, zu berücksichtigen. Dadurch wird sichergestellt, dass die Pflichtmaßnahmen gemäß Absatz 1 in Art und Umfang derart ausgestaltet werden, dass sie das Risiko für die Grundrechte und Interessen der betroffenen Person auf ein akzeptables Maß reduzieren. Ferner wird durch den Bezug auf Absatz 2 erreicht, dass sich die Angemessenheit ausgewählter zusätzlicher Schutzmaßnahmen ebenfalls am Risiko insbesondere für die Verbindlichkeit, Authentizität, Vertraulichkeit, Verfügbarkeit und Integrität dieser Daten ausrichtet. Die Vorschriften des Artikels 35 DSGVO zur Datenschutz-Folgenabschätzung und des Artikels 36 DSGVO zur vorherigen Konsultation bleiben unberührt. Insbesondere bei den §§ 15 und 16, aber je nach Einzelfall auch bei den §§ 12 und 13, dürften nicht immer umfangreiche Verarbeitungen im Sinne des Artikels 35 Abs. 3 Buchst. b DSGVO vorliegen, sodass eine Datenschutz-Folgenabschätzung im Einzelfall nicht zwingend angezeigt sein muss.

Zu Abschnitt 5 (Die oder der Landesbeauftragte für den Datenschutz):

Artikel 51 Abs. 1 DSGVO gibt den Mitgliedstaaten vor, dafür Sorge zu tragen, dass eine oder mehrere unabhängige Aufsichtsbehörden überwachen, dass die Grundrechte und Grundfreiheiten natürlicher Personen bei der Verarbeitung personenbezogener Daten geschützt werden und der freie Verkehr personenbezogener Daten in der Union erleichtert wird. In diesem Abschnitt werden die Regelungen der bisherigen §§ 21 bis 23 NDSG an die Vorgaben der Datenschutz-Grundverordnung angepasst.

[...]

II. DS-GVO Art. 1–36, 89

VERORDNUNG (EU) 2016/679 DES EUROPÄISCHEN PARLAMENTS UND DES RATES

vom 27. April 2016

zum Schutz natürlicher Personen bei der Verarbeitung personenbezogener Daten, zum freien Datenverkehr und zur Aufhebung der Richtlinie 95/46/EG (Datenschutz-Grundverordnung)

(Text von Bedeutung für den EWR)

ABl. L 119 vom 4.5.2016, S. 1

Berichtigt durch:

Berichtigung, ABl. L 314 vom 22.11.2016, S. 72 (2016/679)

Berichtigung, ABl. L 127 vom 23.5.2018, S. 2 (2016/679)

KAPITEL I
Allgemeine Bestimmungen

Artikel 1
Gegenstand und Ziele

(1) Diese Verordnung enthält Vorschriften zum Schutz natürlicher Personen bei der Verarbeitung personenbezogener Daten und zum freien Verkehr solcher Daten.

(2) Diese Verordnung schützt die Grundrechte und Grundfreiheiten natürlicher Personen und insbesondere deren Recht auf Schutz personenbezogener Daten.

(3) Der freie Verkehr personenbezogener Daten in der Union darf aus Gründen des Schutzes natürlicher Personen bei der Verarbeitung personenbezogener Daten weder eingeschränkt noch verboten werden.

Artikel 2
Sachlicher Anwendungsbereich

(1) Diese Verordnung gilt für die ganz oder teilweise automatisierte Verarbeitung personenbezogener Daten sowie für die nichtautomatisierte Verarbeitung personenbezogener Daten, die in einem Dateisystem gespeichert sind oder gespeichert werden sollen.

(2) Diese Verordnung findet keine Anwendung auf die Verarbeitung personenbezogener Daten

a) im Rahmen einer Tätigkeit, die nicht in den Anwendungsbereich des Unionsrechts fällt,

b) durch die Mitgliedstaaten im Rahmen von Tätigkeiten, die in den Anwendungsbereich von Titel V Kapitel 2 EUV fallen,

c) durch natürliche Personen zur Ausübung ausschließlich persönlicher oder familiärer Tätigkeiten,

d) durch die zuständigen Behörden zum Zwecke der Verhütung, Ermittlung, Aufdeckung oder Verfolgung von Straftaten oder der Strafvollstreckung, einschließlich des Schutzes vor und der Abwehr von Gefahren für die öffentliche Sicherheit.

(3) Für die Verarbeitung personenbezogener Daten durch die Organe, Einrichtungen, Ämter und Agenturen der Union gilt die Verordnung (EG) Nr. 45/2001. Die Verordnung (EG) Nr. 45/2001 und sonstige Rechtsakte der Union, die diese Verarbeitung personenbezogener Daten regeln, werden im Einklang mit Artikel 98 an die Grundsätze und Vorschriften der vorliegenden Verordnung angepasst.

(4) Die vorliegende Verordnung lässt die Anwendung der Richtlinie 2000/31/EG und speziell die Vorschriften der Artikel 12 bis 15 dieser Richtlinie zur Verantwortlichkeit der Vermittler unberührt.

Artikel 3
Räumlicher Anwendungsbereich

(1) Diese Verordnung findet Anwendung auf die Verarbeitung personenbezogener Daten, soweit diese im Rahmen der Tätigkeiten einer Niederlassung eines Verantwortlichen oder eines Auftragsverarbeiters in der Union erfolgt, unabhängig davon, ob die Verarbeitung in der Union stattfindet.

(2) Diese Verordnung findet Anwendung auf die Verarbeitung personenbezogener Daten von betroffenen Personen, die sich in der Union befinden, durch einen nicht in der Union niedergelassenen Verantwortlichen oder Auftragsverarbeiter, wenn die Datenverarbeitung im Zusammenhang damit steht

a) betroffenen Personen in der Union Waren oder Dienstleistungen anzubieten, unabhängig davon, ob von diesen betroffenen Personen eine Zahlung zu leisten ist;

b) das Verhalten betroffener Personen zu beobachten, soweit ihr Verhalten in der Union erfolgt.

(3) Diese Verordnung findet Anwendung auf die Verarbeitung personenbezogener Daten durch einen nicht in der Union niedergelassenen Verantwortlichen an einem Ort, der aufgrund Völkerrechts dem Recht eines Mitgliedstaats unterliegt.

Artikel 4
Begriffsbestimmungen

Im Sinne dieser Verordnung bezeichnet der Ausdruck:

1. „personenbezogene Daten“ alle Informationen, die sich auf eine identifizierte oder identifizierbare natürliche Person (im Folgenden „betroffene Person“) beziehen; als identifizierbar wird eine natürliche Person angesehen, die direkt oder indirekt, insbesondere mittels Zuordnung zu einer Kennung wie einem Namen, zu einer Kennnummer, zu Standortdaten, zu einer Online-Kennung oder zu einem oder mehreren besonderen Merkmalen, die Ausdruck der physischen, physiologischen, genetischen, psychischen, wirtschaftlichen, kulturellen oder sozialen Identität dieser natürlichen Person sind, identifiziert werden kann;

2. „Verarbeitung" jeden mit oder ohne Hilfe automatisierter Verfahren ausgeführten Vorgang oder jede solche Vorgangsreihe im Zusammenhang mit personenbezogenen Daten wie das Erheben, das Erfassen, die Organisation, das Ordnen, die Speicherung, die Anpassung oder Veränderung, das Auslesen, das Abfragen, die Verwendung, die Offenlegung durch Übermittlung, Verbreitung oder eine andere Form der Bereitstellung, den Abgleich oder die Verknüpfung, die Einschränkung, das Löschen oder die Vernichtung;
3. „Einschränkung der Verarbeitung" die Markierung gespeicherter personenbezogener Daten mit dem Ziel, ihre künftige Verarbeitung einzuschränken;
4. „Profiling" jede Art der automatisierten Verarbeitung personenbezogener Daten, die darin besteht, dass diese personenbezogenen Daten verwendet werden, um bestimmte persönliche Aspekte, die sich auf eine natürliche Person beziehen, zu bewerten, insbesondere um Aspekte bezüglich Arbeitsleistung, wirtschaftliche Lage, Gesundheit, persönliche Vorlieben, Interessen, Zuverlässigkeit, Verhalten, Aufenthaltsort oder Ortswechsel dieser natürlichen Person zu analysieren oder vorherzusagen;
5. „Pseudonymisierung" die Verarbeitung personenbezogener Daten in einer Weise, dass die personenbezogenen Daten ohne Hinzuziehung zusätzlicher Informationen nicht mehr einer spezifischen betroffenen Person zugeordnet werden können, sofern diese zusätzlichen Informationen gesondert aufbewahrt werden und technischen und organisatorischen Maßnahmen unterliegen, die gewährleisten, dass die personenbezogenen Daten nicht einer identifizierten oder identifizierbaren natürlichen Person zugewiesen werden;
6. „Dateisystem" jede strukturierte Sammlung personenbezogener Daten, die nach bestimmten Kriterien zugänglich sind, unabhängig davon, ob diese Sammlung zentral, dezentral oder nach funktionalen oder geografischen Gesichtspunkten geordnet geführt wird;
7. „Verantwortlicher" die natürliche oder juristische Person, Behörde, Einrichtung oder andere Stelle, die allein oder gemeinsam mit anderen über die Zwecke und Mittel der Verarbeitung von personenbezogenen Daten entscheidet; sind die Zwecke und Mittel dieser Verarbeitung durch das Unionsrecht oder das Recht der Mitgliedstaaten vorgegeben, so kann der Verantwortliche beziehungsweise können die bestimmten Kriterien seiner Benennung nach dem Unionsrecht oder dem Recht der Mitgliedstaaten vorgesehen werden;
8. „Auftragsverarbeiter" eine natürliche oder juristische Person, Behörde, Einrichtung oder andere Stelle, die personenbezogene Daten im Auftrag des Verantwortlichen verarbeitet;
9. „Empfänger" eine natürliche oder juristische Person, Behörde, Einrichtung oder andere Stelle, der personenbezogene Daten offengelegt werden, unabhängig davon, ob es sich bei ihr um einen Dritten handelt oder nicht. Behörden, die im Rahmen eines bestimmten Untersuchungsauftrags nach dem Unionsrecht oder dem Recht der Mitgliedstaaten möglicherweise personenbezogene Daten erhalten, gelten jedoch nicht als Empfänger; die Verarbeitung dieser Daten durch die genannten Behörden erfolgt im Einklang mit den geltenden Datenschutzvorschriften gemäß den Zwecken der Verarbeitung;

10. „Dritter" eine natürliche oder juristische Person, Behörde, Einrichtung oder andere Stelle, außer der betroffenen Person, dem Verantwortlichen, dem Auftragsverarbeiter und den Personen, die unter der unmittelbaren Verantwortung des Verantwortlichen oder des Auftragsverarbeiters befugt sind, die personenbezogenen Daten zu verarbeiten;
11. „Einwilligung" der betroffenen Person jede freiwillig für den bestimmten Fall, in informierter Weise und unmissverständlich abgegebene Willensbekundung in Form einer Erklärung oder einer sonstigen eindeutigen bestätigenden Handlung, mit der die betroffene Person zu verstehen gibt, dass sie mit der Verarbeitung der sie betreffenden personenbezogenen Daten einverstanden ist;
12. „Verletzung des Schutzes personenbezogener Daten" eine Verletzung der Sicherheit, die, ob unbeabsichtigt oder unrechtmäßig, zur Vernichtung, zum Verlust, zur Veränderung, oder zur unbefugten Offenlegung von beziehungsweise zum unbefugten Zugang zu personenbezogenen Daten führt, die übermittelt, gespeichert oder auf sonstige Weise verarbeitet wurden;
13. „genetische Daten" personenbezogene Daten zu den ererbten oder erworbenen genetischen Eigenschaften einer natürlichen Person, die eindeutige Informationen über die Physiologie oder die Gesundheit dieser natürlichen Person liefern und insbesondere aus der Analyse einer biologischen Probe der betreffenden natürlichen Person gewonnen wurden;
14. „biometrische Daten" mit speziellen technischen Verfahren gewonnene personenbezogene Daten zu den physischen, physiologischen oder verhaltenstypischen Merkmalen einer natürlichen Person, die die eindeutige Identifizierung dieser natürlichen Person ermöglichen oder bestätigen, wie Gesichtsbilder oder daktyloskopische Daten;
15. „Gesundheitsdaten" personenbezogene Daten, die sich auf die körperliche oder geistige Gesundheit einer natürlichen Person, einschließlich der Erbringung von Gesundheitsdienstleistungen, beziehen und aus denen Informationen über deren Gesundheitszustand hervorgehen;
16. „Hauptniederlassung"
    a) im Falle eines Verantwortlichen mit Niederlassungen in mehr als einem Mitgliedstaat den Ort seiner Hauptverwaltung in der Union, es sei denn, die Entscheidungen hinsichtlich der Zwecke und Mittel der Verarbeitung personenbezogener Daten werden in einer anderen Niederlassung des Verantwortlichen in der Union getroffen und diese Niederlassung ist befugt, diese Entscheidungen umsetzen zu lassen; in diesem Fall gilt die Niederlassung, die derartige Entscheidungen trifft, als Hauptniederlassung;
    b) im Falle eines Auftragsverarbeiters mit Niederlassungen in mehr als einem Mitgliedstaat den Ort seiner Hauptverwaltung in der Union oder, sofern der Auftragsverarbeiter keine Hauptverwaltung in der Union hat, die Niederlassung des Auftragsverarbeiters in der Union, in der die Verarbeitungstätigkeiten im Rahmen der Tätigkeiten einer Niederlassung eines Auftragsverarbeiters hauptsächlich stattfinden, soweit der Auftragsverarbeiter spezifischen Pflichten aus dieser Verordnung unterliegt;

17. „Vertreter" eine in der Union niedergelassene natürliche oder juristische Person, die von dem Verantwortlichen oder Auftragsverarbeiter schriftlich gemäß Artikel 27 bestellt wurde und den Verantwortlichen oder Auftragsverarbeiter in Bezug auf die ihnen jeweils nach dieser Verordnung obliegenden Pflichten vertritt;

18. „Unternehmen" eine natürliche oder juristische Person, die eine wirtschaftliche Tätigkeit ausübt, unabhängig von ihrer Rechtsform, einschließlich Personengesellschaften oder Vereinigungen, die regelmäßig einer wirtschaftlichen Tätigkeit nachgehen;

19. „Unternehmensgruppe" eine Gruppe, die aus einem herrschenden Unternehmen und den von diesem abhängigen Unternehmen besteht;

20. „verbindliche interne Datenschutzvorschriften" Maßnahmen zum Schutz personenbezogener Daten, zu deren Einhaltung sich ein im Hoheitsgebiet eines Mitgliedstaats niedergelassener Verantwortlicher oder Auftragsverarbeiter verpflichtet im Hinblick auf Datenübermittlungen oder eine Kategorie von Datenübermittlungen personenbezogener Daten an einen Verantwortlichen oder Auftragsverarbeiter derselben Unternehmensgruppe oder derselben Gruppe von Unternehmen, die eine gemeinsame Wirtschaftstätigkeit ausüben, in einem oder mehreren Drittländern;

21. „Aufsichtsbehörde" eine von einem Mitgliedstaat gemäß Artikel 51 eingerichtete unabhängige staatliche Stelle;

22. „betroffene Aufsichtsbehörde" eine Aufsichtsbehörde, die von der Verarbeitung personenbezogener Daten betroffen ist, weil

    a) der Verantwortliche oder der Auftragsverarbeiter im Hoheitsgebiet des Mitgliedstaats dieser Aufsichtsbehörde niedergelassen ist,

    b) diese Verarbeitung erhebliche Auswirkungen auf betroffene Personen mit Wohnsitz im Mitgliedstaat dieser Aufsichtsbehörde hat oder haben kann oder

    c) eine Beschwerde bei dieser Aufsichtsbehörde eingereicht wurde;

23. „grenzüberschreitende Verarbeitung" entweder

    a) eine Verarbeitung personenbezogener Daten, die im Rahmen der Tätigkeiten von Niederlassungen eines Verantwortlichen oder eines Auftragsverarbeiters in der Union in mehr als einem Mitgliedstaat erfolgt, wenn der Verantwortliche oder Auftragsverarbeiter in mehr als einem Mitgliedstaat niedergelassen ist, oder

    b) eine Verarbeitung personenbezogener Daten, die im Rahmen der Tätigkeiten einer einzelnen Niederlassung eines Verantwortlichen oder eines Auftragsverarbeiters in der Union erfolgt, die jedoch erhebliche Auswirkungen auf betroffene Personen in mehr als einem Mitgliedstaat hat oder haben kann;

24. „maßgeblicher und begründeter Einspruch" einen Einspruch gegen einen Beschlussentwurf im Hinblick darauf, ob ein Verstoß gegen diese Verordnung vorliegt oder ob beabsichtigte Maßnahmen gegen den Verantwortlichen oder den Auftragsverarbeiter im Ein-

klang mit dieser Verordnung steht, wobei aus diesem Einspruch die Tragweite der Risiken klar hervorgeht, die von dem Beschlussentwurf in Bezug auf die Grundrechte und Grundfreiheiten der betroffenen Personen und gegebenenfalls den freien Verkehr personenbezogener Daten in der Union ausgehen;

25. „Dienst der Informationsgesellschaft“ eine Dienstleistung im Sinne des Artikels 1 Nummer 1 Buchstabe b der Richtlinie (EU) 2015/1535 des Europäischen Parlaments und des Rates (1);

26. „internationale Organisation“ eine völkerrechtliche Organisation und ihre nachgeordneten Stellen oder jede sonstige Einrichtung, die durch eine zwischen zwei oder mehr Ländern geschlossene Übereinkunft oder auf der Grundlage einer solchen Übereinkunft geschaffen wurde.

KAPITEL II
Grundsätze

Artikel 5
Grundsätze für die Verarbeitung personenbezogener Daten

(1) Personenbezogene Daten müssen

a) auf rechtmäßige Weise, nach Treu und Glauben und in einer für die betroffene Person nachvollziehbaren Weise verarbeitet werden („Rechtmäßigkeit, Verarbeitung nach Treu und Glauben, Transparenz“);

b) für festgelegte, eindeutige und legitime Zwecke erhoben werden und dürfen nicht in einer mit diesen Zwecken nicht zu vereinbarenden Weise weiterverarbeitet werden; eine Weiterverarbeitung für im öffentlichen Interesse liegende Archivzwecke, für wissenschaftliche oder historische Forschungszwecke oder für statistische Zwecke gilt gemäß Artikel 89 Absatz 1 nicht als unvereinbar mit den ursprünglichen Zwecken („Zweckbindung“);

c) dem Zweck angemessen und erheblich sowie auf das für die Zwecke der Verarbeitung notwendige Maß beschränkt sein („Datenminimierung“);

d) sachlich richtig und erforderlichenfalls auf dem neuesten Stand sein; es sind alle angemessenen Maßnahmen zu treffen, damit personenbezogene Daten, die im Hinblick auf die Zwecke ihrer Verarbeitung unrichtig sind, unverzüglich gelöscht oder berichtigt werden („Richtigkeit“);

e) in einer Form gespeichert werden, die die Identifizierung der betroffenen Personen nur so lange ermöglicht, wie es für die Zwecke, für die sie verarbeitet werden, erforderlich ist; personenbezogene Daten dürfen länger gespeichert werden, soweit die personenbezogenen Daten vorbehaltlich der Durchführung geeigneter technischer und organisatorischer Maßnahmen, die von dieser Verordnung zum Schutz der Rechte und Freiheiten der betroffenen Person gefordert werden, ausschließlich für im öffentlichen Interesse liegende Archivzwecke oder für wissenschaftliche und historische Forschungszwecke oder für statistische Zwecke gemäß Artikel 89 Absatz 1 verarbeitet werden („Speicherbegrenzung“);

f) in einer Weise verarbeitet werden, die eine angemessene Sicherheit der personenbezogenen Daten gewährleistet, einschließlich Schutz vor unbefugter oder unrechtmäßiger Verarbeitung und vor unbeabsichtigtem Verlust, unbeabsichtigter Zerstörung oder unbeabsichtigter Schädigung durch geeignete technische und organisatorische Maßnahmen („Integrität und Vertraulichkeit");

(2) Der Verantwortliche ist für die Einhaltung des Absatzes 1 verantwortlich und muss dessen Einhaltung nachweisen können („Rechenschaftspflicht").

Artikel 6
Rechtmäßigkeit der Verarbeitung

(1) Die Verarbeitung ist nur rechtmäßig, wenn mindestens eine der nachstehenden Bedingungen erfüllt ist:

a) Die betroffene Person hat ihre Einwilligung zu der Verarbeitung der sie betreffenden personenbezogenen Daten für einen oder mehrere bestimmte Zwecke gegeben;

b) die Verarbeitung ist für die Erfüllung eines Vertrags, dessen Vertragspartei die betroffene Person ist, oder zur Durchführung vorvertraglicher Maßnahmen erforderlich, die auf Anfrage der betroffenen Person erfolgen;

c) die Verarbeitung ist zur Erfüllung einer rechtlichen Verpflichtung erforderlich, der der Verantwortliche unterliegt;

d) die Verarbeitung ist erforderlich, um lebenswichtige Interessen der betroffenen Person oder einer anderen natürlichen Person zu schützen;

e) die Verarbeitung ist für die Wahrnehmung einer Aufgabe erforderlich, die im öffentlichen Interesse liegt oder in Ausübung öffentlicher Gewalt erfolgt, die dem Verantwortlichen übertragen wurde;

f) die Verarbeitung ist zur Wahrung der berechtigten Interessen des Verantwortlichen oder eines Dritten erforderlich, sofern nicht die Interessen oder Grundrechte und Grundfreiheiten der betroffenen Person, die den Schutz personenbezogener Daten erfordern, überwiegen, insbesondere dann, wenn es sich bei der betroffenen Person um ein Kind handelt.

Unterabsatz 1 Buchstabe f gilt nicht für die von Behörden in Erfüllung ihrer Aufgaben vorgenommene Verarbeitung.

(2) Die Mitgliedstaaten können spezifischere Bestimmungen zur Anpassung der Anwendung der Vorschriften dieser Verordnung in Bezug auf die Verarbeitung zur Erfüllung von Absatz 1 Buchstaben c und e beibehalten oder einführen, indem sie spezifische Anforderungen für die Verarbeitung sowie sonstige Maßnahmen präziser bestimmen, um eine rechtmäßig und nach Treu und Glauben erfolgende Verarbeitung zu gewährleisten, einschließlich für andere besondere Verarbeitungssituationen gemäß Kapitel IX.

(3) Die Rechtsgrundlage für die Verarbeitungen gemäß Absatz 1 Buchstaben c und e wird festgelegt durch

a) Unionsrecht oder

b) das Recht der Mitgliedstaaten, dem der Verantwortliche unterliegt.

Der Zweck der Verarbeitung muss in dieser Rechtsgrundlage festgelegt oder hinsichtlich der Verarbeitung gemäß Absatz 1 Buchstabe e für die Erfüllung einer Aufgabe erforderlich sein, die im öffentlichen Interesse liegt oder in Ausübung öffentlicher Gewalt erfolgt, die dem Verantwortlichen übertragen wurde. Diese Rechtsgrundlage kann spezifische Bestimmungen zur Anpassung der Anwendung der Vorschriften dieser Verordnung enthalten, unter anderem Bestimmungen darüber, welche allgemeinen Bedingungen für die Regelung der Rechtmäßigkeit der Verarbeitung durch den Verantwortlichen gelten, welche Arten von Daten verarbeitet werden, welche Personen betroffen sind, an welche Einrichtungen und für welche Zwecke die personenbezogenen Daten offengelegt werden dürfen, welcher Zweckbindung sie unterliegen, wie lange sie gespeichert werden dürfen und welche Verarbeitungsvorgänge und -verfahren angewandt werden dürfen, einschließlich Maßnahmen zur Gewährleistung einer rechtmäßig und nach Treu und Glauben erfolgenden Verarbeitung, wie solche für sonstige besondere Verarbeitungssituationen gemäß Kapitel IX. Das Unionsrecht oder das Recht der Mitgliedstaaten müssen ein im öffentlichen Interesse liegendes Ziel verfolgen und in einem angemessenen Verhältnis zu dem verfolgten legitimen Zweck stehen.

(4) Beruht die Verarbeitung zu einem anderen Zweck als zu demjenigen, zu dem die personenbezogenen Daten erhoben wurden, nicht auf der Einwilligung der betroffenen Person oder auf einer Rechtsvorschrift der Union oder der Mitgliedstaaten, die in einer demokratischen Gesellschaft eine notwendige und verhältnismäßige Maßnahme zum Schutz der in Artikel 23 Absatz 1 genannten Ziele darstellt, so berücksichtigt der Verantwortliche – um festzustellen, ob die Verarbeitung zu einem anderen Zweck mit demjenigen, zu dem die personenbezogenen Daten ursprünglich erhoben wurden, vereinbar ist – unter anderem

a) jede Verbindung zwischen den Zwecken, für die die personenbezogenen Daten erhoben wurden, und den Zwecken der beabsichtigten Weiterverarbeitung,

b) den Zusammenhang, in dem die personenbezogenen Daten erhoben wurden, insbesondere hinsichtlich des Verhältnisses zwischen den betroffenen Personen und dem Verantwortlichen,

c) die Art der personenbezogenen Daten, insbesondere ob besondere Kategorien personenbezogener Daten gemäß Artikel 9 verarbeitet werden oder ob personenbezogene Daten über strafrechtliche Verurteilungen und Straftaten gemäß Artikel 10 verarbeitet werden,

d) die möglichen Folgen der beabsichtigten Weiterverarbeitung für die betroffenen Personen,

e) das Vorhandensein geeigneter Garantien, wozu Verschlüsselung oder Pseudonymisierung gehören kann.

Artikel 7
Bedingungen für die Einwilligung

(1) Beruht die Verarbeitung auf einer Einwilligung, muss der Verantwortliche nachweisen können, dass die betroffene Person in die Verarbeitung ihrer personenbezogenen Daten eingewilligt hat.

(2) Erfolgt die Einwilligung der betroffenen Person durch eine schriftliche Erklärung, die noch andere Sachverhalte betrifft, so muss das Ersuchen um Einwilligung in verständlicher und leicht zugänglicher Form in einer klaren und einfachen Sprache so erfolgen, dass es von den anderen Sachverhalten klar zu unterscheiden ist. Teile der Erklärung sind dann nicht verbindlich, wenn sie einen Verstoß gegen diese Verordnung darstellen.

(3) Die betroffene Person hat das Recht, ihre Einwilligung jederzeit zu widerrufen. Durch den Widerruf der Einwilligung wird die Rechtmäßigkeit der aufgrund der Einwilligung bis zum Widerruf erfolgten Verarbeitung nicht berührt. Die betroffene Person wird vor Abgabe der Einwilligung hiervon in Kenntnis gesetzt. Der Widerruf der Einwilligung muss so einfach wie die Erteilung der Einwilligung sein.

(4) Bei der Beurteilung, ob die Einwilligung freiwillig erteilt wurde, muss dem Umstand in größtmöglichem Umfang Rechnung getragen werden, ob unter anderem die Erfüllung eines Vertrags, einschließlich der Erbringung einer Dienstleistung, von der Einwilligung zu einer Verarbeitung von personenbezogenen Daten abhängig ist, die für die Erfüllung des Vertrags nicht erforderlich sind.

Artikel 8
Bedingungen für die Einwilligung eines Kindes in Bezug auf Dienste der Informationsgesellschaft

(1) Gilt Artikel 6 Absatz 1 Buchstabe a bei einem Angebot von Diensten der Informationsgesellschaft, das einem Kind direkt gemacht wird, so ist die Verarbeitung der personenbezogenen Daten des Kindes rechtmäßig, wenn das Kind das sechzehnte Lebensjahr vollendet hat. Hat das Kind noch nicht das sechzehnte Lebensjahr vollendet, so ist diese Verarbeitung nur rechtmäßig, sofern und soweit diese Einwilligung durch den Träger der elterlichen Verantwortung für das Kind oder mit dessen Zustimmung erteilt wird.

Die Mitgliedstaaten können durch Rechtsvorschriften zu diesen Zwecken eine niedrigere Altersgrenze vorsehen, die jedoch nicht unter dem vollendeten dreizehnten Lebensjahr liegen darf.

(2) Der Verantwortliche unternimmt unter Berücksichtigung der verfügbaren Technik angemessene Anstrengungen, um sich in solchen Fällen zu vergewissern, dass die Einwilligung durch den Träger der elterlichen Verantwortung für das Kind oder mit dessen Zustimmung erteilt wurde.

(3) Absatz 1 lässt das allgemeine Vertragsrecht der Mitgliedstaaten, wie etwa die Vorschriften zur Gültigkeit, zum Zustandekommen oder zu den Rechtsfolgen eines Vertrags in Bezug auf ein Kind, unberührt.

Artikel 9
Verarbeitung besonderer Kategorien personenbezogener Daten

(1) Die Verarbeitung personenbezogener Daten, aus denen die rassische und ethnische Herkunft, politische Meinungen, religiöse oder weltanschauliche Überzeugungen oder die Gewerkschaftszugehörigkeit hervorgehen, sowie die Verarbeitung von genetischen Daten, biometrischen Daten zur eindeutigen Identifizierung einer natürlichen Person, Gesundheitsdaten oder Daten zum Sexualleben oder der sexuellen Orientierung einer natürlichen Person ist untersagt.

(2) Absatz 1 gilt nicht in folgenden Fällen:

a) Die betroffene Person hat in die Verarbeitung der genannten personenbezogenen Daten für einen oder mehrere festgelegte Zwecke ausdrücklich eingewilligt, es sei denn, nach Unionsrecht oder dem Recht der Mitgliedstaaten kann das Verbot nach Absatz 1 durch die Einwilligung der betroffenen Person nicht aufgehoben werden,

b) die Verarbeitung ist erforderlich, damit der Verantwortliche oder die betroffene Person die ihm bzw. ihr aus dem Arbeitsrecht und dem Recht der sozialen Sicherheit und des Sozialschutzes erwachsenden Rechte ausüben und seinen bzw. ihren diesbezüglichen Pflichten nachkommen kann, soweit dies nach Unionsrecht oder dem Recht der Mitgliedstaaten oder einer Kollektivvereinbarung nach dem Recht der Mitgliedstaaten, das geeignete Garantien für die Grundrechte und die Interessen der betroffenen Person vorsieht, zulässig ist,

c) die Verarbeitung ist zum Schutz lebenswichtiger Interessen der betroffenen Person oder einer anderen natürlichen Person erforderlich und die betroffene Person ist aus körperlichen oder rechtlichen Gründen außerstande, ihre Einwilligung zu geben,

d) die Verarbeitung erfolgt auf der Grundlage geeigneter Garantien durch eine politisch, weltanschaulich, religiös oder gewerkschaftlich ausgerichtete Stiftung, Vereinigung oder sonstige Organisation ohne Gewinnerzielungsabsicht im Rahmen ihrer rechtmäßigen Tätigkeiten und unter der Voraussetzung, dass sich die Verarbeitung ausschließlich auf die Mitglieder oder ehemalige Mitglieder der Organisation oder auf Personen, die im Zusammenhang mit deren Tätigkeitszweck regelmäßige Kontakte mit ihr unterhalten, bezieht und die personenbezogenen Daten nicht ohne Einwilligung der betroffenen Personen nach außen offengelegt werden,

e) die Verarbeitung bezieht sich auf personenbezogene Daten, die die betroffene Person offensichtlich öffentlich gemacht hat,

f) die Verarbeitung ist zur Geltendmachung, Ausübung oder Verteidigung von Rechtsansprüchen oder bei Handlungen der Gerichte im Rahmen ihrer justiziellen Tätigkeit erforderlich,

g) die Verarbeitung ist auf der Grundlage des Unionsrechts oder des Rechts eines Mitgliedstaats, das in angemessenem Verhältnis zu dem verfolgten Ziel steht, den Wesensgehalt des Rechts auf Datenschutz wahrt und angemessene und spezifische Maßnahmen zur Wahrung der Grundrechte und Interessen der betroffenen Person vorsieht, aus Gründen eines erheblichen öffentlichen Interesses erforderlich,

h) die Verarbeitung ist für Zwecke der Gesundheitsvorsorge oder der Arbeitsmedizin, für die Beurteilung der Arbeitsfähigkeit des Beschäftigten, für die medizinische Diagnostik, die Versorgung oder Behandlung im Gesundheits- oder Sozialbereich oder für die Verwaltung von Systemen und Diensten im Gesundheits- oder Sozialbereich auf der Grundlage des Unionsrechts oder des Rechts eines Mitgliedstaats oder aufgrund eines Vertrags mit einem Angehörigen eines Gesundheitsberufs und vorbehaltlich der in Absatz 3 genannten Bedingungen und Garantien erforderlich,

i) die Verarbeitung ist aus Gründen des öffentlichen Interesses im Bereich der öffentlichen Gesundheit, wie dem Schutz vor schwerwiegenden grenzüberschreitenden Gesundheitsgefahren oder zur Gewährleistung hoher Qualitäts- und Sicherheitsstandards bei der Gesundheitsversorgung und bei Arzneimitteln und Medizinprodukten, auf der Grundlage des Unionsrechts oder des Rechts eines Mitgliedstaats, das angemessene und spezifische Maßnahmen zur Wahrung der Rechte und Freiheiten der betroffenen Person, insbesondere des Berufsgeheimnisses, vorsieht, erforderlich, oder

j) die Verarbeitung ist auf der Grundlage des Unionsrechts oder des Rechts eines Mitgliedstaats, das in angemessenem Verhältnis zu dem verfolgten Ziel steht, den Wesensgehalt des Rechts auf Datenschutz wahrt und angemessene und spezifische Maßnahmen zur Wahrung der Grundrechte und Interessen der betroffenen Person vorsieht, für im öffentlichen Interesse liegende Archivzwecke, für wissenschaftliche oder historische Forschungszwecke oder für statistische Zwecke gemäß Artikel 89 Absatz 1 erforderlich.

(3) Die in Absatz 1 genannten personenbezogenen Daten dürfen zu den in Absatz 2 Buchstabe h genannten Zwecken verarbeitet werden, wenn diese Daten von Fachpersonal oder unter dessen Verantwortung verarbeitet werden und dieses Fachpersonal nach dem Unionsrecht oder dem Recht eines Mitgliedstaats oder den Vorschriften nationaler zuständiger Stellen dem Berufsgeheimnis unterliegt, oder wenn die Verarbeitung durch eine andere Person erfolgt, die ebenfalls nach dem Unionsrecht oder dem Recht eines Mitgliedstaats oder den Vorschriften nationaler zuständiger Stellen einer Geheimhaltungspflicht unterliegt.

(4) Die Mitgliedstaaten können zusätzliche Bedingungen, einschließlich Beschränkungen, einführen oder aufrechterhalten, soweit die Verarbeitung von genetischen, biometrischen oder Gesundheitsdaten betroffen ist.

Artikel 10
Verarbeitung von personenbezogenen Daten über strafrechtliche Verurteilungen und Straftaten

Die Verarbeitung personenbezogener Daten über strafrechtliche Verurteilungen und Straftaten oder damit zusammenhängende Sicherungsmaßregeln aufgrund von Artikel 6 Absatz 1 darf nur unter behördlicher Aufsicht vorgenommen werden oder wenn dies nach dem Unionsrecht oder dem Recht der Mitgliedstaaten, das geeignete Garantien für die Rechte und Freiheiten der betroffenen Personen vorsieht, zulässig ist. Ein umfassendes Register der strafrechtlichen Verurteilungen darf nur unter behördlicher Aufsicht geführt werden.

Artikel 11
Verarbeitung, für die eine Identifizierung der betroffenen Person nicht erforderlich ist

(1) Ist für die Zwecke, für die ein Verantwortlicher personenbezogene Daten verarbeitet, die Identifizierung der betroffenen Person durch den Verantwortlichen nicht oder nicht mehr erforderlich, so ist dieser nicht verpflichtet, zur bloßen Einhaltung dieser Verordnung zusätzliche Informationen aufzubewahren, einzuholen oder zu verarbeiten, um die betroffene Person zu identifizieren.

(2) Kann der Verantwortliche in Fällen gemäß Absatz 1 des vorliegenden Artikels nachweisen, dass er nicht in der Lage ist, die betroffene Person zu identifizieren, so unterrichtet er die betroffene Person hierüber, sofern möglich. In diesen Fällen finden die Artikel 15 bis 20 keine Anwendung, es sei denn, die betroffene Person stellt zur Ausübung ihrer in diesen Artikeln niedergelegten Rechte zusätzliche Informationen bereit, die ihre Identifizierung ermöglichen.

KAPITEL III
Rechte der betroffenen Person

Abschnitt 1
Transparenz und Modalitäten

Artikel 12
Transparente Information, Kommunikation und Modalitäten für die Ausübung der Rechte der betroffenen Person

(1) Der Verantwortliche trifft geeignete Maßnahmen, um der betroffenen Person alle Informationen gemäß den Artikeln 13 und 14 und alle Mitteilungen gemäß den Artikeln 15 bis 22 und Artikel 34, die sich auf die Verarbeitung beziehen, in präziser, transparenter, verständlicher und leicht zugänglicher Form in einer klaren und einfachen Sprache zu übermitteln; dies gilt insbesondere für Informationen, die sich speziell an Kinder richten. Die Übermittlung der Informationen erfolgt schriftlich oder in anderer Form, gegebenenfalls auch elektronisch. Falls von der betroffenen Person verlangt, kann die Information mündlich erteilt werden, sofern die Identität der betroffenen Person in anderer Form nachgewiesen wurde.

(2) Der Verantwortliche erleichtert der betroffenen Person die Ausübung ihrer Rechte gemäß den Artikeln 15 bis 22. In den in Artikel 11 Absatz 2 genannten Fällen darf sich der Verantwortliche nur dann weigern, aufgrund des Antrags der betroffenen Person auf Wahrnehmung ihrer Rechte gemäß den Artikeln 15 bis 22 tätig zu werden, wenn er glaubhaft macht, dass er nicht in der Lage ist, die betroffene Person zu identifizieren.

(3) Der Verantwortliche stellt der betroffenen Person Informationen über die auf Antrag gemäß den Artikeln 15 bis 22 ergriffenen Maßnahmen unverzüglich, in jedem Fall aber innerhalb eines Monats nach Eingang des Antrags zur Verfügung. Diese Frist kann um weitere zwei Monate verlängert werden, wenn dies unter Berücksichtigung der Komplexität und der Anzahl von An-

trägen erforderlich ist. Der Verantwortliche unterrichtet die betroffene Person innerhalb eines Monats nach Eingang des Antrags über eine Fristverlängerung, zusammen mit den Gründen für die Verzögerung. Stellt die betroffene Person den Antrag elektronisch, so ist sie nach Möglichkeit auf elektronischem Weg zu unterrichten, sofern sie nichts anderes angibt.

(4) Wird der Verantwortliche auf den Antrag der betroffenen Person hin nicht tätig, so unterrichtet er die betroffene Person ohne Verzögerung, spätestens aber innerhalb eines Monats nach Eingang des Antrags über die Gründe hierfür und über die Möglichkeit, bei einer Aufsichtsbehörde Beschwerde einzulegen oder einen gerichtlichen Rechtsbehelf einzulegen.

(5) Informationen gemäß den Artikeln 13 und 14 sowie alle Mitteilungen und Maßnahmen gemäß den Artikeln 15 bis 22 und Artikel 34 werden unentgeltlich zur Verfügung gestellt. Bei offenkundig unbegründeten oder – insbesondere im Fall von häufiger Wiederholung – exzessiven Anträgen einer betroffenen Person kann der Verantwortliche entweder

a) ein angemessenes Entgelt verlangen, bei dem die Verwaltungskosten für die Unterrichtung oder die Mitteilung oder die Durchführung der beantragten Maßnahme berücksichtigt werden, oder

b) sich weigern, aufgrund des Antrags tätig zu werden.

Der Verantwortliche hat den Nachweis für den offenkundig unbegründeten oder exzessiven Charakter des Antrags zu erbringen.

(6) Hat der Verantwortliche begründete Zweifel an der Identität der natürlichen Person, die den Antrag gemäß den Artikeln 15 bis 21 stellt, so kann er unbeschadet des Artikels 11 zusätzliche Informationen anfordern, die zur Bestätigung der Identität der betroffenen Person erforderlich sind.

(7) Die Informationen, die den betroffenen Personen gemäß den Artikeln 13 und 14 bereitzustellen sind, können in Kombination mit standardisierten Bildsymbolen bereitgestellt werden, um in leicht wahrnehmbarer, verständlicher und klar nachvollziehbarer Form einen aussagekräftigen Überblick über die beabsichtigte Verarbeitung zu vermitteln. Werden die Bildsymbole in elektronischer Form dargestellt, müssen sie maschinenlesbar sein.

(8) Der Kommission wird die Befugnis übertragen, gemäß Artikel 92 delegierte Rechtsakte zur Bestimmung der Informationen, die durch Bildsymbole darzustellen sind, und der Verfahren für die Bereitstellung standardisierter Bildsymbole zu erlassen.

Abschnitt 2
Informationspflicht und Recht auf Auskunft zu personenbezogenen Daten

Artikel 13
Informationspflicht bei Erhebung von personenbezogenen Daten bei der betroffenen Person

(1) Werden personenbezogene Daten bei der betroffenen Person erhoben, so teilt der Verantwortliche der betroffenen Person zum Zeitpunkt der Erhebung dieser Daten Folgendes mit:

a) den Namen und die Kontaktdaten des Verantwortlichen sowie gegebenenfalls seines Vertreters;

b) gegebenenfalls die Kontaktdaten des Datenschutzbeauftragten;

c) die Zwecke, für die die personenbezogenen Daten verarbeitet werden sollen, sowie die Rechtsgrundlage für die Verarbeitung;

d) wenn die Verarbeitung auf Artikel 6 Absatz 1 Buchstabe f beruht, die berechtigten Interessen, die von dem Verantwortlichen oder einem Dritten verfolgt werden;

e) gegebenenfalls die Empfänger oder Kategorien von Empfängern der personenbezogenen Daten und

f) gegebenenfalls die Absicht des Verantwortlichen, die personenbezogenen Daten an ein Drittland oder eine internationale Organisation zu übermitteln, sowie das Vorhandensein oder das Fehlen eines Angemessenheitsbeschlusses der Kommission oder im Falle von Übermittlungen gemäß Artikel 46 oder Artikel 47 oder Artikel 49 Absatz 1 Unterabsatz 2 einen Verweis auf die geeigneten oder angemessenen Garantien und die Möglichkeit, wie eine Kopie von ihnen zu erhalten ist, oder wo sie verfügbar sind.

(2) Zusätzlich zu den Informationen gemäß Absatz 1 stellt der Verantwortliche der betroffenen Person zum Zeitpunkt der Erhebung dieser Daten folgende weitere Informationen zur Verfügung, die notwendig sind, um eine faire und transparente Verarbeitung zu gewährleisten:

a) die Dauer, für die die personenbezogenen Daten gespeichert werden oder, falls dies nicht möglich ist, die Kriterien für die Festlegung dieser Dauer;

b) das Bestehen eines Rechts auf Auskunft seitens des Verantwortlichen über die betreffenden personenbezogenen Daten sowie auf Berichtigung oder Löschung oder auf Einschränkung der Verarbeitung oder eines Widerspruchsrechts gegen die Verarbeitung sowie des Rechts auf Datenübertragbarkeit;

c) wenn die Verarbeitung auf Artikel 6 Absatz 1 Buchstabe a oder Artikel 9 Absatz 2 Buchstabe a beruht, das Bestehen eines Rechts, die Einwilligung jederzeit zu widerrufen, ohne dass die Rechtmäßigkeit der aufgrund der Einwilligung bis zum Widerruf erfolgten Verarbeitung berührt wird;

d) das Bestehen eines Beschwerderechts bei einer Aufsichtsbehörde;

e) ob die Bereitstellung der personenbezogenen Daten gesetzlich oder vertraglich vorgeschrieben oder für einen Vertragsabschluss erforderlich ist, ob die betroffene Person verpflichtet ist, die personenbezogenen Daten bereitzustellen, und welche mögliche Folgen die Nichtbereitstellung hätte und

f) das Bestehen einer automatisierten Entscheidungsfindung einschließlich Profiling gemäß Artikel 22 Absätze 1 und 4 und – zumindest in diesen Fällen – aussagekräftige Informationen über die involvierte Logik sowie die Tragweite und die angestrebten Auswirkungen einer derartigen Verarbeitung für die betroffene Person.

(3) Beabsichtigt der Verantwortliche, die personenbezogenen Daten für einen anderen Zweck weiterzuverarbeiten als den, für den die personenbezogenen Daten erhoben wurden, so stellt er der betroffenen Person vor dieser Weiterverarbeitung Informationen über diesen anderen Zweck und alle anderen maßgeblichen Informationen gemäß Absatz 2 zur Verfügung.

(4) Die Absätze 1, 2 und 3 finden keine Anwendung, wenn und soweit die betroffene Person bereits über die Informationen verfügt.

Artikel 14
Informationspflicht, wenn die personenbezogenen Daten nicht bei der betroffenen Person erhoben wurden

(1) Werden personenbezogene Daten nicht bei der betroffenen Person erhoben, so teilt der Verantwortliche der betroffenen Person Folgendes mit:

a) den Namen und die Kontaktdaten des Verantwortlichen sowie gegebenenfalls seines Vertreters;

b) zusätzlich die Kontaktdaten des Datenschutzbeauftragten;

c) die Zwecke, für die die personenbezogenen Daten verarbeitet werden sollen, sowie die Rechtsgrundlage für die Verarbeitung;

d) die Kategorien personenbezogener Daten, die verarbeitet werden;

e) gegebenenfalls die Empfänger oder Kategorien von Empfängern der personenbezogenen Daten;

f) gegebenenfalls die Absicht des Verantwortlichen, die personenbezogenen Daten an einen Empfänger in einem Drittland oder einer internationalen Organisation zu übermitteln, sowie das Vorhandensein oder das Fehlen eines Angemessenheitsbeschlusses der Kommission oder im Falle von Übermittlungen gemäß Artikel 46 oder Artikel 47 oder Artikel 49 Absatz 1 Unterabsatz 2 einen Verweis auf die geeigneten oder angemessenen Garantien und die Möglichkeit, eine Kopie von ihnen zu erhalten, oder wo sie verfügbar sind.

(2) Zusätzlich zu den Informationen gemäß Absatz 1 stellt der Verantwortliche der betroffenen Person die folgenden Informationen zur Verfügung, die erforderlich sind, um der betroffenen Person gegenüber eine faire und transparente Verarbeitung zu gewährleisten:

a) die Dauer, für die die personenbezogenen Daten gespeichert werden oder, falls dies nicht möglich ist, die Kriterien für die Festlegung dieser Dauer;

b) wenn die Verarbeitung auf Artikel 6 Absatz 1 Buchstabe f beruht, die berechtigten Interessen, die von dem Verantwortlichen oder einem Dritten verfolgt werden;

c) das Bestehen eines Rechts auf Auskunft seitens des Verantwortlichen über die betreffenden personenbezogenen Daten sowie auf Berichtigung oder Löschung oder auf Einschränkung der Verarbeitung und eines Widerspruchsrechts gegen die Verarbeitung sowie des Rechts auf Datenübertragbarkeit;

d) wenn die Verarbeitung auf Artikel 6 Absatz 1 Buchstabe a oder Artikel 9 Absatz 2 Buchstabe a beruht, das Bestehen eines Rechts, die Einwilligung jederzeit zu widerrufen, ohne dass die Rechtmäßigkeit der aufgrund der Einwilligung bis zum Widerruf erfolgten Verarbeitung berührt wird;

e) das Bestehen eines Beschwerderechts bei einer Aufsichtsbehörde;

f) aus welcher Quelle die personenbezogenen Daten stammen und gegebenenfalls ob sie aus öffentlich zugänglichen Quellen stammen;

g) das Bestehen einer automatisierten Entscheidungsfindung einschließlich Profiling gemäß Artikel 22 Absätze 1 und 4 und – zumindest in diesen Fällen – aussagekräftige Informationen über die involvierte Logik sowie die Tragweite und die angestrebten Auswirkungen einer derartigen Verarbeitung für die betroffene Person.

(3) Der Verantwortliche erteilt die Informationen gemäß den Absätzen 1 und 2

a) unter Berücksichtigung der spezifischen Umstände der Verarbeitung der personenbezogenen Daten innerhalb einer angemessenen Frist nach Erlangung der personenbezogenen Daten, längstens jedoch innerhalb eines Monats,

b) falls die personenbezogenen Daten zur Kommunikation mit der betroffenen Person verwendet werden sollen, spätestens zum Zeitpunkt der ersten Mitteilung an sie, oder,

c) falls die Offenlegung an einen anderen Empfänger beabsichtigt ist, spätestens zum Zeitpunkt der ersten Offenlegung.

(4) Beabsichtigt der Verantwortliche, die personenbezogenen Daten für einen anderen Zweck weiterzuverarbeiten als den, für den die personenbezogenen Daten erlangt wurden, so stellt er der betroffenen Person vor dieser Weiterverarbeitung Informationen über diesen anderen Zweck und alle anderen maßgeblichen Informationen gemäß Absatz 2 zur Verfügung.

(5) Die Absätze 1 bis 4 finden keine Anwendung, wenn und soweit

a) die betroffene Person bereits über die Informationen verfügt,

b) die Erteilung dieser Informationen sich als unmöglich erweist oder einen unverhältnismäßigen Aufwand erfordern würde; dies gilt insbesondere für die Verarbeitung für im öffentlichen Interesse liegende Archivzwecke, für wissenschaftliche oder historische Forschungszwecke oder für statistische Zwecke vorbehaltlich der in Artikel 89 Absatz 1 genannten Bedingungen und Garantien oder soweit die in Absatz 1 des vorliegenden Artikels genannte Pflicht voraussichtlich die Verwirklichung der Ziele dieser Verarbeitung unmöglich macht oder ernsthaft beeinträchtigt In diesen Fällen ergreift der Verantwortliche geeignete Maßnahmen zum Schutz der Rechte und Freiheiten sowie der berechtigten Interessen der betroffenen Person, einschließlich der Bereitstellung dieser Informationen für die Öffentlichkeit,

c) die Erlangung oder Offenlegung durch Rechtsvorschriften der Union oder der Mitgliedstaaten, denen der Verantwortliche unterliegt und die geeignete Maßnahmen zum Schutz der berechtigten Interessen der betroffenen Person vorsehen, ausdrücklich geregelt ist oder

d) die personenbezogenen Daten gemäß dem Unionsrecht oder dem Recht der Mitgliedstaaten dem Berufsgeheimnis, einschließlich einer satzungsmäßigen Geheimhaltungspflicht, unterliegen und daher vertraulich behandelt werden müssen.

Artikel 15
Auskunftsrecht der betroffenen Person

(1) Die betroffene Person hat das Recht, von dem Verantwortlichen eine Bestätigung darüber zu verlangen, ob sie betreffende personenbezogene Daten verarbeitet werden; ist dies der Fall, so hat sie ein Recht auf Auskunft über diese personenbezogenen Daten und auf folgende Informationen:

a) die Verarbeitungszwecke;

b) die Kategorien personenbezogener Daten, die verarbeitet werden;

c) die Empfänger oder Kategorien von Empfängern, gegenüber denen die personenbezogenen Daten offengelegt worden sind oder noch offengelegt werden, insbesondere bei Empfängern in Drittländern oder bei internationalen Organisationen;

d) falls möglich die geplante Dauer, für die die personenbezogenen Daten gespeichert werden, oder, falls dies nicht möglich ist, die Kriterien für die Festlegung dieser Dauer;

e) das Bestehen eines Rechts auf Berichtigung oder Löschung der sie betreffenden personenbezogenen Daten oder auf Einschränkung der Verarbeitung durch den Verantwortlichen oder eines Widerspruchsrechts gegen diese Verarbeitung;

f) das Bestehen eines Beschwerderechts bei einer Aufsichtsbehörde;

g) wenn die personenbezogenen Daten nicht bei der betroffenen Person erhoben werden, alle verfügbaren Informationen über die Herkunft der Daten;

h) das Bestehen einer automatisierten Entscheidungsfindung einschließlich Profiling gemäß Artikel 22 Absätze 1 und 4 und – zumindest in diesen Fällen – aussagekräftige Informationen über die involvierte Logik sowie die Tragweite und die angestrebten Auswirkungen einer derartigen Verarbeitung für die betroffene Person.

(2) Werden personenbezogene Daten an ein Drittland oder an eine internationale Organisation übermittelt, so hat die betroffene Person das Recht, über die geeigneten Garantien gemäß Artikel 46 im Zusammenhang mit der Übermittlung unterrichtet zu werden.

(3) Der Verantwortliche stellt eine Kopie der personenbezogenen Daten, die Gegenstand der Verarbeitung sind, zur Verfügung. Für alle weiteren Kopien, die die betroffene Person beantragt, kann der Verantwortliche ein angemessenes Entgelt auf der Grundlage der Verwaltungskosten verlangen. Stellt die betroffene Person den Antrag elektronisch, so sind die Informationen in einem gängigen elektronischen Format zur Verfügung zu stellen, sofern sie nichts anderes angibt.

(4) Das Recht auf Erhalt einer Kopie gemäß Absatz 3 darf die Rechte und Freiheiten anderer Personen nicht beeinträchtigen.

Abschnitt 3
Berichtigung und Löschung

Artikel 16
Recht auf Berichtigung

Die betroffene Person hat das Recht, von dem Verantwortlichen unverzüglich die Berichtigung sie betreffender unrichtiger personenbezogener Daten zu verlangen. Unter Berücksichtigung der Zwecke der Verarbeitung hat die betroffene Person das Recht, die Vervollständigung unvollständiger personenbezogener Daten – auch mittels einer ergänzenden Erklärung – zu verlangen.

Artikel 17
Recht auf Löschung („Recht auf Vergessenwerden")

(1) Die betroffene Person hat das Recht, von dem Verantwortlichen zu verlangen, dass sie betreffende personenbezogene Daten unverzüglich gelöscht werden, und der Verantwortliche ist verpflichtet, personenbezogene Daten unverzüglich zu löschen, sofern einer der folgenden Gründe zutrifft:

a) Die personenbezogenen Daten sind für die Zwecke, für die sie erhoben oder auf sonstige Weise verarbeitet wurden, nicht mehr notwendig.

b) Die betroffene Person widerruft ihre Einwilligung, auf die sich die Verarbeitung gemäß Artikel 6 Absatz 1 Buchstabe a oder Artikel 9 Absatz 2 Buchstabe a stützte, und es fehlt an einer anderweitigen Rechtsgrundlage für die Verarbeitung.

c) Die betroffene Person legt gemäß Artikel 21 Absatz 1 Widerspruch gegen die Verarbeitung ein und es liegen keine vorrangigen berechtigten Gründe für die Verarbeitung vor, oder die betroffene Person legt gemäß Artikel 21 Absatz 2 Widerspruch gegen die Verarbeitung ein.

d) Die personenbezogenen Daten wurden unrechtmäßig verarbeitet.

e) Die Löschung der personenbezogenen Daten ist zur Erfüllung einer rechtlichen Verpflichtung nach dem Unionsrecht oder dem Recht der Mitgliedstaaten erforderlich, dem der Verantwortliche unterliegt.

f) Die personenbezogenen Daten wurden in Bezug auf angebotene Dienste der Informationsgesellschaft gemäß Artikel 8 Absatz 1 erhoben.

(2) Hat der Verantwortliche die personenbezogenen Daten öffentlich gemacht und ist er gemäß Absatz 1 zu deren Löschung verpflichtet, so trifft er unter Berücksichtigung der verfügbaren Technologie und der Implementierungskosten angemessene Maßnahmen, auch technischer Art, um für die Datenverarbeitung Verantwortliche, die die personenbezogenen Daten verarbeiten, darüber zu informieren, dass eine betroffene Person von ihnen die Löschung aller Links zu diesen personenbezogenen Daten oder von Kopien oder Replikationen dieser personenbezogenen Daten verlangt hat.

(3) Die Absätze 1 und 2 gelten nicht, soweit die Verarbeitung erforderlich ist

a) zur Ausübung des Rechts auf freie Meinungsäußerung und Information;

b) zur Erfüllung einer rechtlichen Verpflichtung, die die Verarbeitung nach dem Recht der Union oder der Mitgliedstaaten, dem der Verantwortliche unterliegt, erfordert, oder zur Wahrnehmung einer Aufgabe, die im öffentlichen Interesse liegt oder in Ausübung öffentlicher Gewalt erfolgt, die dem Verantwortlichen übertragen wurde;

c) aus Gründen des öffentlichen Interesses im Bereich der öffentlichen Gesundheit gemäß Artikel 9 Absatz 2 Buchstaben h und i sowie Artikel 9 Absatz 3;

d) für im öffentlichen Interesse liegende Archivzwecke, wissenschaftliche oder historische Forschungszwecke oder für statistische Zwecke gemäß Artikel 89 Absatz 1, soweit das in Absatz 1 genannte Recht voraussichtlich die Verwirklichung der Ziele dieser Verarbeitung unmöglich macht oder ernsthaft beeinträchtigt, oder

e) zur Geltendmachung, Ausübung oder Verteidigung von Rechtsansprüchen.

Artikel 18
Recht auf Einschränkung der Verarbeitung

(1) Die betroffene Person hat das Recht, von dem Verantwortlichen die Einschränkung der Verarbeitung zu verlangen, wenn eine der folgenden Voraussetzungen gegeben ist:

a) die Richtigkeit der personenbezogenen Daten von der betroffenen Person bestritten wird, und zwar für eine Dauer, die es dem Verantwortlichen ermöglicht, die Richtigkeit der personenbezogenen Daten zu überprüfen,

b) die Verarbeitung unrechtmäßig ist und die betroffene Person die Löschung der personenbezogenen Daten ablehnt und stattdessen die Einschränkung der Nutzung der personenbezogenen Daten verlangt;

c) der Verantwortliche die personenbezogenen Daten für die Zwecke der Verarbeitung nicht länger benötigt, die betroffene Person sie jedoch zur Geltendmachung, Ausübung oder Verteidigung von Rechtsansprüchen benötigt, oder

d) die betroffene Person Widerspruch gegen die Verarbeitung gemäß Artikel 21 Absatz 1 eingelegt hat, solange noch nicht feststeht, ob die berechtigten Gründe des Verantwortlichen gegenüber denen der betroffenen Person überwiegen.

(2) Wurde die Verarbeitung gemäß Absatz 1 eingeschränkt, so dürfen diese personenbezogenen Daten – von ihrer Speicherung abgesehen – nur mit Einwilligung der betroffenen Person oder zur Geltendmachung, Ausübung oder Verteidigung von Rechtsansprüchen oder zum Schutz der Rechte einer anderen natürlichen oder juristischen Person oder aus Gründen eines wichtigen öffentlichen Interesses der Union oder eines Mitgliedstaats verarbeitet werden.

(3) Eine betroffene Person, die eine Einschränkung der Verarbeitung gemäß Absatz 1 erwirkt hat, wird von dem Verantwortlichen unterrichtet, bevor die Einschränkung aufgehoben wird.

Artikel 19
Mitteilungspflicht im Zusammenhang mit der Berichtigung oder Löschung personenbezogener Daten oder der Einschränkung der Verarbeitung

Der Verantwortliche teilt allen Empfängern, denen personenbezogenen Daten offengelegt wurden, jede Berichtigung oder Löschung der personenbezogenen Daten oder eine Einschränkung der Verarbeitung nach Artikel 16, Artikel 17 Absatz 1 und Artikel 18 mit, es sei denn, dies erweist sich als unmöglich oder ist mit einem unverhältnismäßigen Aufwand verbunden. Der Verantwortliche unterrichtet die betroffene Person über diese Empfänger, wenn die betroffene Person dies verlangt.

Artikel 20
Recht auf Datenübertragbarkeit

(1) Die betroffene Person hat das Recht, die sie betreffenden personenbezogenen Daten, die sie einem Verantwortlichen bereitgestellt hat, in einem strukturierten, gängigen und maschinenlesbaren Format zu erhalten, und sie hat das Recht, diese Daten einem anderen Verantwortlichen ohne Behinderung durch den Verantwortlichen, dem die personenbezogenen Daten bereitgestellt wurden, zu übermitteln, sofern

a) die Verarbeitung auf einer Einwilligung gemäß Artikel 6 Absatz 1 Buchstabe a oder Artikel 9 Absatz 2 Buchstabe a oder auf einem Vertrag gemäß Artikel 6 Absatz 1 Buchstabe b beruht und

b) die Verarbeitung mithilfe automatisierter Verfahren erfolgt.

(2) Bei der Ausübung ihres Rechts auf Datenübertragbarkeit gemäß Absatz 1 hat die betroffene Person das Recht, zu erwirken, dass die personenbezogenen Daten direkt von einem Verantwortlichen einem anderen Verantwortlichen übermittelt werden, soweit dies technisch machbar ist.

(3) Die Ausübung des Rechts nach Absatz 1 des vorliegenden Artikels lässt Artikel 17 unberührt. Dieses Recht gilt nicht für eine Verarbeitung, die für die Wahrnehmung einer Aufgabe erforderlich ist, die im öffentlichen Interesse liegt oder in Ausübung öffentlicher Gewalt erfolgt, die dem Verantwortlichen übertragen wurde.

(4) Das Recht gemäß Absatz 1 darf die Rechte und Freiheiten anderer Personen nicht beeinträchtigen.

Abschnitt 4
Widerspruchsrecht und automatisierte Entscheidungsfindung im Einzelfall

Artikel 21
Widerspruchsrecht

(1) Die betroffene Person hat das Recht, aus Gründen, die sich aus ihrer besonderen Situation ergeben, jederzeit gegen die Verarbeitung sie betreffender personenbezogener Daten, die aufgrund von Artikel 6 Absatz 1 Buchstaben e oder f erfolgt, Widerspruch einzulegen; dies gilt auch für ein auf diese Bestimmungen gestütztes Profiling. Der Verantwortliche verarbeitet die per-

sonenbezogenen Daten nicht mehr, es sei denn, er kann zwingende schutzwürdige Gründe für die Verarbeitung nachweisen, die die Interessen, Rechte und Freiheiten der betroffenen Person überwiegen, oder die Verarbeitung dient der Geltendmachung, Ausübung oder Verteidigung von Rechtsansprüchen.

(2) Werden personenbezogene Daten verarbeitet, um Direktwerbung zu betreiben, so hat die betroffene Person das Recht, jederzeit Widerspruch gegen die Verarbeitung sie betreffender personenbezogener Daten zum Zwecke derartiger Werbung einzulegen; dies gilt auch für das Profiling, soweit es mit solcher Direktwerbung in Verbindung steht.

(3) Widerspricht die betroffene Person der Verarbeitung für Zwecke der Direktwerbung, so werden die personenbezogenen Daten nicht mehr für diese Zwecke verarbeitet.

(4) Die betroffene Person muss spätestens zum Zeitpunkt der ersten Kommunikation mit ihr ausdrücklich auf das in den Absätzen 1 und 2 genannte Recht hingewiesen werden; dieser Hinweis hat in einer verständlichen und von anderen Informationen getrennten Form zu erfolgen.

(5) Im Zusammenhang mit der Nutzung von Diensten der Informationsgesellschaft kann die betroffene Person ungeachtet der Richtlinie 2002/58/EG ihr Widerspruchsrecht mittels automatisierter Verfahren ausüben, bei denen technische Spezifikationen verwendet werden.

(6) Die betroffene Person hat das Recht, aus Gründen, die sich aus ihrer besonderen Situation ergeben, gegen die sie betreffende Verarbeitung sie betreffender personenbezogener Daten, die zu wissenschaftlichen oder historischen Forschungszwecken oder zu statistischen Zwecken gemäß Artikel 89 Absatz 1 erfolgt, Widerspruch einzulegen, es sei denn, die Verarbeitung ist zur Erfüllung einer im öffentlichen Interesse liegenden Aufgabe erforderlich.

Artikel 22
Automatisierte Entscheidungen im Einzelfall einschließlich Profiling

(1) Die betroffene Person hat das Recht, nicht einer ausschließlich auf einer automatisierten Verarbeitung – einschließlich Profiling – beruhenden Entscheidung unterworfen zu werden, die ihr gegenüber rechtliche Wirkung entfaltet oder sie in ähnlicher Weise erheblich beeinträchtigt.

(2) Absatz 1 gilt nicht, wenn die Entscheidung

a) für den Abschluss oder die Erfüllung eines Vertrags zwischen der betroffenen Person und dem Verantwortlichen erforderlich ist,

b) aufgrund von Rechtsvorschriften der Union oder der Mitgliedstaaten, denen der Verantwortliche unterliegt, zulässig ist und diese Rechtsvorschriften angemessene Maßnahmen zur Wahrung der Rechte und Freiheiten sowie der berechtigten Interessen der betroffenen Person enthalten oder

c) mit ausdrücklicher Einwilligung der betroffenen Person erfolgt.

(3) In den in Absatz 2 Buchstaben a und c genannten Fällen trifft der Verantwortliche angemessene Maßnahmen, um die Rechte und Freiheiten sowie die berechtigten Interessen der betroffenen Person zu wahren, wozu mindestens das Recht auf Erwirkung des Eingreifens einer Person

seitens des Verantwortlichen, auf Darlegung des eigenen Standpunkts und auf Anfechtung der Entscheidung gehört.

(4) Entscheidungen nach Absatz 2 dürfen nicht auf besonderen Kategorien personenbezogener Daten nach Artikel 9 Absatz 1 beruhen, sofern nicht Artikel 9 Absatz 2 Buchstabe a oder g gilt und angemessene Maßnahmen zum Schutz der Rechte und Freiheiten sowie der berechtigten Interessen der betroffenen Person getroffen wurden.

Abschnitt 5
Beschränkungen

Artikel 23
Beschränkungen

(1) Durch Rechtsvorschriften der Union oder der Mitgliedstaaten, denen der Verantwortliche oder der Auftragsverarbeiter unterliegt, können die Pflichten und Rechte gemäß den Artikeln 12 bis 22 und Artikel 34 sowie Artikel 5, insofern dessen Bestimmungen den in den Artikeln 12 bis 22 vorgesehenen Rechten und Pflichten entsprechen, im Wege von Gesetzgebungsmaßnahmen beschränkt werden, sofern eine solche Beschränkung den Wesensgehalt der Grundrechte und Grundfreiheiten achtet und in einer demokratischen Gesellschaft eine notwendige und verhältnismäßige Maßnahme darstellt, die Folgendes sicherstellt:

a) die nationale Sicherheit;

b) die Landesverteidigung;

c) die öffentliche Sicherheit;

d) die Verhütung, Ermittlung, Aufdeckung oder Verfolgung von Straftaten oder die Strafvollstreckung, einschließlich des Schutzes vor und der Abwehr von Gefahren für die öffentliche Sicherheit;

e) den Schutz sonstiger wichtiger Ziele des allgemeinen öffentlichen Interesses der Union oder eines Mitgliedstaats, insbesondere eines wichtigen wirtschaftlichen oder finanziellen Interesses der Union oder eines Mitgliedstaats, etwa im Währungs-, Haushalts- und Steuerbereich sowie im Bereich der öffentlichen Gesundheit und der sozialen Sicherheit;

f) den Schutz der Unabhängigkeit der Justiz und den Schutz von Gerichtsverfahren;

g) die Verhütung, Aufdeckung, Ermittlung und Verfolgung von Verstößen gegen die berufsständischen Regeln reglementierter Berufe;

h) Kontroll-, Überwachungs- und Ordnungsfunktionen, die dauernd oder zeitweise mit der Ausübung öffentlicher Gewalt für die unter den Buchstaben a bis e und g genannten Zwecke verbunden sind;

i) den Schutz der betroffenen Person oder der Rechte und Freiheiten anderer Personen;

j) die Durchsetzung zivilrechtlicher Ansprüche.

(2) Jede Gesetzgebungsmaßnahme im Sinne des Absatzes 1 muss insbesondere gegebenenfalls spezifische Vorschriften enthalten zumindest in Bezug auf

a) die Zwecke der Verarbeitung oder die Verarbeitungskategorien,

b) die Kategorien personenbezogener Daten,

c) den Umfang der vorgenommenen Beschränkungen,

d) die Garantien gegen Missbrauch oder unrechtmäßigen Zugang oder unrechtmäßige Übermittlung;

e) die Angaben zu dem Verantwortlichen oder den Kategorien von Verantwortlichen,

f) die jeweiligen Speicherfristen sowie die geltenden Garantien unter Berücksichtigung von Art, Umfang und Zwecken der Verarbeitung oder der Verarbeitungskategorien,

g) die Risiken für die Rechte und Freiheiten der betroffenen Personen und

h) das Recht der betroffenen Personen auf Unterrichtung über die Beschränkung, sofern dies nicht dem Zweck der Beschränkung abträglich ist.

KAPITEL IV
Verantwortlicher und Auftragsverarbeiter

Abschnitt 1
Allgemeine Pflichten

Artikel 24
Verantwortung des für die Verarbeitung Verantwortlichen

(1) Der Verantwortliche setzt unter Berücksichtigung der Art, des Umfangs, der Umstände und der Zwecke der Verarbeitung sowie der unterschiedlichen Eintrittswahrscheinlichkeit und Schwere der Risiken für die Rechte und Freiheiten natürlicher Personen geeignete technische und organisatorische Maßnahmen um, um sicherzustellen und den Nachweis dafür erbringen zu können, dass die Verarbeitung gemäß dieser Verordnung erfolgt. Diese Maßnahmen werden erforderlichenfalls überprüft und aktualisiert.

(2) Sofern dies in einem angemessenen Verhältnis zu den Verarbeitungstätigkeiten steht, müssen die Maßnahmen gemäß Absatz 1 die Anwendung geeigneter Datenschutzvorkehrungen durch den Verantwortlichen umfassen.

(3) Die Einhaltung der genehmigten Verhaltensregeln gemäß Artikel 40 oder eines genehmigten Zertifizierungsverfahrens gemäß Artikel 42 kann als Gesichtspunkt herangezogen werden, um die Erfüllung der Pflichten des Verantwortlichen nachzuweisen.

Artikel 25
Datenschutz durch Technikgestaltung und durch datenschutzfreundliche Voreinstellungen

(1) Unter Berücksichtigung des Stands der Technik, der Implementierungskosten und der Art, des Umfangs, der Umstände und der Zwecke der Verarbeitung sowie der unterschiedlichen Eintrittswahrscheinlichkeit und Schwere der mit der Verarbeitung verbundenen Risiken für die Rechte und Freiheiten natürlicher Personen trifft der Verantwortliche sowohl zum Zeitpunkt der Festlegung der Mittel für die Verarbeitung als auch zum Zeitpunkt der eigentlichen Verarbeitung geeignete technische und organisatorische Maßnahmen – wie z. B. Pseudonymisierung –, die dafür ausgelegt sind, die Datenschutzgrundsätze wie etwa Datenminimierung wirksam umzusetzen und die notwendigen Garantien in die Verarbeitung aufzunehmen, um den Anforderungen dieser Verordnung zu genügen und die Rechte der betroffenen Personen zu schützen.

(2) Der Verantwortliche trifft geeignete technische und organisatorische Maßnahmen, die sicherstellen, dass durch Voreinstellung nur personenbezogene Daten, deren Verarbeitung für den jeweiligen bestimmten Verarbeitungszweck erforderlich ist, verarbeitet werden. Diese Verpflichtung gilt für die Menge der erhobenen personenbezogenen Daten, den Umfang ihrer Verarbeitung, ihre Speicherfrist und ihre Zugänglichkeit. Solche Maßnahmen müssen insbesondere sicherstellen, dass personenbezogene Daten durch Voreinstellungen nicht ohne Eingreifen der Person einer unbestimmten Zahl von natürlichen Personen zugänglich gemacht werden.

(3) Ein genehmigtes Zertifizierungsverfahren gemäß Artikel 42 kann als Faktor herangezogen werden, um die Erfüllung der in den Absätzen 1 und 2 des vorliegenden Artikels genannten Anforderungen nachzuweisen.

Artikel 26
Gemeinsam Verantwortliche

(1) Legen zwei oder mehr Verantwortliche gemeinsam die Zwecke der und die Mittel zur Verarbeitung fest, so sind sie gemeinsam Verantwortliche. Sie legen in einer Vereinbarung in transparenter Form fest, wer von ihnen welche Verpflichtung gemäß dieser Verordnung erfüllt, insbesondere was die Wahrnehmung der Rechte der betroffenen Person angeht, und wer welchen Informationspflichten gemäß den Artikeln 13 und 14 nachkommt, sofern und soweit die jeweiligen Aufgaben der Verantwortlichen nicht durch Rechtsvorschriften der Union oder der Mitgliedstaaten, denen die Verantwortlichen unterliegen, festgelegt sind. In der Vereinbarung kann eine Anlaufstelle für die betroffenen Personen angegeben werden.

(2) Die Vereinbarung gemäß Absatz 1 muss die jeweiligen tatsächlichen Funktionen und Beziehungen der gemeinsam Verantwortlichen gegenüber betroffenen Personen gebührend widerspiegeln. Das wesentliche der Vereinbarung wird der betroffenen Person zur Verfügung gestellt.

(3) Ungeachtet der Einzelheiten der Vereinbarung gemäß Absatz 1 kann die betroffene Person ihre Rechte im Rahmen dieser Verordnung bei und gegenüber jedem einzelnen der Verantwortlichen geltend machen.

Artikel 27
Vertreter von nicht in der Union niedergelassenen Verantwortlichen oder Auftragsverarbeitern

(1) In den Fällen gemäß Artikel 3 Absatz 2 benennt der Verantwortliche oder der Auftragsverarbeiter schriftlich einen Vertreter in der Union.

(2) Die Pflicht gemäß Absatz 1 des vorliegenden Artikels gilt nicht für

a) eine Verarbeitung, die gelegentlich erfolgt, nicht die umfangreiche Verarbeitung besonderer Datenkategorien im Sinne des Artikels 9 Absatz 1 oder die umfangreiche Verarbeitung von personenbezogenen Daten über strafrechtliche Verurteilungen und Straftaten im Sinne des Artikels 10 einschließt und unter Berücksichtigung der Art, der Umstände, des Umfangs und der Zwecke der Verarbeitung voraussichtlich nicht zu einem Risiko für die Rechte und Freiheiten natürlicher Personen führt, oder

b) Behörden oder öffentliche Stellen.

(3) Der Vertreter muss in einem der Mitgliedstaaten niedergelassen sein, in denen die betroffenen Personen, deren personenbezogene Daten im Zusammenhang mit den ihnen angebotenen Waren oder Dienstleistungen verarbeitet werden oder deren Verhalten beobachtet wird, sich befinden.

(4) Der Vertreter wird durch den Verantwortlichen oder den Auftragsverarbeiter beauftragt, zusätzlich zu diesem oder an seiner Stelle insbesondere für Aufsichtsbehörden und betroffene Personen bei sämtlichen Fragen im Zusammenhang mit der Verarbeitung zur Gewährleistung der Einhaltung dieser Verordnung als Anlaufstelle zu dienen.

(5) Die Benennung eines Vertreters durch den Verantwortlichen oder den Auftragsverarbeiter erfolgt unbeschadet etwaiger rechtlicher Schritte gegen den Verantwortlichen oder den Auftragsverarbeiter selbst.

Artikel 28
Auftragsverarbeiter

(1) Erfolgt eine Verarbeitung im Auftrag eines Verantwortlichen, so arbeitet dieser nur mit Auftragsverarbeitern, die hinreichend Garantien dafür bieten, dass geeignete technische und organisatorische Maßnahmen so durchgeführt werden, dass die Verarbeitung im Einklang mit den Anforderungen dieser Verordnung erfolgt und den Schutz der Rechte der betroffenen Person gewährleistet.

(2) Der Auftragsverarbeiter nimmt keinen weiteren Auftragsverarbeiter ohne vorherige gesonderte oder allgemeine schriftliche Genehmigung des Verantwortlichen in Anspruch. Im Fall einer allgemeinen schriftlichen Genehmigung informiert der Auftragsverarbeiter den Verantwortlichen immer über jede beabsichtigte Änderung in Bezug auf die Hinzuziehung oder die Ersetzung anderer Auftragsverarbeiter, wodurch der Verantwortliche die Möglichkeit erhält, gegen derartige Änderungen Einspruch zu erheben.

(3) Die Verarbeitung durch einen Auftragsverarbeiter erfolgt auf der Grundlage eines Vertrags oder eines anderen Rechtsinstruments nach dem Unionsrecht oder dem Recht der Mitgliedstaaten, der bzw. das den Auftragsverarbeiter in Bezug auf den Verantwortlichen bindet und in dem Gegenstand und Dauer der Verarbeitung, Art und Zweck der Verarbeitung, die Art der personenbezogenen Daten, die Kategorien betroffener Personen und die Pflichten und Rechte des Verantwortlichen festgelegt sind. Dieser Vertrag bzw. dieses andere Rechtsinstrument sieht insbesondere vor, dass der Auftragsverarbeiter

a) die personenbezogenen Daten nur auf dokumentierte Weisung des Verantwortlichen – auch in Bezug auf die Übermittlung personenbezogener Daten an ein Drittland oder eine internationale Organisation – verarbeitet, sofern er nicht durch das Recht der Union oder der Mitgliedstaaten, dem der Auftragsverarbeiter unterliegt, hierzu verpflichtet ist; in einem solchen Fall teilt der Auftragsverarbeiter dem Verantwortlichen diese rechtlichen Anforderungen vor der Verarbeitung mit, sofern das betreffende Recht eine solche Mitteilung nicht wegen eines wichtigen öffentlichen Interesses verbietet;

b) gewährleistet, dass sich die zur Verarbeitung der personenbezogenen Daten befugten Personen zur Vertraulichkeit verpflichtet haben oder einer angemessenen gesetzlichen Verschwiegenheitspflicht unterliegen;

c) alle gemäß Artikel 32 erforderlichen Maßnahmen ergreift;

d) die in den Absätzen 2 und 4 genannten Bedingungen für die Inanspruchnahme der Dienste eines weiteren Auftragsverarbeiters einhält;

e) angesichts der Art der Verarbeitung den Verantwortlichen nach Möglichkeit mit geeigneten technischen und organisatorischen Maßnahmen dabei unterstützt, seiner Pflicht zur Beantwortung von Anträgen auf Wahrnehmung der in Kapitel III genannten Rechte der betroffenen Person nachzukommen;

f) unter Berücksichtigung der Art der Verarbeitung und der ihm zur Verfügung stehenden Informationen den Verantwortlichen bei der Einhaltung der in den Artikeln 32 bis 36 genannten Pflichten unterstützt;

g) nach Abschluss der Erbringung der Verarbeitungsleistungen alle personenbezogenen Daten nach Wahl des Verantwortlichen entweder löscht oder zurückgibt und die vorhandenen Kopien löscht, sofern nicht nach dem Unionsrecht oder dem Recht der Mitgliedstaaten eine Verpflichtung zur Speicherung der personenbezogenen Daten besteht;

h) dem Verantwortlichen alle erforderlichen Informationen zum Nachweis der Einhaltung der in diesem Artikel niedergelegten Pflichten zur Verfügung stellt und Überprüfungen – einschließlich Inspektionen –, die vom Verantwortlichen oder einem anderen von diesem beauftragten Prüfer durchgeführt werden, ermöglicht und dazu beiträgt.

Mit Blick auf Unterabsatz 1 Buchstabe h informiert der Auftragsverarbeiter den Verantwortlichen unverzüglich, falls er der Auffassung ist, dass eine Weisung gegen diese Verordnung oder gegen andere Datenschutzbestimmungen der Union oder der Mitgliedstaaten verstößt.

(4) Nimmt der Auftragsverarbeiter die Dienste eines weiteren Auftragsverarbeiters in Anspruch, um bestimmte Verarbeitungstätigkeiten im Namen des Verantwortlichen auszuführen, so werden diesem weiteren Auftragsverarbeiter im Wege eines Vertrags oder eines anderen Rechtsinstruments nach dem Unionsrecht oder dem Recht des betreffenden Mitgliedstaats dieselben Datenschutzpflichten auferlegt, die in dem Vertrag oder anderen Rechtsinstrument zwischen dem Verantwortlichen und dem Auftragsverarbeiter gemäß Absatz 3 festgelegt sind, wobei insbesondere hinreichende Garantien dafür geboten werden muss, dass die geeigneten technischen und organisatorischen Maßnahmen so durchgeführt werden, dass die Verarbeitung entsprechend den Anforderungen dieser Verordnung erfolgt. Kommt der weitere Auftragsverarbeiter seinen Datenschutzpflichten nicht nach, so haftet der erste Auftragsverarbeiter gegenüber dem Verantwortlichen für die Einhaltung der Pflichten jenes anderen Auftragsverarbeiters.

(5) Die Einhaltung genehmigter Verhaltensregeln gemäß Artikel 40 oder eines genehmigten Zertifizierungsverfahrens gemäß Artikel 42 durch einen Auftragsverarbeiter kann als Faktor herangezogen werden, um hinreichende Garantien im Sinne der Absätze 1 und 4 des vorliegenden Artikels nachzuweisen.

(6) Unbeschadet eines individuellen Vertrags zwischen dem Verantwortlichen und dem Auftragsverarbeiter kann der Vertrag oder das andere Rechtsinstrument im Sinne der Absätze 3 und 4 des vorliegenden Artikels ganz oder teilweise auf den in den Absätzen 7 und 8 des vorliegenden Artikels genannten Standardvertragsklauseln beruhen, auch wenn diese Bestandteil einer dem Verantwortlichen oder dem Auftragsverarbeiter gemäß den Artikeln 42 und 43 erteilten Zertifizierung sind.

(7) Die Kommission kann im Einklang mit dem Prüfverfahren gemäß Artikel 93 Absatz 2 Standardvertragsklauseln zur Regelung der in den Absätzen 3 und 4 des vorliegenden Artikels genannten Fragen festlegen.

(8) Eine Aufsichtsbehörde kann im Einklang mit dem Kohärenzverfahren gemäß Artikel 63 Standardvertragsklauseln zur Regelung der in den Absätzen 3 und 4 des vorliegenden Artikels genannten Fragen festlegen.

(9) Der Vertrag oder das andere Rechtsinstrument im Sinne der Absätze 3 und 4 ist schriftlich abzufassen, was auch in einem elektronischen Format erfolgen kann.

(10) Unbeschadet der Artikel 82, 83 und 84 gilt ein Auftragsverarbeiter, der unter Verstoß gegen diese Verordnung die Zwecke und Mittel der Verarbeitung bestimmt, in Bezug auf diese Verarbeitung als Verantwortlicher.

Artikel 29
Verarbeitung unter der Aufsicht des Verantwortlichen oder des Auftragsverarbeiters

Der Auftragsverarbeiter und jede dem Verantwortlichen oder dem Auftragsverarbeiter unterstellte Person, die Zugang zu personenbezogenen Daten hat, dürfen diese Daten ausschließlich auf Weisung des Verantwortlichen verarbeiten, es sei denn, dass sie nach dem Unionsrecht oder dem Recht der Mitgliedstaaten zur Verarbeitung verpflichtet sind.

Artikel 30
Verzeichnis von Verarbeitungstätigkeiten

(1) Jeder Verantwortliche und gegebenenfalls sein Vertreter führen ein Verzeichnis aller Verarbeitungstätigkeiten, die ihrer Zuständigkeit unterliegen. Dieses Verzeichnis enthält sämtliche folgenden Angaben:

a) den Namen und die Kontaktdaten des Verantwortlichen und gegebenenfalls des gemeinsam mit ihm Verantwortlichen, des Vertreters des Verantwortlichen sowie eines etwaigen Datenschutzbeauftragten;

b) die Zwecke der Verarbeitung;

c) eine Beschreibung der Kategorien betroffener Personen und der Kategorien personenbezogener Daten;

d) die Kategorien von Empfängern, gegenüber denen die personenbezogenen Daten offengelegt worden sind oder noch offengelegt werden, einschließlich Empfänger in Drittländern oder internationalen Organisationen;

e) gegebenenfalls Übermittlungen von personenbezogenen Daten an ein Drittland oder an eine internationale Organisation, einschließlich der Angabe des betreffenden Drittlands oder der betreffenden internationalen Organisation, sowie bei den in Artikel 49 Absatz 1 Unterabsatz 2 genannten Datenübermittlungen die Dokumentierung geeigneter Garantien;

f) wenn möglich, die vorgesehenen Fristen für die Löschung der verschiedenen Datenkategorien;

g) wenn möglich, eine allgemeine Beschreibung der technischen und organisatorischen Maßnahmen gemäß Artikel 32 Absatz 1.

(2) Jeder Auftragsverarbeiter und gegebenenfalls sein Vertreter führen ein Verzeichnis zu allen Kategorien von im Auftrag eines Verantwortlichen durchgeführten Tätigkeiten der Verarbeitung, die Folgendes enthält:

a) den Namen und die Kontaktdaten des Auftragsverarbeiters oder der Auftragsverarbeiter und jedes Verantwortlichen, in dessen Auftrag der Auftragsverarbeiter tätig ist, sowie gegebenenfalls des Vertreters des Verantwortlichen oder des Auftragsverarbeiters und eines etwaigen Datenschutzbeauftragten;

b) die Kategorien von Verarbeitungen, die im Auftrag jedes Verantwortlichen durchgeführt werden;

c) gegebenenfalls Übermittlungen von personenbezogenen Daten an ein Drittland oder an eine internationale Organisation, einschließlich der Angabe des betreffenden Drittlands oder der betreffenden internationalen Organisation, sowie bei den in Artikel 49 Absatz 1 Unterabsatz 2 genannten Datenübermittlungen die Dokumentierung geeigneter Garantien;

d) wenn möglich, eine allgemeine Beschreibung der technischen und organisatorischen Maßnahmen gemäß Artikel 32 Absatz 1.

(3) Das in den Absätzen 1 und 2 genannte Verzeichnis ist schriftlich zu führen, was auch in einem elektronischen Format erfolgen kann.

(4) Der Verantwortliche oder der Auftragsverarbeiter sowie gegebenenfalls der Vertreter des Verantwortlichen oder des Auftragsverarbeiters stellen der Aufsichtsbehörde das Verzeichnis auf Anfrage zur Verfügung.

(5) Die in den Absätzen 1 und 2 genannten Pflichten gelten nicht für Unternehmen oder Einrichtungen, die weniger als 250 Mitarbeiter beschäftigen, es sei denn, die von ihnen vorgenommene Verarbeitung birgt ein Risiko für die Rechte und Freiheiten der betroffenen Personen, die Verarbeitung erfolgt nicht nur gelegentlich oder es erfolgt eine Verarbeitung besonderer Datenkategorien gemäß Artikel 9 Absatz 1 bzw. die Verarbeitung von personenbezogenen Daten über strafrechtliche Verurteilungen und Straftaten im Sinne des Artikels 10.

Artikel 31
Zusammenarbeit mit der Aufsichtsbehörde

Der Verantwortliche und der Auftragsverarbeiter und gegebenenfalls deren Vertreter arbeiten auf Anfrage mit der Aufsichtsbehörde bei der Erfüllung ihrer Aufgaben zusammen.

Abschnitt 2
Sicherheit personenbezogener Daten

Artikel 32
Sicherheit der Verarbeitung

(1) Unter Berücksichtigung des Stands der Technik, der Implementierungskosten und der Art, des Umfangs, der Umstände und der Zwecke der Verarbeitung sowie der unterschiedlichen Eintrittswahrscheinlichkeit und Schwere des Risikos für die Rechte und Freiheiten natürlicher Personen treffen der Verantwortliche und der Auftragsverarbeiter geeignete technische und organisatorische Maßnahmen, um ein dem Risiko angemessenes Schutzniveau zu gewährleisten; diese Maßnahmen schließen gegebenenfalls unter anderem Folgendes ein:

a) die Pseudonymisierung und Verschlüsselung personenbezogener Daten;

b) die Fähigkeit, die Vertraulichkeit, Integrität, Verfügbarkeit und Belastbarkeit der Systeme und Dienste im Zusammenhang mit der Verarbeitung auf Dauer sicherzustellen;

c) die Fähigkeit, die Verfügbarkeit der personenbezogenen Daten und den Zugang zu ihnen bei einem physischen oder technischen Zwischenfall rasch wiederherzustellen;

d) ein Verfahren zur regelmäßigen Überprüfung, Bewertung und Evaluierung der Wirksamkeit der technischen und organisatorischen Maßnahmen zur Gewährleistung der Sicherheit der Verarbeitung.

(2) Bei der Beurteilung des angemessenen Schutzniveaus sind insbesondere die Risiken zu berücksichtigen, die mit der Verarbeitung verbunden sind, insbesondere durch – ob unbeabsichtigt oder unrechtmäßig – Vernichtung, Verlust, Veränderung oder unbefugte Offenlegung von beziehungsweise unbefugten Zugang zu personenbezogenen Daten, die übermittelt, gespeichert oder auf andere Weise verarbeitet wurden.

(3) Die Einhaltung genehmigter Verhaltensregeln gemäß Artikel 40 oder eines genehmigten Zertifizierungsverfahrens gemäß Artikel 42 kann als Faktor herangezogen werden, um die Erfüllung der in Absatz 1 des vorliegenden Artikels genannten Anforderungen nachzuweisen.

(4) Der Verantwortliche und der Auftragsverarbeiter unternehmen Schritte, um sicherzustellen, dass ihnen unterstellte natürliche Personen, die Zugang zu personenbezogenen Daten haben, diese nur auf Anweisung des Verantwortlichen verarbeiten, es sei denn, sie sind nach dem Recht der Union oder der Mitgliedstaaten zur Verarbeitung verpflichtet.

Artikel 33
Meldung von Verletzungen des Schutzes personenbezogener Daten an die Aufsichtsbehörde

(1) Im Falle einer Verletzung des Schutzes personenbezogener Daten meldet der Verantwortliche unverzüglich und möglichst binnen 72 Stunden, nachdem ihm die Verletzung bekannt wurde, diese der gemäß Artikel 55 zuständigen Aufsichtsbehörde, es sei denn, dass die Verletzung des Schutzes personenbezogener Daten voraussichtlich nicht zu einem Risiko für die Rechte und Freiheiten natürlicher Personen führt. Erfolgt die Meldung an die Aufsichtsbehörde nicht binnen 72 Stunden, so ist ihr eine Begründung für die Verzögerung beizufügen.

(2) Wenn dem Auftragsverarbeiter eine Verletzung des Schutzes personenbezogener Daten bekannt wird, meldet er diese dem Verantwortlichen unverzüglich.

(3) Die Meldung gemäß Absatz 1 enthält zumindest folgende Informationen:

a) eine Beschreibung der Art der Verletzung des Schutzes personenbezogener Daten, soweit möglich mit Angabe der Kategorien und der ungefähren Zahl der betroffenen Personen, der betroffenen Kategorien und der ungefähren Zahl der betroffenen personenbezogenen Datensätze;

b) den Namen und die Kontaktdaten des Datenschutzbeauftragten oder einer sonstigen Anlaufstelle für weitere Informationen;

c) eine Beschreibung der wahrscheinlichen Folgen der Verletzung des Schutzes personenbezogener Daten;

d) eine Beschreibung der von dem Verantwortlichen ergriffenen oder vorgeschlagenen Maßnahmen zur Behebung der Verletzung des Schutzes personenbezogener Daten und gegebenenfalls Maßnahmen zur Abmilderung ihrer möglichen nachteiligen Auswirkungen.

(4) Wenn und soweit die Informationen nicht zur gleichen Zeit bereitgestellt werden können, kann der Verantwortliche diese Informationen ohne unangemessene weitere Verzögerung schrittweise zur Verfügung stellen.

(5) Der Verantwortliche dokumentiert Verletzungen des Schutzes personenbezogener Daten einschließlich aller im Zusammenhang mit der Verletzung des Schutzes personenbezogener Daten stehenden Fakten, von deren Auswirkungen und der ergriffenen Abhilfemaßnahmen. Diese Dokumentation muss der Aufsichtsbehörde die Überprüfung der Einhaltung der Bestimmungen dieses Artikels ermöglichen.

Artikel 34
Benachrichtigung der von einer Verletzung des Schutzes personenbezogener Daten betroffenen Person

(1) Hat die Verletzung des Schutzes personenbezogener Daten voraussichtlich ein hohes Risiko für die persönlichen Rechte und Freiheiten natürlicher Personen zur Folge, so benachrichtigt der Verantwortliche die betroffene Person unverzüglich von der Verletzung.

(2) Die in Absatz 1 genannte Benachrichtigung der betroffenen Person beschreibt in klarer und einfacher Sprache die Art der Verletzung des Schutzes personenbezogener Daten und enthält zumindest die in Artikel 33 Absatz 3 Buchstaben b, c und d genannten Informationen und Maßnahmen.

(3) Die Benachrichtigung der betroffenen Person gemäß Absatz 1 ist nicht erforderlich, wenn eine der folgenden Bedingungen erfüllt ist:

a) der Verantwortliche geeignete technische und organisatorische Sicherheitsvorkehrungen getroffen hat und diese Vorkehrungen auf die von der Verletzung betroffenen personenbezogenen Daten angewandt wurden, insbesondere solche, durch die die personenbezogenen Daten für alle Personen, die nicht zum Zugang zu den personenbezogenen Daten befugt sind, unzugänglich gemacht werden, etwa durch Verschlüsselung;

b) der Verantwortliche durch nachfolgende Maßnahmen sichergestellt hat, dass das hohe Risiko für die Rechte und Freiheiten der betroffenen Personen gemäß Absatz 1 aller Wahrscheinlichkeit nach nicht mehr besteht;

c) dies mit einem unverhältnismäßigen Aufwand verbunden wäre. In diesem Fall hat stattdessen eine öffentliche Bekanntmachung oder eine ähnliche Maßnahme zu erfolgen, durch die die betroffenen Personen vergleichbar wirksam informiert werden.

(4) Wenn der Verantwortliche die betroffene Person nicht bereits über die Verletzung des Schutzes personenbezogener Daten benachrichtigt hat, kann die Aufsichtsbehörde unter Berücksichtigung der Wahrscheinlichkeit, mit der die Verletzung des Schutzes personenbezogener Daten zu einem hohen Risiko führt, von dem Verantwortlichen verlangen, dies nachzuholen, oder sie kann mit einem Beschluss feststellen, dass bestimmte der in Absatz 3 genannten Voraussetzungen erfüllt sind.

Abschnitt 3
Datenschutz-Folgenabschätzung und vorherige Konsultation

Artikel 35
Datenschutz-Folgenabschätzung

(1) Hat eine Form der Verarbeitung, insbesondere bei Verwendung neuer Technologien, aufgrund der Art, des Umfangs, der Umstände und der Zwecke der Verarbeitung voraussichtlich ein hohes Risiko für die Rechte und Freiheiten natürlicher Personen zur Folge, so führt der Verantwortliche vorab eine Abschätzung der Folgen der vorgesehenen Verarbeitungsvorgänge für den Schutz personenbezogener Daten durch. Für die Untersuchung mehrerer ähnlicher Verarbeitungsvorgänge mit ähnlich hohen Risiken kann eine einzige Abschätzung vorgenommen werden.

(2) Der Verantwortliche holt bei der Durchführung einer Datenschutz-Folgenabschätzung den Rat des Datenschutzbeauftragten, sofern ein solcher benannt wurde, ein.

(3) Eine Datenschutz-Folgenabschätzung gemäß Absatz 1 ist insbesondere in folgenden Fällen erforderlich:

a) systematische und umfassende Bewertung persönlicher Aspekte natürlicher Personen, die sich auf automatisierte Verarbeitung einschließlich Profiling gründet und die ihrerseits als Grundlage für Entscheidungen dient, die Rechtswirkung gegenüber natürlichen Personen entfalten oder diese in ähnlich erheblicher Weise beeinträchtigen;

b) umfangreiche Verarbeitung besonderer Kategorien von personenbezogenen Daten gemäß Artikel 9 Absatz 1 oder von personenbezogenen Daten über strafrechtliche Verurteilungen und Straftaten gemäß Artikel 10 oder

c) systematische umfangreiche Überwachung öffentlich zugänglicher Bereiche.

(4) Die Aufsichtsbehörde erstellt eine Liste der Verarbeitungsvorgänge, für die gemäß Absatz 1 eine Datenschutz-Folgenabschätzung durchzuführen ist, und veröffentlicht diese. Die Aufsichtsbehörde übermittelt diese Listen dem in Artikel 68 genannten Ausschuss.

(5) Die Aufsichtsbehörde kann des Weiteren eine Liste der Arten von Verarbeitungsvorgängen erstellen und veröffentlichen, für die keine Datenschutz-Folgenabschätzung erforderlich ist. Die Aufsichtsbehörde übermittelt diese Listen dem Ausschuss.

(6) Vor Festlegung der in den Absätzen 4 und 5 genannten Listen wendet die zuständige Aufsichtsbehörde das Kohärenzverfahren gemäß Artikel 63 an, wenn solche Listen Verarbeitungstätigkeiten umfassen, die mit dem Angebot von Waren oder Dienstleistungen für betroffene Personen oder der Beobachtung des Verhaltens dieser Personen in mehreren Mitgliedstaaten im Zusammenhang stehen oder die den freien Verkehr personenbezogener Daten innerhalb der Union erheblich beeinträchtigen könnten.

(7) Die Folgenabschätzung enthält zumindest Folgendes:

a) eine systematische Beschreibung der geplanten Verarbeitungsvorgänge und der Zwecke der Verarbeitung, gegebenenfalls einschließlich der von dem Verantwortlichen verfolgten berechtigten Interessen;

b) eine Bewertung der Notwendigkeit und Verhältnismäßigkeit der Verarbeitungsvorgänge in Bezug auf den Zweck;

c) eine Bewertung der Risiken für die Rechte und Freiheiten der betroffenen Personen gemäß Absatz 1 und

d) die zur Bewältigung der Risiken geplanten Abhilfemaßnahmen, einschließlich Garantien, Sicherheitsvorkehrungen und Verfahren, durch die der Schutz personenbezogener Daten sichergestellt und der Nachweis dafür erbracht wird, dass diese Verordnung eingehalten wird, wobei den Rechten und berechtigten Interessen der betroffenen Personen und sonstiger Betroffener Rechnung getragen wird.

(8) Die Einhaltung genehmigter Verhaltensregeln gemäß Artikel 40 durch die zuständigen Verantwortlichen oder die zuständigen Auftragsverarbeiter ist bei der Beurteilung der Auswirkungen der von diesen durchgeführten Verarbeitungsvorgänge, insbesondere für die Zwecke einer Datenschutz-Folgenabschätzung, gebührend zu berücksichtigen.

(9) Der Verantwortliche holt gegebenenfalls den Standpunkt der betroffenen Personen oder ihrer Vertreter zu der beabsichtigten Verarbeitung unbeschadet des Schutzes gewerblicher oder öffentlicher Interessen oder der Sicherheit der Verarbeitungsvorgänge ein.

(10) Falls die Verarbeitung gemäß Artikel 6 Absatz 1 Buchstabe c oder e auf einer Rechtsgrundlage im Unionsrecht oder im Recht des Mitgliedstaats, dem der Verantwortliche unterliegt, beruht und falls diese Rechtsvorschriften den konkreten Verarbeitungsvorgang oder die konkreten Verarbeitungsvorgänge regeln und bereits im Rahmen der allgemeinen Folgenabschätzung im Zusammenhang mit dem Erlass dieser Rechtsgrundlage eine Datenschutz-Folgenabschätzung erfolgte, gelten die Absätze 1 bis 7 nur, wenn es nach dem Ermessen der Mitgliedstaaten erforderlich ist, vor den betreffenden Verarbeitungstätigkeiten eine solche Folgenabschätzung durchzuführen.

(11) Erforderlichenfalls führt der Verantwortliche eine Überprüfung durch, um zu bewerten, ob die Verarbeitung gemäß der Datenschutz-Folgenabschätzung durchgeführt wird; dies gilt zumindest, wenn hinsichtlich des mit den Verarbeitungsvorgängen verbundenen Risikos Änderungen eingetreten sind.

Artikel 36
Vorherige Konsultation

(1) Der Verantwortliche konsultiert vor der Verarbeitung die Aufsichtsbehörde, wenn aus einer Datenschutz-Folgenabschätzung gemäß Artikel 35 hervorgeht, dass die Verarbeitung ein hohes Risiko zur Folge hätte, sofern der Verantwortliche keine Maßnahmen zur Eindämmung des Risikos trifft.

(2) Falls die Aufsichtsbehörde der Auffassung ist, dass die geplante Verarbeitung gemäß Absatz 1 nicht im Einklang mit dieser Verordnung stünde, insbesondere weil der Verantwortliche das Risiko nicht ausreichend ermittelt oder nicht ausreichend eingedämmt hat, unterbreitet sie dem Verantwortlichen und gegebenenfalls dem Auftragsverarbeiter innerhalb eines Zeitraums von bis zu acht Wochen nach Erhalt des Ersuchens um Konsultation entsprechende schriftliche Empfehlungen und kann ihre in Artikel 58 genannten Befugnisse ausüben. Diese Frist kann unter Berücksichtigung der Komplexität der geplanten Verarbeitung um sechs Wochen verlängert werden. Die Aufsichtsbehörde unterrichtet den Verantwortlichen oder gegebenenfalls den Auftragsverarbeiter über eine solche Fristverlängerung innerhalb eines Monats nach Eingang des Antrags auf Konsultation zusammen mit den Gründen für die Verzögerung. Diese Fristen können ausgesetzt werden, bis die Aufsichtsbehörde die für die Zwecke der Konsultation angeforderten Informationen erhalten hat.

(3) Der Verantwortliche stellt der Aufsichtsbehörde bei einer Konsultation gemäß Absatz 1 folgende Informationen zur Verfügung:

a) gegebenenfalls Angaben zu den jeweiligen Zuständigkeiten des Verantwortlichen, der gemeinsam Verantwortlichen und der an der Verarbeitung beteiligten Auftragsverarbeiter, insbesondere bei einer Verarbeitung innerhalb einer Gruppe von Unternehmen;

b) die Zwecke und die Mittel der beabsichtigten Verarbeitung;

c) die zum Schutz der Rechte und Freiheiten der betroffenen Personen gemäß dieser Verordnung vorgesehenen Maßnahmen und Garantien;

d) gegebenenfalls die Kontaktdaten des Datenschutzbeauftragten;

e) die Datenschutz-Folgenabschätzung gemäß Artikel 35 und

f) alle sonstigen von der Aufsichtsbehörde angeforderten Informationen.

(4) Die Mitgliedstaaten konsultieren die Aufsichtsbehörde bei der Ausarbeitung eines Vorschlags für von einem nationalen Parlament zu erlassende Gesetzgebungsmaßnahmen oder von auf solchen Gesetzgebungsmaßnahmen basierenden Regelungsmaßnahmen, die die Verarbeitung betreffen.

(5) Ungeachtet des Absatzes 1 können Verantwortliche durch das Recht der Mitgliedstaaten verpflichtet werden, bei der Verarbeitung zur Erfüllung einer im öffentlichen Interesse liegenden Aufgabe, einschließlich der Verarbeitung zu Zwecken der sozialen Sicherheit und der öffentlichen Gesundheit, die Aufsichtsbehörde zu konsultieren und deren vorherige Genehmigung einzuholen.

Abschnitt 4
Datenschutzbeauftragter

Artikel 37
Benennung eines Datenschutzbeauftragten

(1) Der Verantwortliche und der Auftragsverarbeiter benennen auf jeden Fall einen Datenschutzbeauftragten, wenn

a) die Verarbeitung von einer Behörde oder öffentlichen Stelle durchgeführt wird, mit Ausnahme von Gerichten, soweit sie im Rahmen ihrer justiziellen Tätigkeit handeln,

b) die Kerntätigkeit des Verantwortlichen oder des Auftragsverarbeiters in der Durchführung von Verarbeitungsvorgängen besteht, welche aufgrund ihrer Art, ihres Umfangs und/oder ihrer Zwecke eine umfangreiche regelmäßige und systematische Überwachung von betroffenen Personen erforderlich machen, oder

c) die Kerntätigkeit des Verantwortlichen oder des Auftragsverarbeiters in der umfangreichen Verarbeitung besonderer Kategorien von Daten gemäß Artikel 9 oder von personenbezogenen Daten über strafrechtliche Verurteilungen und Straftaten gemäß Artikel 10 besteht.

(2) Eine Unternehmensgruppe darf einen gemeinsamen Datenschutzbeauftragten ernennen, sofern von jeder Niederlassung aus der Datenschutzbeauftragte leicht erreicht werden kann.

(3) Falls es sich bei dem Verantwortlichen oder dem Auftragsverarbeiter um eine Behörde oder öffentliche Stelle handelt, kann für mehrere solcher Behörden oder Stellen unter Berücksichtigung ihrer Organisationsstruktur und ihrer Größe ein gemeinsamer Datenschutzbeauftragter benannt werden.

(4) In anderen als den in Absatz 1 genannten Fällen können der Verantwortliche oder der Auftragsverarbeiter oder Verbände und andere Vereinigungen, die Kategorien von Verantwortlichen oder Auftragsverarbeitern vertreten, einen Datenschutzbeauftragten benennen; falls dies nach dem Recht der Union oder der Mitgliedstaaten vorgeschrieben ist, müssen sie einen solchen benennen. Der Datenschutzbeauftragte kann für derartige Verbände und andere Vereinigungen, die Verantwortliche oder Auftragsverarbeiter vertreten, handeln.

(5) Der Datenschutzbeauftragte wird auf der Grundlage seiner beruflichen Qualifikation und insbesondere des Fachwissens benannt, das er auf dem Gebiet des Datenschutzrechts und der Datenschutzpraxis besitzt, sowie auf der Grundlage seiner Fähigkeit zur Erfüllung der in Artikel 39 genannten Aufgaben.

(6) Der Datenschutzbeauftragte kann Beschäftigter des Verantwortlichen oder des Auftragsverarbeiters sein oder seine Aufgaben auf der Grundlage eines Dienstleistungsvertrags erfüllen.

(7) Der Verantwortliche oder der Auftragsverarbeiter veröffentlicht die Kontaktdaten des Datenschutzbeauftragten und teilt diese Daten der Aufsichtsbehörde mit.

Artikel 38
Stellung des Datenschutzbeauftragten

(1) Der Verantwortliche und der Auftragsverarbeiter stellen sicher, dass der Datenschutzbeauftragte ordnungsgemäß und frühzeitig in alle mit dem Schutz personenbezogener Daten zusammenhängenden Fragen eingebunden wird.

(2) Der Verantwortliche und der Auftragsverarbeiter unterstützen den Datenschutzbeauftragten bei der Erfüllung seiner Aufgaben gemäß Artikel 39, indem sie die für die Erfüllung dieser Aufgaben erforderlichen Ressourcen und den Zugang zu personenbezogenen Daten und Verarbeitungsvorgängen sowie die zur Erhaltung seines Fachwissens erforderlichen Ressourcen zur Verfügung stellen.

(3) Der Verantwortliche und der Auftragsverarbeiter stellen sicher, dass der Datenschutzbeauftragte bei der Erfüllung seiner Aufgaben keine Anweisungen bezüglich der Ausübung dieser Aufgaben erhält. Der Datenschutzbeauftragte darf von dem Verantwortlichen oder dem Auftragsverarbeiter wegen der Erfüllung seiner Aufgaben nicht abberufen oder benachteiligt werden. Der Datenschutzbeauftragte berichtet unmittelbar der höchsten Managementebene des Verantwortlichen oder des Auftragsverarbeiters.

(4) Betroffene Personen können den Datenschutzbeauftragten zu allen mit der Verarbeitung ihrer personenbezogenen Daten und mit der Wahrnehmung ihrer Rechte gemäß dieser Verordnung im Zusammenhang stehenden Fragen zu Rate ziehen.

(5) Der Datenschutzbeauftragte ist nach dem Recht der Union oder der Mitgliedstaaten bei der Erfüllung seiner Aufgaben an die Wahrung der Geheimhaltung oder der Vertraulichkeit gebunden.

(6) Der Datenschutzbeauftragte kann andere Aufgaben und Pflichten wahrnehmen. Der Verantwortliche oder der Auftragsverarbeiter stellt sicher, dass derartige Aufgaben und Pflichten nicht zu einem Interessenkonflikt führen.

Artikel 39
Aufgaben des Datenschutzbeauftragten

(1) Dem Datenschutzbeauftragten obliegen zumindest folgende Aufgaben:

a) Unterrichtung und Beratung des Verantwortlichen oder des Auftragsverarbeiters und der Beschäftigten, die Verarbeitungen durchführen, hinsichtlich ihrer Pflichten nach dieser Verordnung sowie nach sonstigen Datenschutzvorschriften der Union bzw. der Mitgliedstaaten;

b) Überwachung der Einhaltung dieser Verordnung, anderer Datenschutzvorschriften der Union bzw. der Mitgliedstaaten sowie der Strategien des Verantwortlichen oder des Auftragsverarbeiters für den Schutz personenbezogener Daten einschließlich der Zuweisung von Zuständigkeiten, der Sensibilisierung und Schulung der an den Verarbeitungsvorgängen beteiligten Mitarbeiter und der diesbezüglichen Überprüfungen;

c) Beratung – auf Anfrage – im Zusammenhang mit der Datenschutz-Folgenabschätzung und Überwachung ihrer Durchführung gemäß Artikel 35;

d) Zusammenarbeit mit der Aufsichtsbehörde;

e) Tätigkeit als Anlaufstelle für die Aufsichtsbehörde in mit der Verarbeitung zusammenhängenden Fragen, einschließlich der vorherigen Konsultation gemäß Artikel 36, und gegebenenfalls Beratung zu allen sonstigen Fragen.

(2) Der Datenschutzbeauftragte trägt bei der Erfüllung seiner Aufgaben dem mit den Verarbeitungsvorgängen verbundenen Risiko gebührend Rechnung, wobei er die Art, den Umfang, die Umstände und die Zwecke der Verarbeitung berücksichtigt.

[…]

Artikel 89
Garantien und Ausnahmen in Bezug auf die Verarbeitung zu im öffentlichen Interesse liegenden Archivzwecken, zu wissenschaftlichen oder historischen Forschungszwecken und zu statistischen Zwecken

(1) Die Verarbeitung zu im öffentlichen Interesse liegenden Archivzwecken, zu wissenschaftlichen oder historischen Forschungszwecken oder zu statistischen Zwecken unterliegt geeigneten Garantien für die Rechte und Freiheiten der betroffenen Person gemäß dieser Verordnung. Mit diesen Garantien wird sichergestellt, dass technische und organisatorische Maßnahmen bestehen, mit denen insbesondere die Achtung des Grundsatzes der Datenminimierung gewährleistet wird. Zu diesen Maßnahmen kann die Pseudonymisierung gehören, sofern es möglich ist, diese Zwecke auf diese Weise zu erfüllen. In allen Fällen, in denen diese Zwecke durch die Weiterverarbeitung, bei der die Identifizierung von betroffenen Personen nicht oder nicht mehr möglich ist, erfüllt werden können, werden diese Zwecke auf diese Weise erfüllt.

(2) Werden personenbezogene Daten zu wissenschaftlichen oder historischen Forschungszwecken oder zu statistischen Zwecken verarbeitet, können vorbehaltlich der Bedingungen und Garantien gemäß Absatz 1 des vorliegenden Artikels im Unionsrecht oder im Recht der Mitgliedstaaten insoweit Ausnahmen von den Rechten gemäß der Artikel 15, 16, 18 und 21 vorgesehen werden, als diese Rechte voraussichtlich die Verwirklichung der spezifischen Zwecke unmöglich machen oder ernsthaft beeinträchtigen und solche Ausnahmen für die Erfüllung dieser Zwecke notwendig sind.

(3) Werden personenbezogene Daten für im öffentlichen Interesse liegende Archivzwecke verarbeitet, können vorbehaltlich der Bedingungen und Garantien gemäß Absatz 1 des vorliegenden Artikels im Unionsrecht oder im Recht der Mitgliedstaaten insoweit Ausnahmen von den Rechten gemäß der Artikel 15, 16, 18, 19, 20 und 21 vorgesehen werden, als diese Rechte voraussichtlich die Verwirklichung der spezifischen Zwecke unmöglich machen oder ernsthaft beeinträchtigen und solche Ausnahmen für die Erfüllung dieser Zwecke notwendig sind.

(4) Dient die in den Absätzen 2 und 3 genannte Verarbeitung gleichzeitig einem anderen Zweck, gelten die Ausnahmen nur für die Verarbeitung zu den in diesen Absätzen genannten Zwecken.

DER HERAUSGEBER

Prof. Dr. Lothar Hagebölling, geb. 1952, Staatssekretär a. D., ist seit 2010 Honorarprofessor am Institut für Rechtswissenschaften der Technischen Universität Braunschweig. Studium der Staats- und Rechtswissenschaften in Bielefeld und Göttingen, 1986–1990 persönlicher Referent von Ministerpräsident Ernst Albrecht, 2003–2006 Staatssekretär im Finanzministerium, 2006–2010 Leiter der Staatskanzlei Hannover, 2010–2012 Chef des Bundespräsidialamtes.

AUS DEM INHALT

Stephan Rammler: Digitalisierung und Mobilitätswende – Chancen und Risiken des Einsatzes digitaler Technologien im Mobilitätssektor | Kay Nehm: Automatisiertes Fahren – technische, ethische und rechtliche Probleme | Heiner Monheim: Rechtliche Hemmnisse für eine Verkehrswende | Marc Engelmann: Ethische Regeln für den automatisierten und vernetzten Fahrzeugverkehr aus dem Bericht der Ethik-Kommission – Regelungsgehalt und offene Fragen – Ein Kommentar

Lothar Hagebölling (Hrsg.)

Mobilitätswende in Deutschland

Perspektiven und rechtliche Herausforderungen

Die Mobilitätswende stellt eine der großen Herausforderungen des 21. Jahrhunderts dar. Entsprechend heftig wird der Beitrag unterschiedlicher Mobilitätsträger zur Befriedigung von Bewegungsbedürfnissen und zum Gütertransport gegenwärtig unter technischen, umweltpolitischen und ethischen Aspekten, aber auch mit Blick auf eine nachhaltige Inanspruchnahme von Ressourcen diskutiert. Hinsichtlich des Schutzes von Leben und Gesundheit der Menschen und der Umwelt sowie wirtschaftlicher Rahmenbedingungen stellen sich zahlreiche Fragen, deren Beantwortung eine interdisziplinäre Herangehensweise erfordert.

Einige davon greifen die Autoren im vorliegenden Sammelband auf. Ein Schwerpunkt liegt dabei auf den rechtlichen Herausforderungen, die sich durch das rasante Tempo der technischen Entwicklungen, insbesondere Digitalisierung und Automatisierung, ergeben. Außerdem untersuchen sie die Möglichkeiten, Nachhaltigkeit in der Mobilität zu verwirklichen sowie die künftige Rolle etablierter Verkehrsträger.

2017, 95 S., geb., 32,– €,
978-3-8305-3819-6
eBook PDF 978-3-8305-2251-5
(Mobilitätsrecht-Schriften)
ISSN Print 2510-0408
ISSN Online 2510-0416

Berliner Wissenschafts-Verlag | Markgrafenstr. 12–14 | 10969 Berlin
Tel. 030 84 17 70-0 | Fax 030 84 17 70-21
www.bwv-verlag.de | bwv@bwv-verlag.de

Berliner Wissenschafts-Verlag

International Series in Operations Research & Management Science

Volume 160

For further volumes:
http://www.springer.com/series/6161

Steven Nahmias

Perishable Inventory Systems

Springer

Steven Nahmias
Santa Clara University
OMIS Department
Santa Clara, California
USA
snahmias@scu.edu

ISSN 0884-8289
ISBN 978-1-4419-7998-8 e-ISBN 978-1-4419-7999-5
DOI 10.1007/978-1-4419-7999-5
Springer New York Dordrecht Heidelberg London

Library of Congress Control Number: 2011928073

Printed on acid-free paper

Springer is part of Springer Science+Business Media (www.springer.com)

For Bill Pierskalla, who opened the door

Preface

Inventory control has emerged as a leading application of operations research. The Survey of Current Business reported that the dollar value of inventories in the USA alone exceeded $1.3 trillion at the end of 2010. Cost-effective control of inventories can cut costs significantly, and contribute to the efficient flow of goods and services in the economy. Many techniques can be brought to bear on the inventory management problem. Linear and nonlinear programing, queueing, and network flow models, are some examples. However, most inventory control packages are based on the methodology of inventory theory. Inventory theory is an important subfield of operations research that addresses the specific questions: when should an order be placed, and for how much?

Inventory theory had its roots in the well-known EOQ formula, first discovered by Ford Harris nearly 100 years ago (Harris 1915). Harris, working as a young engineer at the Westinghouse Corporation in Pittsburgh, was able to see that a simple formula for an optimal production batch size could be obtained by properly balancing holding and set-up costs. The EOQ formula, first derived by Harris, is amazingly robust – it still serves as an effective approximation for much more complex models. After Harris's work, the development of inventory theory was largely stalled until after World War II. The success of operations research in supporting the war effort was the spur needed to get the field off the ground. It seems that the newsvendor model of inventory choice under uncertainty was developed around this time, although it appears that the fundamental approach of balancing overage and underage costs under uncertainty was really first derived by Edgeworth (1888) in the context of banking.

Serious research into stochastic inventory models began around 1950. An early landmark paper was Arrow, Harris, and Marschak (1951). They were the first researchers to provide a rigorous analysis of a multiperiod stochastic inventory problem. Three significant books on the theory stimulated substantial interest in inventory theory research: Whitin (1957), Arrow, Karlin, and Scarf (1958), and Hadley and Whitin (1963). The 1960s saw an explosion of papers in inventory theory.

None of the books or hundreds of papers on inventory control written up to this time addressed an important class of problems. In every case, a tacit assumption was made that items stored in inventory had an infinite lifetime and unchanging utility. That is, once placed into stock, items would continue to have the same value in the marketplace in perpetuity. In truth, there is a very large class of inventories for which this assumption is wrong. These include inventories subject to decay, obsolescence, or perishability.

Let us define our terms. Decay (or exponential decay) means that a fixed fraction of the inventory is lost every planning period (this has also been referred to as age independent perishability). In continuous time, this translates to the size of the inventory decreasing at an exponential rate. Very few real systems are accurately described by exponential decay. For example, suppose the local grocery store discards an average of 10% of its production each day due to spoilage. In actuality though, some days it will not have to discard any product and some days it will have to discard much more than 10%. Assuming a 10% loss each day is a convenient approximation of a more complex process. Exponential decay has been proposed as a model for evaporation of volatile liquids, such as alcohol and gasoline. But how often are these substances stored in open containers, so that they would be subject to evaporation? Radioactive substances (such as radioactive drugs) are one example of true exponential decay. However, inventory management of radioactive substances is a rather specialized narrow problem. While exponential decay has been proposed as an approximation for fixed life perishables, there are better approximations.

A related problem is that of managing inventory subject to obsolescence. What distinguishes obsolescence from perishability is the following. Obsolescence typically occurs when an item has been superseded by a better version. Electronic components, maps, and cameras are examples of items that become obsolete. Notice that in each case, the items themselves do not change. What changes is the environment around them. As a result of the changing environment, the utility of the item has declined. In some cases, the utility goes to zero, and unsold items are salvaged or discarded. However, it is often the case that utility does not decrease to zero. Declining utility can result in declining demand and/or decreasing prices. For example, older electronic items, such as a prior generation of PDAs or hard drives, continue to be available for some time, but are typically sold at reduced prices. From a modeling perspective, the point at which an item becomes obsolete cannot be predicted in advance. Hence, obsolescence is characterized by uncertainty in the useful lifetime of the product.

Finally, we come to perishability. We assume the following definition of perishability throughout this monograph. A perishable item is one that has constant utility up until an expiration date (which may be known or uncertain), at which point the utility drops to zero. This includes many types of packaged foods, such as milk, cheese, processed meats, and canned goods. It also includes virtually all pharmaceuticals and photographic film. This writer's interest in this area was originally sparked by blood bank management. Whole blood has a legal lifetime of 21 days, after which time it must be discarded due to the buildup of contaminants. When uncertainty of the product lifetime is assumed, the class of items one can model is substantially larger. For example, perishable inventory with an uncertain lifetime can accurately describe many types of obsolescence.

Considering the large number of perishable items in the economy, why was this important class of problems ignored for so long? The short answer is that the problems are difficult to analyze. Interestingly, Pete Veinott, a major figure in inventory theory, wrote his doctoral thesis (in the early 1960s) on various deterministic models for ordering and issuing perishable inventories, but never published this work. When this writer inquired why, he said that the notation was so complex and awkward, and he preferred putting the work aside and move on to other problems (Veinott 1978). Van Zyl's (1964) important work on the two period lifetime case with uncertain demand remained largely unknown, as it was never published in the open literature. (This author became aware of Van Zyl's work after completing his doctoral thesis on the subject).

Contents

Chapter 1
Preliminaries

Contents

1.1 Deterministic Demand

When demand is known with certainty, the problem of managing perishables is straightforward for the most part. Consider first the basic EOQ model. Suppose the demand rate is λ, the fixed cost of placing new orders is K, and the holding cost per unit time is h. Then, it is well known that the optimal order size is

$$Q^* = \sqrt{\frac{2K\lambda}{h}}$$

and the optimal time between placement of orders is $T^* = Q^*/\lambda$. Suppose now that the item has a usable lifetime of m. All deliveries are assumed to be of fresh units only. Then, there are two cases: (a) $T^* \leq m$ and (b) $T^* > m$. In case (a) the optimal policy remains the same, since in each order cycle, all units are consumed by demand before they expire. However, in case (b) if Q^* is ordered at the beginning of the cycle, there will be positive inventory on hand at time m, which will have outdated and must be discarded, and a new order placed at that time. Notice, however, that if we reduce the order quantity from $Q^* = \lambda T^*$ to $Q = \lambda m < Q^*$, then the cycle length will remain at m, no units will expire and holding costs will be reduced, since average inventory will be reduced from $Q^*/2$ to $Q/2$. Hence, the modification of the standard EOQ model to include perishability is straightforward.

However, not all deterministic perishable inventory problems are solved so easily. In particular, consider the deterministic nonstationary production planning

S. Nahmias, *Perishable Inventory Systems*, International Series in Operations Research & Management Science 160, DOI 10.1007/978-1-4419-7999-5_1,

problem. Demands over an n period planning horizon are known constants, say $(r_1, r_2, \ldots, r_n)$. Costs include holding, h_i, set-up, K_i, and marginal production cost, C_i in each period. Then, Wagner and Whitin (1958) showed (in the infinite lifetime case) that an optimal policy has the following structure. If starting inventory is zero, then the order quantity in each period is either zero or exact requirements – namely, the sum of requirements in the current to some future period. Furthermore, an optimal policy only orders in periods when the starting inventory is zero. As a consequence of this result, one only needs to determine the periods in which ordering takes place, thus reducing the calculations significantly.

It turns out that an exact requirements policy may not be optimal when perishability is introduced. A counterexample is presented in Chap. 7, and methods for resolving this problem is discussed there. When demand is nonstationary, finding optimal order policies for a fixed life inventory is not trivial. However, the vast majority of the research on ordering policies for perishables has focused on stochastic demand – a significantly more difficult problem.

1.2 Periodic Review Versus Continuous Review

Demand uncertainty and (fixed life) perishability combine to result in challenging and complex problems. Stochastic perishable inventory problems fall into one of the two basic categories: periodic review or continuous review.

Most of the research in inventory theory assumes inventory levels are reviewed periodically. This means that the state of the system (on hand inventory) is known only at discrete points in time. This assumption is appropriate, for example, if inventory levels are checked once a day, once a week, etc. The landmark collection of Arrow et al. (1958) assumed periodic review in every case considered, and set the stage for much of the subsequent research on inventories. From a practice point of view, it is probably true that most inventory systems were periodic review 50 years ago. Today, however, point-of-sale scanners and automated inventory control systems have made true continuous review more common.

There are two reasons why continuous review has grown in importance. First, with automated inventory control systems computers can automatically trigger orders when inventory levels hit predetermined levels. Second, continuous review models often are able to provide simple approximations to complex problems that are difficult to solve with periodic review formulations.

Perishable inventory research has also evolved along the two separate tracks of periodic review and continuous review. The periodic review track generalizes the kind of models considered by Arrow et al. (1958), among many others, to incorporate perishability. The continuous review track is largely an outgrowth of the theory of queues with impatient servers. An impatient customer is one who leaves the queue if they have not been served by a fixed time. Queueing models with impatient customers are discussed in detail in Chap. 9.

1.3 Periodic Review Preliminaries

As noted earlier, we assume that the on hand inventory level is known only at discrete points in time, which are labeled periods. Assume that periods are numbered 1, 2, ... Demands in successive periods are not known, but are assumed to be random variables, $D_1, D_2, \ldots$ with a known probability distribution. For convenience, assume that the demand distribution is continuous with cumulative distribution function (CDF) $F(x)$ and probability density function (PDF) $f(x)$. (Note that basic results have been shown to carry over to the discrete demand case as well. Also, virtually all of the results carry over to nonstationary demand. Stationarity of the demand distribution is assumed for notational convenience.)

Assume that new orders are always of fresh units that have a usable lifetime of m periods. A little reflection should convince the reader that it is necessary to track the entire age distribution of the on hand inventory in order to determine outdates each period. Hence, the system state is described by a vector $\mathbf{x} = (x_{m-1}, x_{m-2}, \ldots, x_1)$ where x_i is the number of units on hand with i useful periods of life remaining. Note that there are many notation options for the state vector. The state could be defined in terms of age rather than remaining lifetime and the vector could be numbered in order of oldest to youngest rather than vice versa, as we have done. This convention was chosen to reflect that aging occurs in the direction left to right, like the flow of the English language, and that the decision variable, y, can be equated to x_m and placed in the proper position in the vector. Note that x_0 would represent the number of units on hand that have just expired or outdated. We do not need to carry x_0 in the state vector since outdated units are assumed to leave the system. We use the convention throughout that boldface $\mathbf{x}$ is the vector of on hand inventories of each age level, and $x = \sum_{i=1}^{m-1} x_i$ is a scalar quantity representing the total on hand inventory.

The necessity to define a vector valued state variable is only one of the things that separate the perishable inventory problem from the conventional nonperishable problem. As we see, several other concerns arise as a result of perishability. One is the sequence that items are issued to meet demand. Note that there is a substantial literature on optimal issuing policies independent of the ordering problem. The appropriate assumption concerning issuing policies depends on whether the producer or consumer chooses which items satisfy demand. If the producer determines the issuing policy, it is clearly in his interest to issue items on an oldest first basis (known in accounting parlance as FIFO for first in first out). If the consumer determines the issuing policy, it is likely that the consumer will choose the freshest items, resulting in units issued in last in first out (LIFO) sequence. The vast majority of the perishable inventory literature assumes FIFO issuing, and we do so as well unless stated otherwise. Clearly, FIFO is most cost-efficient and results in minimum outdating. (A third alternative, which might be appropriate in some contexts, is to issue the items in a random order. To our knowledge, random issuing policies have not been considered in the context of optimal ordering policies for perishables.)

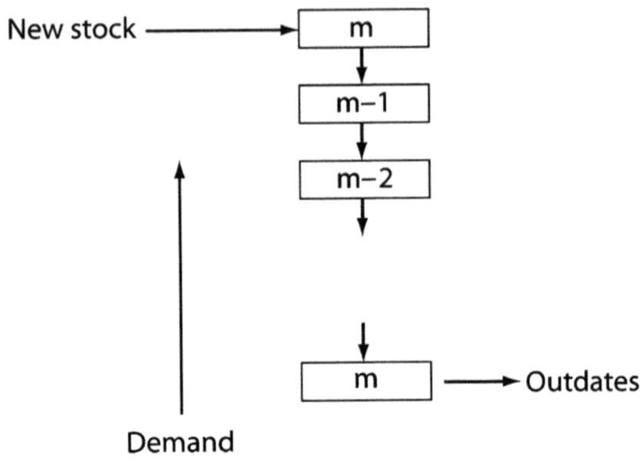

Fig. 1.1 The flow of demand and product in an FIFO fixed life perishable inventory system

If items are issued according to FIFO, then the aging and demand processes travel in opposite directions. To see what this means, consider the representation of the system state in Fig. 1.1. Bins are labeled $m-1, m-2, \ldots, 1$, where the contents of bin i are the number of units on hand with i useful periods of life remaining. At the end of each period, all contents of a bin are moved to the next lower bin, and the contents of bin 1 outdate and must be discarded (or salvaged). Because of the FIFO assumption, demand depletes first from bin 1, then from bin 2, etc. Excess demands may be lost or backordered. If excess demands are backordered, then this is reflected in a negative value of x_{m-1}.

Consider now the ordering policy. The optimal number of units to order each period is function of the state vector, $\mathbf{x}$. We represent this function as $y(\mathbf{x})$. As we see, $y(\mathbf{x})$ is a complex nonlinear function of the state variable x. We assume that costs are assessed in the usual way for finite horizon periodic review inventory systems. At the end of each period, the total inventory is determined. If it is positive, assess a holding cost of h per unit held per period. If it is negative (which occurs when excess demands are backordered), assess a cost of p per unit of unsatisfied demand. Furthermore, we assume a marginal order cost only. That is, there is a cost of c per unit ordered. For now, assume that there is no fixed order cost. Finally, we come to the issue of how to assess the cost for items that must be discarded due to outdating. Let θ be the cost of disposing of outdated units. If D is the demand in a period, then the number of units outdating at the end of the period when starting inventories are $\mathbf{x}$, is $\max(x_1 - D, 0)$, which we represent as $(x_1 - D)^+$.

We now face the first issue. The astute reader will notice that the outdating cost, $\theta E(x_1 - D)^+$, is independent of the decision variable y. That means that any single period model ignores the effects of outdating. In fact, one would need to churn through at least m periods of a dynamic programing formulation before the outdating penalties of over ordering would be reflected in the optimal order policy. (This was, in fact, the approach taken in Fries 1975.)

Suppose, however, that one were interested in constructing a one period model that reflected the outdating penalties of over ordering. How could this be done? Let $D_1, D_2, \ldots$ represent demands in successive periods, starting with the current period. Then, the current order, y, would not outdate until m periods into the future, if it had not been consumed by demand by that time. Consider how one would determine the expected outdating of the current order y, m periods into the future.

Define the following sequence of random variables:

$$R_1 = y + \sum_{i=1}^{m-1} x_i$$

$$R_2 = [y + \sum_{i=2}^{m-1} x_i - (D_1 - x_1)^+]^+$$

$$R_3 = [y + \sum_{i=3}^{m-1} x_i - (D_2 + (D_1 - x_1)^+ - x_2)^+]^+$$

etc.

Then, R_i represents the amount of the current inventory on hand i periods into the future, assuming we start with $\mathbf{x}$ and order y. Each value of R_i is a random variable, since it is a function of the future demands. Note the use of the imbedded + functions are necessary to keep track of units lost due to outdating.

To simplify the notation, define the following sequence of random variables recursively:

$$\begin{aligned} B_0 &= 0 \\ B_1 &= (D_1 - x_1)^+ \\ &\vdots \\ B_j &= (D_j + B_{j-1} - x_j)^+ \text{ for } 1 \leq j \leq m-1. \end{aligned}$$

Interpret the random variable B_j as the total unsatisfied demand in period j after depleting the on hand inventory that would have outdated in period j. It follows that

$$R_m = [y - (D_m + B_{m-1})]^+$$

represents the amount of the current order y, that outdates in m periods.

The goal of the analysis is to compute the expected value of R_m and incorporate this into the one period model.

Define $G_n(t;\, \mathbf{w}_{n-1}) = P\{D_n + B_{n-1} \leq t)$ where $\mathbf{w}_i = (x_i, x_{i-1}, \ldots, x_1)$. Note that $\mathbf{w}_{m-1} = \mathbf{x}$.

We present the first result without proof, which is based on a standard induction argument. Details can be found in Nahmias (1972).

Theorem 1.1. $G_n(t;\, \mathbf{w}_{n-1}) = \int_0^t G_{n-1}(v + x_{n-1};\, \mathbf{w}_{n-2}) f(t-v)\mathrm{d}v.$

Theorem 1.2. $E(R_m) = \int_0^y G_m(t; \mathbf{x})\mathrm{d}t$

Proof. It is well known that for any nonnegative random variable, X, the expectation may be computed two ways:

$$E(X) = \int_0^\infty x f(x)\mathrm{d}x = \int_0^\infty [1 - F(x)]\mathrm{d}x.$$

We have $P\{R_m \leq t\} = P\{y - (D_m + B_{m-1}) \leq t\} = 1 - G_m(y - t;\, \mathbf{x})$ for $t \geq 0$ Since R_m is a nonnegative random variable, the result follows from the second representation of the expected value above (after a change of variable). □

1.4 A One Period Newsvendor Perishable Inventory Model

Most readers should be familiar with the classic newsvendor model. A newsvendor must decide at the beginning of each day how many newspapers to purchase. Daily demand is not known, but is assumed to follow a known probability distribution. Let y be the number of newspapers purchased and D the demand. There are two penalties: overage (ordering too much) and underage (ordering too little).

Now, let us consider the perishable inventory model. The penalty for ordering too much is the future penalty of outdating, at θ per unit, and the penalty for ordering too little is penalty cost for excess demand, at p per unit. Hence, a sensible expected one period cost function for the perishable inventory problem is:

$$L(\mathbf{x}, y) = p \int_{x+y}^{\infty} [t - (x + y)]\, f(t)\mathrm{d}t + \theta \int_{0}^{y} G_m(t;\, \mathbf{x})\mathrm{d}t.$$

It is easy to show that $L(\mathbf{x}, y)$ is convex in y (and is strictly convex as long $f(t) > 0$ for all $t > 0$. Hence, the optimal order quantity, y, for this simple model satisfies:

$$\frac{\partial L(\mathbf{x}, y)}{\partial y} = -p(1 - F(x + y)) + \theta G_m(y;\, \mathbf{x}) = 0.$$

The optimal one period solution, say $y^*(\mathbf{x})$, is a nonlinear function of the entire state vector, $\mathbf{x}$. In this case, $y^*(\mathbf{x}) > 0$ for all positive real vectors $\mathbf{x}$. In addition, as we see in the analysis of the dynamic problem, $y^*(\mathbf{x})$ is decreasing in each component of the state vector, $\mathbf{x}$, but at less than unit rate.

Somewhat sharper results can be obtained when we add holding and marginal order costs.

Theorem 1.3. Suppose that in addition to penalty and outdate costs, we also include marginal order cost at c per unit ordered, and a unit holding cost, h, charged against each unit on hand at the end of the period. Then, the optimal solution has the following form: If $x < \bar{x}$ order $y^*(\mathbf{x})$ solving

$$c + hF(x + y) + p(1 - F(x + y)) + \theta G_m(y;\, \mathbf{x}) = 0$$

where $\bar{x}$ solves

$$c + hF(\bar{x}) - p(1 - F(\bar{x})) = 0.$$

If $x \geq \bar{x}$, no order is placed.

Proof. The expected one period cost function is now:

$$L(\mathbf{x},y)=cy+h\times\int_{0}^{x+y}(x+y-t)f(t)\mathrm{d}t+p\int_{x+y}^{\infty}(t-(x+y))f(t)\mathrm{d}t+\theta\int_{0}^{y}G_m(t;\mathbf{x})\mathrm{d}t.$$

Convexity in y is easy to show so that the minimizing value of y occurs, where the partial derivative of $L(\mathbf{x},y)$ vanishes. The partial derivative is given by:

$$\frac{\partial L(\mathbf{x},y)}{\partial y}=c+hF(x+y)-p(1-F(x+y))+\theta G_m(y;\mathbf{x})$$

thus giving the definition of the optimal ordering quantity. Notice that If $x<\bar{x}, \frac{\partial L(\mathbf{x},y)}{\partial y}\Big|_{y=0}<0$ and if $x\geq\bar{x}, \frac{\partial L(\mathbf{x},y)}{\partial y}\Big|_{y=0}\geq 0$, thus establishing that $y^*(\mathbf{x})$ is positive in the region $x<\bar{x}$ and zero in the region $x\geq\bar{x}$. □

In the next chapter, we extend this approach to a multiperiod dynamic model.

Chapter 2
The Basic Multiperiod Dynamic Model

Content

Chapter 1 outlined an approach for constructing a single-period newsvendor-type model that explicitly accounts for future outdating of the current order. In this chapter, we present the extension of this one-period model to a finite horizon dynamic model. We present only the general m-period lifetime case, but the reader may be interested in reviewing the simpler case for $m = 2$, as this requires only a single-dimensional state variable.

The problem dynamics are described by the one-period transfer function. Given the current state of the system, $\mathbf{x}$, the quantity of fresh product ordered, y, and the realization of demand t, the transfer function, $s(y, \mathbf{x}, t)$, gives the vector of starting inventories of the next period. The logic behind the transfer function dynamics is very similar to the logic required to derive the expected outdating function $\int_0^y G_m(t; \mathbf{x})\mathrm{d}t$. The one-period transfer function is:

$$s_i(y, \mathbf{x}, t) = [x_{i+1} - (t - \sum_{j=1}^{i} x_j)^+]^+$$

and

$$s_{m-1}(y, \mathbf{x}, t) = \begin{cases} y - (t - x)^+ & \text{if excess demand is backordered,} \\ [y - (t - x)^+]^+ & \text{if excess demand is lost.} \end{cases}$$

Note the similarity of the form of the transfer function to the definition of the sequence of random variables $B_0, B_1, \ldots$, defined in the previous chapter. This is, of course, not coincidental. In fact, both are just two different ways of showing the system dynamics. This is shown precisely in the following result which is central to the analysis of the dynamic problem.

S. Nahmias, *Perishable Inventory Systems*, International Series in Operations Research & Management Science 160, DOI 10.1007/978-1-4419-7999-5_2,

Theorem 2.1. $G_n(y; \mathbf{w}_{n-1}) = \int_0^\infty G_{n-1}[s(y; \mathbf{w}_{n-1}, t)f(t)\mathrm{d}t$.

Proof. The proof is somewhat tedious, but conceptually straightforward. Note that by defining $G_0(t) = 1$ for all t, the theorem easily holds for $n = 1$. One proceeds by induction, assuming that the theorem is true for $n - 1$ and showing that this leads to the theorem for n. Again, the details appear in Nahmias (1972).

2.1 The Functional Equations for the General Dynamic Problem

Following the usual approach for dynamic programming analysis, define $C_n(\mathbf{x})$ as the minimum expected discounted cost when n periods remain. Then $C_n(\mathbf{x})$ satisfies the following system of functional equations:

$$C_n(\mathbf{x}) = \min_{y \geq 0} \left\{ L(\mathbf{x}, y) + \alpha \int_0^\infty C_{n-1}(\mathbf{s}(y, \mathbf{x}, t)f(t)\mathrm{d}t \right\},$$

which we write as

$$C_n(\mathbf{x}) = \min_{y \geq 0} \{B_n(\mathbf{x}, y)\}.$$

In order to establish the existence and to define the properties of an optimal policy, the key result we need to establish is the convexity of $B_n(\mathbf{x}, y)$ in y for every set of starting inventories $\mathbf{x}$. In addition, the main theorem describes several important properties of the optimal order function, $y_n(\mathbf{x})$, when n periods remain in planning horizon. The main theorem requires 17 steps and is proven via a complex induction argument.

We will not present the proof of the main theorem here, but the interested reader can refer to Nahmias (1974) for an outline of the proof or Nahmias (1972) for a detailed exposition.

It is interesting to note that the traditional approach to proving convexity of $B_n(\mathbf{x}, y)$ for the standard nonperishable problem breaks down in this case. Typically, one shows that $C_n(\mathbf{x})$ is convex in $\mathbf{x}$, that convexity is preserved via the transfer function, and sums of convex functions are convex, thus easily giving the required convexity of $B_n(\mathbf{x}, y)$ in the decision variable, y.

Unfortunately, this straightforward approach does not work for the perishable inventory problem. Consider the case of $m = 2$. Here, the decision variable has only a single dimension. A necessary and sufficient conditions for $C_n(x)$ to be convex are that $C_n''(x) \geq 0$ for all $x \geq 0$. We can demonstrate that, in fact,

$C_1''(x) < 0$ for some value of x. As is shown in Nahmias and Pierskalla (1973) (and Nahmias 1972),

$$C_1'(x) = -\theta F(x)F(y_1(x))$$

giving

$$C_1''(x) = -\theta F(y_1(x))f(x) - f(y_1(x))F(x)y_1'(x),$$

where $y_1(x)$ is the optimal order quantity when x is the (one period old) on-hand inventory, and one planning period remains in the horizon. Note that the sign of $C_1''(x)$ is not obvious, since $y_1'(x) < 0$. Consider, however, the following special case. Let us assume that the periodic demand follows the negative exponential distribution with parameter λ. That is $f(x) = \lambda e^{-\lambda x}$ and $F(x) = 1 - e^{-\lambda t}$. Since $y_1(0) > 0$ and the function $y_1(x)$ is continuous, there must exist at least one value of x, say $\tilde{x} > 0$, such that $y_1(\tilde{x}) > \tilde{x}$. Because the exponential density is monotonically decreasing in the region $x \geq 0$ and the cumulative distribution function for the exponential is monotonically increasing in this same region, we have that $F(y_1(\tilde{x})) > F(\tilde{x})$ and $f(y_1(\tilde{x})) < f(\tilde{x})$. In addition, it has been shown that $y_1' \times (\tilde{x}) \geq -1$. Combining these results gives $C_1''(\tilde{x}) < 0$. Hence, we conclude that $C_1(x)$ is not convex in x. However, it turns out that the *degree* of nonconvexity (as measured by a lower bound on $C_1''(x)$) is not very great, and we can show that $B_2(x, y) = L(x, y) + \alpha \int_0^\infty C_1(s(y, x, t)f(t)\mathrm{d}t$ is convex in y. That is, the nonconvexity of $C_1(x)$ is more than compensated for by the convexity of $L(x, y)$. For the general m-period problem, it is the convexity of $B_n(\mathbf{x}, y)$ in y that allows us to establish the existence and basic properties of the optimal order function, $y_n(\mathbf{x})$.

We will assume the following notational convention. For any vector valued function, $g(\mathbf{x})$, $g^{(i)}(\mathbf{x})$ is the first partial derivative of g with respect to the ith variable, and $g^{(i,j)}(\mathbf{x})$ is the second partial derivative with respect to the ith and jth variables, respectively.

In the general m-period lifetime problem, the key result that allows us to prove convexity of $B_n(\mathbf{x}, y)$ is $C_n{}^{(1,1)}(\mathbf{x}) \geq -\theta G_{m-1}{}^{(1)}(\mathbf{x})$ (where the differentiation is done with respect to the first variable in the vector $\mathbf{x}$, which is x_{m-1}). Establishing the validity of this lower bound via induction is extremely complex, requiring a network of inequalities on the first and second partial derivatives of the optimal return functions, $C_n(\mathbf{x})$. To provide the reader with an appreciation of the complexity of this problem, we provide a complete statement of the theorem required to prove convexity. As noted, the proof will not be presented here.

Theorem 2.2. Assume that demands in each period form a sequence of independent identically distributed random variables (although the theorem also holds for nonstationary demands) and that:

(a) The demand distribution, F, possesses a bounded continuous density f with the property that $f(t) > 0$ if $t > 0$ and $f(t) = 0$ if $t < 0$.

(b) Future costs are discounted by a discount factor α, where $0 < \alpha < 1$. Then:

1. $B_n(\mathbf{x}, y)$ is convex in y for all $\mathbf{x} \in R_{m-1}$ and is strictly convex in a neighborhood of the global minimum.
2. $\lim\limits_{y\to 0} \frac{\partial B_n(\mathbf{x},y)}{\partial y} < 0$ and $\lim\limits_{y\to\infty} \frac{\partial B_n(\mathbf{x},y)}{\partial y} > 0$ for all $\mathbf{x}$.
3. There is a unique function $y_n(\mathbf{x})$ given as the solution to $\left.\frac{\partial B_n(\mathbf{x},y)}{\partial y}\right|_{y=y_n(\mathbf{x})} = 0$ and $0 < y_n(\mathbf{x}) < \infty$. In addition $y_n{}^{(i)}(\mathbf{x})$ exists and is continuous for all $\mathbf{x}$, $1 \le i \le m-1$.
4. $$C_n^{(i)}(\mathbf{x}) = -\theta \sum_{j=1}^{i} G_{m-j}(\mathbf{x}(m-j)) H_j(y_n(\mathbf{x}); \bar{\mathbf{x}}(m-j)) + \alpha \sum_{j=1}^{m-i} \int_{w_{j-1}}^{w_j} \{C_{n-1}^{(i+1)}[\mathbf{z}_j(t)] - C_{n-1}^{(1)}[\mathbf{z}_j(t)]\} f(t)\mathrm{d}t + \alpha \sum_{j=m-i+1}^{m-1} \int_{w_{j-1}}^{w_j} \{C_{n-1}^{m-j+1}[\mathbf{z}_j(t)] - C_{n-1}^{(1)}[\mathbf{z}_j(t)]\} f(t)\mathrm{d}t,$$
   where $\mathbf{z}_j(t) = (y, x_{m-1}, \ldots, x_{j+1}, \sum_{i=1}^{j} x_i - t, 0, \ldots 0)$ and $w_j = \sum_{i=1}^{j} x_i$, and $C_n^{(m)}(\mathbf{x}) \equiv 0$.
   The result holds for $1 \le i \le m-1$.
5. $-1 \le y_n^{(1)}(\mathbf{x}) \le y_n^{(2)}(\mathbf{x}) \le \cdots \le y_n^{m-1}(\mathbf{x}) < 0$.
6. (a) $C_n^{(i,k)}(\mathbf{x})$ exists and is continuous for all $\mathbf{x} \in R^{m-1}$ and $1 \le k, i \le m-1$. However, $C_n^{(1,1)}(t; \mathbf{x}(m-2))$ will be discontinuous at $t = 0$ whenever $f(t)$ is discontinuous at $t = 0$.
   (b) $C_n^i[\bar{\mathbf{x}}(m-i), \mathbf{0}] - C_n^{i-1}[\bar{\mathbf{x}}(m-i), \mathbf{0}] = 0$ for $2 \le i \le m-1$. The notation is meant to be interpreted as the last $m-i$ components being zeros.
7. (a) $C_n^{(1,j)}(\mathbf{x}) \ge -\theta G_{m-1}^{(j)}(\mathbf{x}) \quad 1 \le j \le m-1$.
   (b) $C_n^{(i,j)}(\mathbf{x}) - C_n^{(i-1,j)}(\mathbf{x}) \ge -\theta G_{m-i}^{(j+i+1)}(\mathbf{x}(m-i))[1 - \sum_{k=1}^{i-1} H_k(x_{m-i+k'}, \ldots, x_{m-i+1})]$ for $m-1 \ge j \ge i \ge 1$.
   (c) $C_n^{(1,i)}(\mathbf{x}) - C_n^{(1,i-1)}(\mathbf{x}) \le \theta[G_{m-1}^{(i-1)}(\mathbf{x}) - G_{m-1}^{(i)}(\mathbf{x})]$ for $m-1 \ge i \ge 2$.
   (d) $$[C_n^{(i,j)}(\mathbf{x}) - C_n^{(i-1,j)}(\mathbf{x})] - [C_n^{(i,j-1)}(\mathbf{x}) - C_n^{(i-1,j-1}(\mathbf{x})] \le \theta[G_{m-i}^{(j-i)}(\mathbf{x}(m-i)) - G_{m-i}^{(j-i+1)}(\mathbf{x}(m-i))][1 - \sum_{k=1}^{i-1} H_k(x_{m-i+k}, \ldots, x_{m-i+1})]$$
   for $m-1 \ge j > i \ge 2$.
8. (a) $-\theta \sum_{j=1}^{i} G_{m-j}(\mathbf{x}(m-j))[1 - \sum_{k=1}^{j-1} H_k(x_{m-j+k}, \ldots, x_{m-j+1})] \le C_n^{(i)}(\mathbf{x}) \le 0$
   for $1 \le i \le m-1$ and for all $\mathbf{x}$.
   (b) $C_n^{(i)}(\mathbf{x}) - C_n^{(j)}(\mathbf{x}) \le \theta \sum_{k=j+1}^{i} G_{m-k}(\mathbf{x}(m-k))$
   $[\sum_{q=k-j}^{k-1} H_q(x_{m-k+q}, \ldots, x_{m-k+1})]$ for $1 \le j < i \le m-1$ and for all $\mathbf{x}$.

(c) $C_n^{(i)}(\mathbf{x}) - C_n^{(j)}(\mathbf{x}) \geq -\theta \sum_{k=j+1}^{i} G_{m-k}(\mathbf{x}(m-k))[1 - \sum_{q=1}^{k-1} H_q(x_{m-k+q}, \ldots, x_{m-k+1})]$
for $1 \leq j < i \leq m-1$ and for all $\mathbf{x}$.

(d) $C_n^{(i)}(\mathbf{x}) = 0 \quad$ for $\mathbf{x} = (x_{m-1}, \mathbf{0})$ and $x_{m-1} \leq 0$.

9. (a) $\lim_{x_i \to \infty} y_n(\mathbf{x}) = 0 \qquad 1 \leq i \leq m-1.$

(b) $\lim_{x_j \to \infty} C_n^{(i)}(\mathbf{x}) = 0 \qquad 1 \leq i, j \leq m-1.$

Note that the functions H_k referred to in steps 7 and 8 are used as a convenience for representing derivatives of the outdating function, G_m. As they add nothing to the exposition, we will not discuss them further here. Aside from all of the machinery involving the derivatives of the optimal value functions, what does the theorem tell us about the behavior of the optimal policy function? The key piece of information we obtain from the theorem is step 5: $-1 \leq {y_n}^{(1)}(\mathbf{x}) \leq {y_n}^{(2)}(\mathbf{x}) \leq \cdots \leq {y_n}^{(m-1)}(\mathbf{x}) < 0$. This says two things. First, since all partial derivatives are negative, the optimal order quantity decreases as starting inventories increase. More importantly, it characterizes the sensitivity to starting stocks of different ages. The larger the derivative of $y_n(\mathbf{x})$ in absolute value, the greater the sensitivity of the optimal order function to changes in starting stock. This means that increasing the on-hand quantity of newer stock has a larger effect on optimal order quantities than increasing the on-hand quantity of older stock.

This is a fundamental property of perishable inventory systems that separates such systems from traditional nonperishable systems. One is concerned not only with the amounts of on-hand inventory, but also their ages as well. Because the dimension of the state variable is proportional to the lifetime of the stock in periods, computing an optimal policy is feasible only for relatively short lifetimes. One quickly faces the "curse of dimensionality" that plagues many dynamic programming formulations. For product lifetimes much more than two or three periods, it is unlikely one would use optimal policies. Also, implementation of optimal policies would be complicated by the fact that one needs to keep track of the age distribution of stock. Approximations that depend only on the total stock on-hand are of interest as they are easy to compute and easy to implement. Methods of finding simple approximations for the periodic review problem will be the subject of the next chapter.

An interesting question is whether or not these results hold when demand is discrete rather than continuous, as is assumed in Theorem 2.2. To try to prove convexity of the functions $B_n(\mathbf{x}, y)$ directly under discrete demand would be extremely tedious, if even possible. To circumvent these difficulties, Nahmias and Schmidt (1986) considered a very novel approach to the discrete demand problem. They considered an infinite sequence of continuous demand distributions, $F_1, F_2, \ldots$, that converged weakly to the discrete distribution of demand, F. We know all of the results of Theorem 2.2 hold for each of the continuous distributions $F_1, F_2, \ldots$. Without going into the mathematical details, the authors show that the essential results of Theorem 2.2 carry over in the limit for the discrete case. We do not believe that this approach has been used before or since in the context of a dynamic inventory problem.

It should be noted before closing this section that Fries (1975) also provided a rigorous analysis of the perishable inventory problem, but did not work with the outdate function $G_m(y, \mathbf{x})$. Instead, he developed a straightforward dynamic programming formulation that required m periods before the effects of outdating appeared in the optimal order function. This approach is equally valid as ours outlined here, and preferred for computing optimal policies, as the functional equations are somewhat simpler. As Nahmias (1977a) shows, the two methods give the same policy if one is sufficiently far from the end of the planning horizon, and the discount factor is adjusted in a suitable fashion.

Chapter 3
Extensions of the Basic Multiperiod Dynamic Model

Contents

The basic model treated in Chap. 2 is the building block for several extensions. In many cases, these extensions are suggested by specific applications. Other extensions provide a wide range of applications of the basic theory.

3.1 Random Lifetime

A natural extension of the basic model is to allow for uncertainty in the product lifetime. The basic model is applicable for products with a known expiration date, since the time of outdating is known in advance. However, there are many classes of items whose useful lifetime cannot be predicted in advance. Fresh produce, meat, fowl, and fish would fall into this category. Even in blood banking, local blood banks may receive transfers from other banks that are not completely fresh, making the remaining lifetime uncertain. Perishable inventory models with uncertainty in the product lifetime could be used to model some classes of items subject to obsolescence as well.

Providing an accurate model of lead time uncertainty has long been difficult problem in inventory management (see Hadley and Whitin (1963), pp. 200–204, for a discussion of the issues involved.) The main issue is order crossing. That is, are orders placed on Tuesday allowed to arrive before orders placed on Monday? If successive lead times are independent random variables, then order crossing is inevitable. However, if one is placing orders with the same supplier, then order crossing does not make sense. If we do not allow order crossing, then successive lead times are dependent random variables, making the analysis very complex.

S. Nahmias, *Perishable Inventory Systems*, International Series in Operations Research & Management Science 160, DOI 10.1007/978-1-4419-7999-5_3,

The simpler results for (*Q*,*R*) models with stochastic lead times (such as the formula presented in Hadley and Whitin on page 153), are based on simultaneously assuming independence of lead times and no order crossing.

As noted, if lead times are random and orders do not cross, then successive lead times are dependent random variables. Allowing for dependency is difficult, and is rare in operations research. A very innovative approach to this problem was developed by Kaplan (1970). Let $A_1, A_2, \ldots$ be a sequence of IID discrete random variables defined on the set $\{1, 2, \ldots, \tau\}$ where τ is the maximum value of the lead time in any period. In any period, when the event $\{A_i = k\}$ is realized, all orders k or more old periods arrive in the next period.

Nahmias (1977c) adapted this approach to the perishable inventory problem. Here, one assumes that if $\{A_i = k\}$ is realized, then all on hand inventory remaining in stock (after satisfying demand) that is at least k periods old at the end of period i will outdate at that time. The random variables $A_1, A_2, \ldots$ are *not* realizations of the lifetimes of successive orders, but the lifetime distribution can be derived from them.

Suppose that $P_k = P\{A_n = k\}$ independent of n. If the event $\{A_n = k\}$ is realized, then the one-period transfer function $\mathbf{s}(y, \mathbf{x}, t, k) = (s_{m-1}(y, \mathbf{x}, t, k), \ldots, s_1(y, \mathbf{x}, t, k))$ is:

for $k = 1$:

$$s_j(y, \mathbf{x}, t, 1) = 0 \qquad \text{if } 1 \le j \le m-2$$
$$s_{m-1}(y, \mathbf{x}, t, 1) = -(t - x - y)^+$$

and for $2 \le k \le m$:

$$s_j(y, \mathbf{x}, t, k) = \begin{cases} 0 & \text{if } 1 \le j \le m-k \\ (x_{j+1} - (t - w_j)^+)^+ & \text{if } m-k+1 \le j \le m-1 \\ y - (t - x)^+ & \text{if } j = m-1 \end{cases}$$

where $w_j = \sum_{i=1}^{j} x_i,\ x = \sum_{i=1}^{m-1} x_i.$

The sequence of events in a period is given as follows. First, the current state is observed, and based on that an order is placed for fresh stock. After the order arrives, the demand for the current period is realized, which then is satisfied to the extent possible on an FIFO basis. After demand is either satisfied or backordered (or lost), the aging process random variable, A_n is realized, and outdating determined. To understand the mechanics of the transfer function, consider the following example. Fix the current period at period 10. Suppose that $m = 4$, and the starting state in period 10 is $\mathbf{x} = (18,\ 12,\ 20)$ (i.e., 18 units remain from the order delivered one period ago, 12 units remain from the order delivered two periods ago, and 20 units remain from the order delivered three periods ago). Assume that the order quantity of fresh stock in period 10 is 23 units and the realization of demand is 28 units.

Consider how the system state evolves given all of the possible realizations of the aging process random variable, A_{10}. By FIFO, all of the 20 units are consumed first, followed by 8 units of the 12 units of two-period old stock. The vector of on hand inventories in period 10 after the arrival of fresh stock and the realization of the demand is (23, 18, 4, 0). If $A_{10} = 4$, there is no outdating, since all inventories of age 4 was depleted by demand, and the starting state in period 11 is (23, 18, 4). If $A_{10} = 3$, then the on hand inventory ordered three periods ago will outdate (4 units), and the starting state in period 11 is (23, 18, 0). If $A_{10} = 2$, then there will be 18 + 4 = 22 units outdating at the end of period 10, and the starting state in period 11 is (23, 0, 0), and finally if $A_{10} = 1$ is realized all 45 units on hand outdate, and period 11 starts with zero inventory.

The functional equations defining an optimal policy are similar to those in Chap. 2, and are now given by:

$$C_n(\mathbf{x}) = \min_{y \geq 0} \{cy + L(x+y) + \theta \sum_{k=1}^{m} P_k \int_0^{w_{m-k+1}} (w_{m-k+1} - t) f(t) \mathrm{d}t$$

$$+ \alpha \sum_{k=1}^{m} P_k \int_0^{\infty} C_{n-1}\, \mathbf{s}(y, \mathbf{x}, t, k) f(t) \mathrm{d}t\}.$$

The optimal policy when n periods remain in the horizon, $y_n(\mathbf{x})$, possesses virtually all of the same properties of the optimal policy discussed in Chap. 2 for the deterministic problem. The full statement of the appropriate theorem for analyzing the optimal policy can be found in Nahmias (1977c). Note that these functional equations charge the outdating cost in the current period rather than m periods into the future when the current order outdates (similar to Fries 1975). This was done to make the dynamic problem tractable, for as we see, computing the expected outdating of the current order is a very complex problem in itself.

If the lifetime of successive orders were independent, it would not be possible to compute the expected outdating of the current order, since future orders could outdate before the current order. However, due to our assumption that orders outdate in the same sequence that they enter stock, we are guaranteed that this will not occur. Hence, given a current order y and state vector $\mathbf{x}$, it should be possible to determine the expected outdating of the current order (which could be 1, 2,. . ., m periods into the future).

To understand the mechanics of the outdating process when the product lifetime is uncertain, consider another simple example. Let $j_1, j_2, \ldots$ correspond to successive realizations of the lifetime process, A_n. Suppose that $m = 5$, $j_1 = 4$, $j_2 = 4$, $j_3 = 2$, and the starting state in period 1 is (x_4, x_3, x_2, x_1). The goal is to compute the expected outdating of the order placed in period 1, y. Based on the realizations of the aging process, the remaining amounts of x_1 and x_2 (after satisfying demand in period 1) outdate at the end of period 1. The remaining amount of x_3 on hand at the end of period 2 after satisfying demand outdates at that time, and the remaining amounts of y and x_4 outdate at the end of period 3. The expected amount of $y + x_4$ outdating at the end of period 3 is given by $\int_0^{y+x_4} G_3(u, x_3, x_1 + x_2)du$ so that the expected outdating of y only at the end of period 3 is $\int_0^{y+x_4} G_3(u, x_3, x_1 + x_2)du - \int_0^{x_4} G_3(u, x_3, x_1 + x_2)du = \int_{x_4}^{y+x_4} G_3(u, x_3, x_1 + x_2)du$. This simple example should give the reader a glimpse of the complexities in the general calculation.

Define $r_k = \sum_{i=1}^{k} P_i$. Then, it can be shown that the expected outdating of the current order for y units is

$$\sum_{k=1}^{m} r_k \sum_{j_1=2}^{m} \cdots \sum_{j_{k-1}=k}^{m} \prod_{i=1}^{k-1} P_{j_i} \int_{v_k}^{y+v_k} G_k(u, \mathbf{v}(k-1))du,$$

where the vector terms $\mathbf{v}(k-1)$ are appropriate partial sums of the state vector $\mathbf{x}$ based on the realizations of the aging process, A_n. This is a very tedious calculation and it is unlikely that one would resort to trying to find an optimal policy except for small values of m. However, an explicit representation of the expected outdating of the current order can be used to construct simple approximations, similar to the manner that approximations were constructed for the deterministic lifetime problem.

The essence of the calculation is to find an expression for the unconditional probability that any new order has a lifetime of exactly k periods for all $1 \leq k \leq m$. We call this probability q_k. Based on the definition of the aging process, it follows that

$$q_k = \sum_{k=1}^{m} r_k \sum_{j_1=2}^{m} \cdots \sum_{j_{k-1}=k}^{m} \prod_{i=1}^{k-1} P_{j_i}.$$

It is not difficult to show that this expression can be simplified to:

$$q_k = r_k \prod_{i=1}^{k-1} (1 - r_i).$$

The idea is to use an approximate expression for the expected outdating of the current order, y, and utilize this expression to approximate the expected one-period cost function as well as the one-period transfer function, much as was done in Chap. 3 for the fixed life case. Again, one can use either the Nahmias's bounds or the Chazan and Gal bounds. Calculations reported in Nahmias (1977c) indicate that the Chazan and Gal bounds give slightly better results, and appear to improve as m increases while Nahmias's bounds degrade as m increases.

Using the Chazan and Gal bounds, the myopic expected one-period cost function one obtains is:

$$W(z) = c(1-\alpha)z + L(z) + \sum_{k=1}^{m} q_k(\alpha^{k-1}\theta + \alpha c)\mu_k(z).$$

Since $W(z)$ is quasi-convex in z, the minimizing value occurs where the first derivative is zero so that z^* satisfies:

$$c(1-\alpha) + L'(z) + \sum_{k=1}^{m} q_k(\alpha^{k-1}\theta + \alpha c)\left\{\frac{F(z/k) + F^{k^*}(z)}{2k}\right\} = 0.$$

Comparisons of this approximation with the optimal policy for lifetimes of 2 and 3 periods, and a variety of costs and demand distributions shows close agreement with the optimal.

3.2 Inclusion of a Set-Up Cost

All of the work reviewed thus far on the periodic review perishable inventory problem assumes there is no fixed cost (set-up cost) for placing an order. Fixed order costs can rarely be ignored in practice. In rare occasions, when deliveries are pre-scheduled on a daily or weekly basis, fixed order costs are sunk costs. However, it is more common that fixed costs determine the optimal frequency of orders, and cannot be ignored.

The results of this section are based on Nahmias (1978). Both optimal and approximate ordering policies are considered. The optimal policy is derived only for the one-period problem, but it is likely the multiperiod version possesses the same policy structure. The optimal policy requires calculation of two functions of the starting state, $s(\mathbf{x})$ and $y(\mathbf{x})$ with $s(\mathbf{x}) \leq y(\mathbf{x})$. These functions determine the optimal policy as follows: if $s(\mathbf{x})>0$, the optimal policy is to place an order for $y(\mathbf{x})$, and if $s(\mathbf{x}) \leq 0$, then no order should be placed. As in the case of no set-up cost, $y(\mathbf{x})$ minimizes the expected one-period cost function, $B(\mathbf{x}, y)$. The function $s(\mathbf{x})$ solves $B(\mathbf{x}, s(\mathbf{x})) = B(\mathbf{x}, y(\mathbf{x})) + K$, and $s(\mathbf{x}) \leq y(\mathbf{x})$. Since $B(\mathbf{x}, y)$ is convex in y, these equations uniquely define $s(\mathbf{x})$. Note that Nahmias is able to derive only first period results, but given the fact that the structure of the optimal policy is the same for the first period problem as the multiperiod problem when there is no set-up cost present, it is reasonable to speculate that this is the case here as well.

Except for product lifetimes of two or three periods, the optimal policy is too complex to be practical. Hence, approximations are of particular interest. The natural form of an approximate policy is (s, S), since this policy is known to be optimal for the nonperishable problem, and is easy to implement in practice. (An (s, S) policy is one in which an order is placed up to S if and only if the starting inventory position is less than s.) The approach to constructing an approximation follows closely the method outlined in Chap. 3 for the case of $K = 0$. That is, the expected outdate function is approximated by a function of the total on hand inventory using either the Nahmias or Chazan and Gal bounds, and this approximation is then used to construct a surrogate problem whose optimal solution is used to approximate the original problem. The surrogate problem has only a single dimensional state variable, and is solved by dynamic programing.

Extensive computations reported in Nahmias (1978) indicate that the approximation generally gives costs within 1% of the optimal, although because of the difficulty of computing an optimal policy, the comparisons were done for $m = 2$ only. However, the results would seem to indicate that this is a valid approach for approximating this problem.

3.3 Multiproduct Models of Perishables

Blood bank applications, in particular, have given rise to several multiproduct perishable inventory models. The earliest was explored by Nahmias and Pierskalla (1976). Blood banks store both whole blood and frozen packed red blood cells. Since frozen red blood cells have a lifetime of a year or longer, one can assume that the usable lifetime of frozen blood is infinite. Although frozen blood can be used in place of fresh blood when necessary, one would only want to use the frozen blood as a last resort. This is because the cost of extracting the red blood cells, freezing them, and then subsequently thawing them and combining them with plasma is considerably more expensive than the cost of extracting and storing fresh blood.

The model developed is a direct extension of the approach applied by Nahmias (1975a). Assume that at the beginning of each planning period prior to the realization of demand, orders for both product 1 (the perishable product) and product 2 (the nonperishable product) must be placed. There is a single demand source that depletes first from product 1 according to FIFO, and then product 2 until the demand is either satisfied or backordered. (Note: in the context of blood banking, it is probably more accurate to assume that excess demand is lost rather than backordered. This would mean that excess demand is made up by emergency shipments from other blood banks. The backorder assumption is not crucial to the analysis.)

Costs are charged separately for holding at h_1 for product 1 and h_2 for product 2. Outdating of product 1 is charged at θ and there is a penalty cost of p for unsatisfied demand. Let $\mathbf{x}$, x, and y be defined as earlier for the single product case. Define x^2 as the on hand inventory of product 2 at the start of any period, and let z be the on hand inventory of product 2 after ordering in any period so that the order quantity of product 2 is $z - x^2$. Then, the one-period expected cost function has the form:

$$L(\mathbf{x}, y, z) = c_1 y + h_1 \int_0^{x+y} (x + y - t)f(t)\mathrm{d}t + \theta \int_0^{y} G_m(u;\, \mathbf{x})\mathrm{d}u + c_2(z - x^2)$$
$$+ h_2 z F(x + y) + h_2 \int_{x+y}^{x+y+z} (x + y + z - t)f(t)\mathrm{d}t + p \int_{x+y+z}^{\infty} (t - x - y - z)f(t)\mathrm{d}t.$$

Assume the following relationships among the cost parameters:

(i) $0 \leq h_2 \leq h_1$
(ii) $0 < c_1 < c_2$
(iii) $p > (1 - \alpha)c_2$
(iv) $0 \leq (1 - \alpha)(c_2 - c_1) + (h_2 - h_1) < \theta.$

The rationale for these assumptions is given as follows. Assumption (1) says that the cost of storing the nonperishable product is at least as large as the cost of storing the perishable product. Assumption (2) says that the cost of acquiring the nonperishable product exceeds the cost of acquiring the perishable product. Assumption (3) is common for single product inventory systems. It says that the unit cost of excess demand exceeds the one-period discounted cost of acquiring new nonperishable product. This guarantees that it is not more economical to incur stockouts than purchase new stock – otherwise, there would be no motivation to operate the system. The expression in the final case corresponds to the cost of acquiring one unit of product 2 and salvaging it one period later minus the cost of acquiring one unit of product 1 and salvaging it one period later plus the difference in the holding costs. If this term were negative, one would never order product 1. If this term exceeded the outdate cost, it would never be optimal to order product 2.

The functional equations defining an optimal policy for the multiperiod version of the problem are

$$C_n(\mathbf{x}, x^2) = \min_{y \geq 0,\, z \geq x^2} \left\{ L(\mathbf{x}, y, z) - c_2 x^2 + \alpha \int_0^{\infty} C_{n-1}(\mathbf{s}_1(\mathbf{x}, y, t), s_2(x + y, z, t))f(t)\mathrm{d}t \right\}.$$

In this case, the transfer function is m dimensional. The first $m - 1$ components, $\mathbf{s}_1(\mathbf{x}, y, t)$, are essentially the same as the single product form. The mth component is $s_2(x + y, z, t) = z - (t - (x + y))^+$ in the backorder case and $s_2(x + y, z, t) = [z - (t - (x + y))^+]^+$ in the lost sales case.

The structure of the optimal policy is shown in Fig. 3.1. When $m = 2$, the state vector is two dimensional, so the optimal policy can be represented graphically.

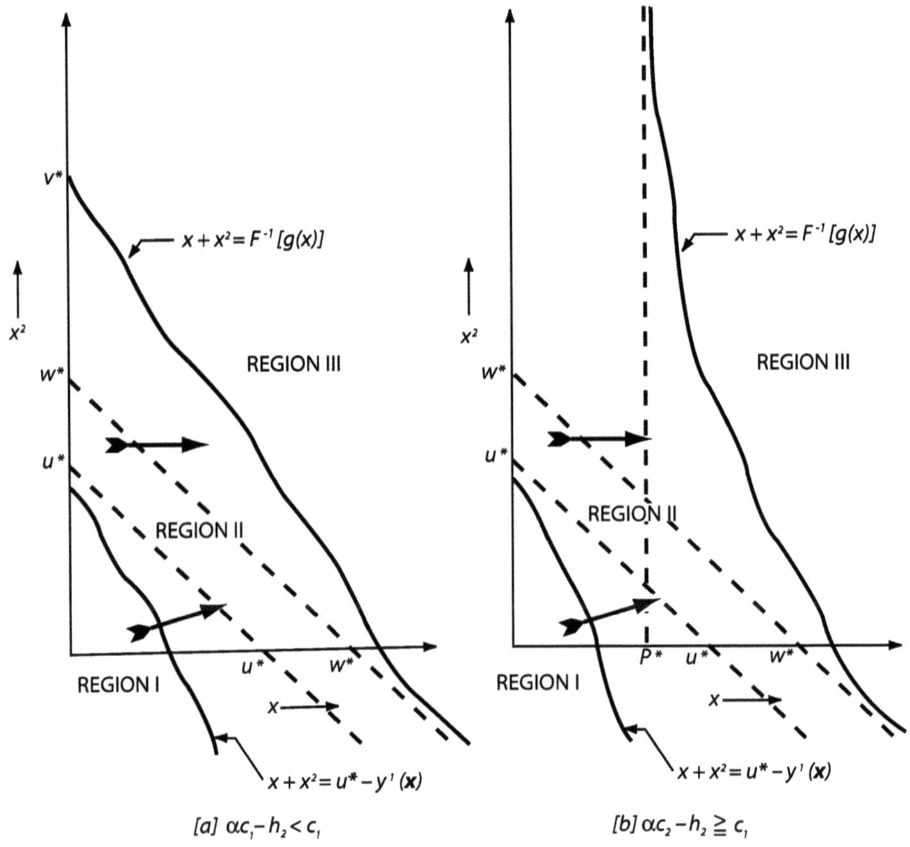

Fig. 3.1 The optimal ordering regions for a two-product perishable/nonperishable problem

Note that figure includes two cases: (a) where $\alpha c_1 - h_2 < c_1$ and (b) where $\alpha c_1 - h_2 \geq c_1$. The structure of the optimal policy is essentially the same in both cases, but the boundary between Regions II and III differ slightly. Region I corresponds to ordering both the perishable and nonperishable products. In Region II, one orders only the perishable product, and in Region III, one does not order. Note that in Region I, one orders so that the total stock on hand after ordering is u^* where

$$u^* = F^{-1}\left[\frac{p - c_2(1-\alpha)}{p + h_2}\right].$$

What is unusual is that the line $x + x^2 = u^*$ lies completely outside of Region I. Typically, when there are ordering regions in a multiproduct inventory problem, one orders to the boundary of the region. In Region I, however, one orders to the interior of Region II. Just the opposite is true in Region II. When ordering only the perishable product, one orders so that one remains short of the boundary between Regions II and III. This unusual behavior of the optimal policy is a direct result of the perishability of product 2. If both products were nonperishable, then the boundary between Regions I and II would be the line $x + x^2 = u^*$. However, the perishability adds a penalty to orders of product 2, which has the effect of tightening the boundary between Regions I and II. In the same way, when one is in Region II, the additional penalty of perishability results in a decreased order size so that one does not order to the boundary of Regions II and III. Note that there an apparent instability in Region II. Since one orders short of the boundary, it implies that one would want to order again, since after ordering the total stock on hand still lies within Region II. However, note that this is not exactly the case, since the state consists of one-period old inventory, and the order quantity consists of fresh inventory.

Note that Nahmias (1982) shows how the approximation techniques discussed in Chap. 3 can be applied to this problem. Although these approximations have never been tested, the success of the approximations in the single product case suggests that this approximation should be effective as well.

Deuermeyer (1979) considered a multiproduct perishable inventory model also suggested by a blood banking application. Consider two production processes, A and B. Process A produces two products (1 and 2) while Process B produces only product 2. Both products are perishable, and both face independent stochastic demands. In the blood banking application, product 1 is platelets (a blood component) and product 2 is whole blood. Process A separates some of the whole blood into platelets and packed red cells while Process B just produces whole blood.

Suppose that the lifetime of product 1 is m periods and the lifetime of product 2 is l periods. The state vector consists of the starting stocks of each product at each age level, represented as $(\mathbf{x}, \mathbf{w})$ having dimension $(m - 1) + (l - 1)$. The decision variable is the pair (a, b), which corresponds to the production quantities for Process A and Process B, respectively. Assume that a units of Type A production yields $\eta_1 a$ of product 1 and $\eta_2 a$ of product 2 while b units of Type B production yield b units of Product 2.

Deuermeyer develops a one-period model using the expected future outdating of both products in the one-period cost function as we did in Chap. 2. This makes it likely that the structure of the optimal one-period policy is the same as the structure of the optimal multiperiod policy. (Unfortunately, due to the complexity of the problem, he was able to obtain first period results only.)

The optimal policy structure is pictured in Fig. 3.2 when $m = l = 2$. The policy is defined by four regions in the $(\mathbf{x}, \mathbf{w})$ space. In Region I, both processes are used. The graph pictures the increase in the inventories of both products first due to Process A and then the increase in product 2 inventory due to Process B. In Region II, one only applies Process A (which increases the inventories of both products) while in Region III one applies only Process B so that only product 2 inventory is increased. Finally, in Region IV, neither process is applied.

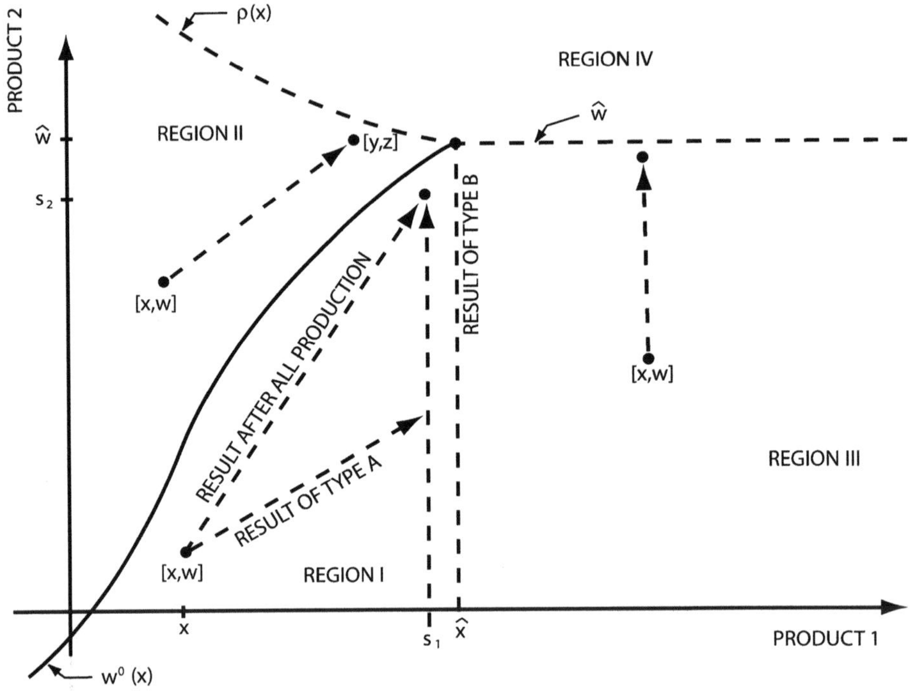

Fig. 3.2 Characterization of the optimal policy for the Devermeger two-product model

Deuermeyer (1980) considers a system consisting of n products all of which are perishable with respective lifetimes of l_i for $1 \leq i \leq n$, and assumes that the system has the substitution property. That is, the order quantity of each product is a nonincreasing function of the on hand inventories of the other products. Again, he is able to characterize the optimal policy for a single-period problem only.

Chapter 4
Continuous Review Perishable Inventory Models

Contents

Continuous review means that the state of the inventory system is known at all times, as opposed to periodic review where the state of the system is known only at discrete points in time labeled periods. Surprisingly, very little is known about optimal ordering policies for fixed life perishables under continuous review. The difficulty is that when an order lead time is present, aging is applied only to the units on hand, and not to the units on order. Furthermore, since units may be ordered at any point in time, there is no limit to the number of different orders that comprise the on-hand inventory at any point in time. Hence, the vector describing the on-hand inventory of each age level has an unlimited number of dimensions.

One way to circumvent this problem is to assume zero order lead time. We briefly review the two papers that take this approach. Before doing so, note that we believe that the simultaneous assumptions of continuous review and zero order lead time are unrealistic, and it is likely that these models have little practical use. There is a big difference between assuming zero order lead time in periodic review systems and in continuous review systems. In the former case, it only means that the lead time is less than a review period, as orders are assumed to be placed at the beginning of the planning period, and are assumed to arrive at the end of the planning period. In the case of continuous review, it means that orders arrive instantaneously. For that reason, the policies obtained are not likely to be useful in a practical setting.

It is worth noting that the primary driver of the continuous review heuristic (Q, R) inventory models that form the basis for most commercial inventory control systems is uncertainty of demand over the replenishment lead time. Where lead

S. Nahmias, *Perishable Inventory Systems*, International Series in Operations Research & Management Science 160, DOI 10.1007/978-1-4419-7999-5_4,

times reduced to zero, optimal order quantities would collapse to the simple EOQ formula and reorder levels would be zero. (See Nahmias (2009), Chap. 5, for example).

When there is a positive lead time for ordering, the form of an optimal order policy for perishables under continuous review is not known. Part of the problem is defining the state of the system. As noted above, the state could be an infinite dimensional vector of all previous orders placed and their ages. Given the complexity of the continuous review problem, a reasonable starting point is to find the best policy from a prespecified class of policies.

4.1 One for One (*S*–1, *S*) Policies

The only rigorous analysis of a continuous review perishable inventory system with positive order lead time of which we are aware is Schmidt and Nahmias (1985) (and an extension by Perry and Posner (1998)). They assumed the so-called $(S-1, S)$ policy in which the inventory position (stock on hand plus stock on order) is maintained at a fixed level S. Assume that demands occur one-at-a-time, which would be the case, for example, if demands were generated by a stationary Poisson process. For nonperishables, a $(S-1, S)$ policy places an order for one unit at each occurrence of a demand. With perishability, orders are placed at both the occurrence of demands and outdating. $(S-1, S)$ policies are optimal for very high value items, and are common in military resupply and repair systems. See Nahmias (1981) for a review of models for repairable item systems. A more comprehensive and up-to-date discussion of these systems can be found in Muckstadt (2005)). It is common in both military and civilian applications that equipment goes in for maintenance either when the equipment fails, or at fixed intervals, whichever comes first. Since unplanned failures occur at random, these can be modeled as a stochastic process, and may be labeled the demand process. If an item reaches age m and has not failed (i.e., been demanded), the system for routine maintenance is taken out, and thus "outdates." Hence, the extension of traditional $(S-1, S)$ policies to the case of fixed life perishable inventories, is potentially a very useful extension for modeling maintenance systems.

As noted above, what makes the problem difficult is the interaction of perishability and the order lead time. Assume that demands, (i.e., failures), occur one-at-a-time completely at random according to a stationary Poisson process with rate λ. Costs are charged in the usual way against proportional ordering at c per unit, holding at h per unit held per unit time, outdating at θ per unit, and lost sales at p per unit of unsatisfied demand. Assume a positive order lead time of τ.

Define the multidimensional stochastic process $\xi(t) = (\xi_1(t), \xi_2(t), ..., \xi_S(t))$ as the amount of time elapsed since the last S orders were placed. That is, $\xi_S(t)$ is the elapsed time since the last order was placed, $\xi_{S-1}(t)$ is the elapsed time since the second to last order was placed, etc. This process is the superposition of the demand and outdating processes. The approach is to derive the stationary distribution of $\xi(t)$

and use that to develop an explicit expression for the expected system cost rate as a function of S.

Let $p(t, x_1, x_2, \ldots, x_S)$ be the probability density of $\xi(t)$. Utilizing the partial differential equations of the process, the authors show that

$$\lim p(t, x_1, x_2, \ldots, x_S) = \begin{cases} Ke^{-\lambda\tau} & \text{for } x_1 < \tau \\ Ke^{-\lambda x_1} & \text{for } x_1 \geq \tau \end{cases}$$

Where

$$K = \left(e^{-\lambda\tau}\tau^S/S! + \int_{\tau}^{\tau+m} \left[{x_1}^{S-1} e^{-\lambda x_1}/(S-1)! \right] \mathrm{d}x_1 \right)^{-1}.$$

From these results one can derive the steady state distribution of the on-hand inventory at a random point in time, say $(P_0, P_1, \ldots, P_S)$.. The expected cost rate as a function of S is:

$$C(S) = c\lambda + (p - c)\lambda P_0 + h \sum_{j=1}^{S} jP_j + (c + \theta)\pi,$$

Where π is the expected outdating rate given by:

$$\pi = Ke^{-\lambda(\tau+m)}(\tau + m)^{S-1}/(S-1)!.$$

Although these equations appear straightforward, computation of the stationary state probabilities, $(P_0, P_1, \ldots, P_S)$ is complex, requiring numerical integration. Although the authors were unable to prove convexity of $C(S)$, numerical tests suggested that it is at least quasi-convex.

One of the interesting aspects of the problem revealed by numerical tests is the relationship between S and m. One would expect that S would be an increasing function of m. That is, as the lifetime of the product increases, the optimal stocking level would also increase, since the penalty for outdating decreases as m increases. Consider the following case: Fix $\tau = 1, \theta = 100, p = 600$ and $\lambda = 50$. The optimal values of S and the optimal expected cost, $C(S)$ for various values of m observed in this case are:

m	S^*	$C(S^*)$
0.005	0	30.00
0.007	7	29.98
0.008	25	29.62
0.009	38	29.01
0.01	47	28.30
0.02	72	21.79

(continued)

(continued)

m	S^*	$C(S^*)$
0.03	73	17.92
0.04	71	15.49
0.05	70	13.82
0.08	66	10.95
0.10	64	9.86
0.30	62	6.45
0.50	64	5.71
0.80	68	5.45
1.00	68	5.43

As one would expect, the expected cost rate decreases as the product lifetime increases. However, note the unusual behavior of S^* as m increases. The reason that S^* is 0 when the product lifetime is very small is that at this value of m, it is more economical not to run the system at all, since virtually all new items outdate before being able to satisfy demand. As m increases, the likelihood that a unit is able to satisfy demand before outdating increases, and so it becomes economical to hold positive stock. Because we chose a very high stockout penalty cost, it is desirable to maintain a larger inventory to decrease the likelihood of stockouts when m has a moderately low value. The value of S^* reaches a maximum in this case when $m = 0.03$. As m continues to increase, the likelihood of outdating decreases, so less stock is needed to maintain the same risk of stocking out. Note that for $m = 1$, the lifetime is essentially infinite, and the solution coincides with the optimal value of S for the nonperishable problem.

Perry and Posner (1998) developed the following extension of this model. Suppose that customers arriving to the system when it is out of stock are willing to wait a random amount of time Y for the next arrival of a unit. The rationale for this extension is that one can keep track of the times of orders, so one can determine the instance of the next arrival. If this is imminent, it makes sense that a customer would wait rather than leave the system unsatisfied.

As an example, suppose that H is the CDF of Y. They suggest the following form for H:

$$H(y) = q + p1_{\{y \geq \tau\}}$$

Where $1_{\{y \geq \tau\}}$ is the indicator function of the event $\{y \geq \tau\}$. This means that a customer is willing to wait for τ units of time for the next arrival (which must come within that time) with probability p. Since $H(y) = q$ for $y \leq \tau$, Y has mass q at 0 so that $P\{0 < Y \leq \tau\} = p$). The authors also consider several other forms of H.

Their analysis is based on computing the joint distribution of the process W given by

$$W = \{W_1(t), W_2(t), ..., W_S(t) : t \geq 0\}$$

where $W_i(t)$ is time to outdate the ith youngest item if the demand process were stopped at time t. While this extension is interesting, and could be potentially useful in some circumstances, the authors do not provide any calculations to compare the results of their model to those of Schmidt and Nahmias (1985). Until that is done, there is no way to tell if their extension leads to policies that differ significantly from those computed assuming customers do not wait when the system is out of stock.

4.2 Continuous Review Models with Zero Lead Time

As noted above, we feel the simultaneous assumptions of continuous review and zero lead time are unrealistic. Nevertheless, we briefly review the major results in this area. The first to look at this problem was Weiss (1980). Weiss assumed that demands are generated by a stationary Poisson process with fixed rate λ. His main result is that, in the case of lost sales, the form of the optimal policy is to either never order, or to order to a fixed level S when the inventory level drops to zero. Notice that the issue of perishability never really comes up, as order cycles are completely independent. One simply waits until the inventory level drops to zero (whether through demand or outdating) and replenishes to a fixed level (much as one does in the simple EOQ model).

Weiss's results were generalized by Liu and Lian (1999). They assumed full backordering of demand and generalized from a Poisson demand process to a stationary renewal process. They showed that the form of the optimal policy is (s, S) with $s \leq -1$, and provide explicit formulas for computing the optimal policy parameters. (A correction of their results appears in Gurler and Ozkaya (2003).) Gurler and Ozkaya (2008) extended their model to the case where the lifetime of a batch is a random variable. Note that for all of these models, the form of the optimal policy (namely that one only orders when the system is backordered), depends heavily on the assumption that order lead times are zero. It is unlikely that one would use such a policy in the real world, where order lead times are always positive. Hence, it would appear that these results do not provide much insight into the general continuous review perishable inventory problem.

4.3 Optimal (Q, r) Policies with Positive Lead Time

Short of finding optimal policies, a common method in inventory control is to determine the best policy from a class of policies. This is the approach taken by Berk and Gurler (2008). It is well known that for many nonperishable continuous review systems, the optimal policy is a (Q, r) policy. That is, when the inventory position hits r, an order for size Q is placed. As the form of the optimal policy is not known, it would seem natural to consider the best (Q, r) policy in the perishable inventory setting. In this version, the authors assume that $r<Q$, which means that there is at most a single order outstanding. (Future work considers the generalization to the case where multiple orders are outstanding.) They also assume throughout that

demands are generated from a stationary Poisson process, thus allowing them to make use of the memoryless property of the exponential interarrival time distribution.

Because items can perish, a slight modification of the standard policy is required. In nonperishable continuous review systems, one is guaranteed that an order can be placed at the instant the inventory level (or inventory position when more than one outstanding order is allowed) hits the reorder point, r. However, if only a single order is in inventory, the entire order will perish at the same instant, thus dropping the inventory level immediately to zero. Hence, the policy must be modified to: One orders Q units whenever the inventory level hits r or zero, whichever comes first.

This modification points out the inadequacy of this policy, however. Consider a blood bank storing a rare form of blood (AB negative, for example). The lead time for replenishment is three weeks owing to the difficulty of finding donors with this blood type. Suppose that there is a substantial amount of AB negative blood on hand due to outdate in one day. According to this policy, the blood bank would sit on their current supply until it outdates the next day, dropping their inventory to zero. During the three week lead time, there would be no AB negative blood available, precipitating a crisis situation. (Note that this problem does not arise in the model considered by Schmidt and Nahmias (1985), since all orders are for size one only, so the on-hand inventory level can only drop by one unit at a time independent of whether the drop is due to outdating or filling demand.)

Clearly, perishability fundamentally changes the form of the optimal policy. The blood bank seeing the supply of this rare blood type would soon expire and would take steps to replenish the inventory far in advance of the outdating. Hence, this type of (Q, r) policy does not make sense in this context. Before one can consider effective heuristics for this problem, a better understanding of the nature of the optimal policy is required.

A modification of the (Q, R) policy which ameliorates this problem to some extent is considered by Tekin et al. (2001). They suggest a (Q, R, T) policy. The policy is implemented in the following way: A replenishment order of size Q is placed whenever the on-hand inventory level drops to r, or when T units of time have elapsed since the last instance at which the inventory level hit Q, whichever occurs first. For this policy to make sense, they require the unusual assumption that the aging of items in a batch begins only after all of the units of the previous batch are exhausted either by demand or outdating. It seems likely that this would be true only in rare circumstances. With this assumption, epochs at which the inventory hits Q are regeneration points of the system. The analysis can then proceed using renewal reward processes. Their main finding is that when service levels are high, the value of r is not increased as much as it would be in an ordinary (Q, r) system. This policy only makes sense when their assumption about aging is accurate, however.

4.4 An Alternative Approach

As noted above, the difficulty with trying to characterize the optimal policy for a continuous review perishable inventory system is properly defining the state variable. If the state is defined in terms of on-hand inventory (as is almost always done in inventory modeling), then the optimal solution would be a function of an infinite dimensional state variable. This would correspond to all of the on-hand orders and their ages. An interesting question is whether or not there is a single dimensional surrogate variable that might provide reasonable operating policies. We speculate that there is such a surrogate variable. It is the expected remaining lifetime or virtual lifetime of the on-hand inventory. That is, given all of the on-hand orders and their ages, and knowledge of the demand process, what is the expected time that this inventory will be depleted either by demand or by outdating?

Consider the following two scenarios. Product lifetime is 10 days, and expected inter-demand time is 1 day. In case one, assume that there are 100 units of 9-day-old inventory on hand, and in case two, there are 100 units of 1-day-old inventory on hand. The expected remaining lifetime of the on-hand stock in the first case is essentially one day, and in the second case it is slightly less than 9 days (since it is possible for 100 demands to occur before the nine days have elapsed). The expected remaining lifetime measure is far more useful than just knowing the number of units on hand, and a policy based on its value should perform reasonably well. The policy we suggest is the following: Let $E(L)$ be the expected remaining lifetime of the current on-hand inventory. Place an order for Q units at the first instance that $E(L)$ drops below a trigger level, r. (This policy assumes only one outstanding order. If multiple orders are outstanding, the form of the policy would have to be modified to take into account unit on order as well as on hand.)

A problem with this idea is that computation of the expected remaining lifetime for an arbitrary stockpile of items appears to be very difficult. An alternative approach would be to use some type of virtual lifetime measure. This would operate much like the virtual waiting time in queueing theory. At each arrival of new stock, the virtual lifetime process would jump upward by an amount related to the size of the order, the lifetime of the product, and the demand process. One would reorder when the virtual lifetime crossed a critical threshold. Conceptually, this is similar to the suggestion above to base the reorder decision on the expected remaining lifetime in the stockpile, but could be easier to compute and implement.

We are not aware of any work that has explored these ideas, but they could provide a way of obtaining reasonable control policies for perishables in a continuous review environment.

Chapter 5
Approximate Order Policies

Contents

Because optimal policies require the solution of an $m - 1$ dimensional dynamic program, finding optimal policies is feasible only for moderately small values of m. For that reason, approximate policies are of particular interest. The first issue to be addressed when trying to find approximations is the form of the approximate policy. When perishability is not present, we know that an optimal policy is a function of the total inventory on hand. A reasonable starting point is to restrict attention to policies that are only a function of the total starting stock in any period, independent of the age distribution of stock. (As we see, this approach has pitfalls as well.)

5.1 Forms of Approximate Policies

The obvious choice for an approximation based only on total starting inventory is the simple order-up-to or S policy. That is, if x is the starting inventory in any period, the optimal order quantity is $\max(S - x, 0)$. However, there are other choices as well. Nahmias (1975b) compared the performance of three simple approximations all based on total inventory, x. These are the S-type policy defined above (called the critical number policy in the reference), the linear policy and the modified critical number policy. Notice that in addition to the fact that all three approximations are based on x, they all require determination of a single parameter value: x^* for the critical number policy, β for the linear policy, and w^* for the

S. Nahmias, *Perishable Inventory Systems*, International Series in Operations Research & Management Science 160, DOI 10.1007/978-1-4419-7999-5_5,

modified critical number policy. The latter two policies are suggested by the form of the optimal policy.

Extensive comparisons of these three policies were done via simulation for a product lifetime of two periods. The main result was that policies 1 and 2 were competitive, with no significant cost difference observed at the 5% level of significance in most cases tested, and policy 3 performed significantly more poorly in most cases tested. These results suggest that the S policy should be a good approximation in most circumstances. We also discuss a fixed order quantity approximation, suggested by the operation of a blood bank. Fixed order quantity policies are not cost-efficient, as they do not respond to demand fluctuations (as does an S policy).

5.2 *S* Policy Approximations

Having identified the S policy as a suitable form for an approximation, one would like to be able to find the optimal S policy. Finding optimal S policies was considered by Van Zyl (1964) for the case of $m = 2$ and for arbitrary $m > 2$ by Cohen (1976).

The basis of the analysis is to show that the state (that is, the vector of inventories of each age level) under a stationary S policy is a Markov chain. Hence, there exists a stationary or invariant distribution for the system state. When $m = 2$, Van Zyl showed that the stationary distribution of the system state, say $G(y)$, is

$$G(y) = F(y)[1 - F(S - y)]/[1 - F(y)F(S - y)].$$

Given an explicit form of G, finding the optimal S is straightforward. While this is a useful result, the reader should keep in mind that when $m = 2$, the dynamic program defining an optimal policy only has a single dimensional state variable so that calculating a true optimal policy in this case is also straightforward. It is more desirable to use an optimal policy than to use the best S policy, which is known to be suboptimal.

The real question is whether this method provides easily computable S policies for larger values of m. Unfortunately, Cohen was not able to obtain explicit results for the stationary distribution of the starting state when $m > 2$. He suggests using successive approximations to find the stationary distribution, but this is comparable to the difficulty of finding a true optimal solution, so is of questionable practical value.

Hence, there is value to considering simpler methods for computing approximate S policies. One of the key advantages of our approach of first developing a meaningful one period model is that this approach is more convenient for constructing approximations. Nahmias (1976) developed a unique approach for finding approximate order policies for the perishable inventory problem that requires essentially the same computational effort for any value of m. In Chap. 2, we observed that there are two reasons why a simple critical number order policy is not optimal: the outdating function,$G_m(t;\mathbf{x})$, and the one period transfer function, $s(y,\mathbf{x},t)$, are functions of the entire state vector, **x,** and not simply the total inventory, x. Nahmias's approach requires finding approximations of both the expected outdating and the one-period transfer function that depend only on **x** only through x. It turns out that either of two sets of bounds for the expected outdating can be used to construct the approximation. The first, below in Lemma 1, are due to Nahmias.

Lemma 1. $\int_0^y F^{m^*}(t)\mathrm{d}t \leq \int_0^y G_m(t;\mathbf{x})\mathrm{d}t \leq \int_0^y F^{m^*}(t+x)$, *where* F^{m^*} *is the m-fold convolution of the one period demand distribution.*

Proof. In Chap. 2, we have that $G_m(t;\mathbf{x}) = P\{D_m + B_{m-1} \leq t\}$ where the random variables $B_0, B_1, \ldots$ follow the recursion $B_j = (D_j + B_{j-1} - x_j)^+$ for $1 \leq j \leq m-1$. Using the fact that for any function $w^+ = \max(w,0) \geq w$, it follows that $D_m + B_{m-1} = D_m + (D_{m-1} + B_{m-2} - x_{m-1})^+ \geq D_m + D_{m-1} + B_{m-2} - x_{m-1} \geq \ldots \geq \sum_{i=1}^{m} D_i - \sum_{i=1}^{m-1} x_i$, which gives the right hand side of the Lemma. The left hand side of the Lemma is obtained by noting that $F^{m^*}(t) = G_m(t;\mathbf{0}) \leq G_m(t;\mathbf{x})$ for any vector $\mathbf{x} \geq 0$.

Note that the lower bound is independent of x. Since the expected outdating is an increasing function of the state vector, the upper bound is likely to be more accurate. An entirely different approach to bounding the expected outdating was developed by Chazan and Gal (1977). Like Cohen, they assume that a stationary S policy is followed in each period so that the system state evolves according to a Markov chain. Their bounds are based on the following observation. Suppose that the demand per period is bounded above by S/m (where m is the product lifetime). Let D be a random variable representing one period demand and μ the mean demand. In this case, the outdating of each period has expectation $S/m - \mu$. Why? Consider the following simple example. Suppose $m = 2$, $S = 10$, and suppose the initial state vector is (5, 5). (Note that here the state vector is of dimension m since we track both fresh and one period old inventory.) Then by assumption, demand is bounded above by $S/m = 5$. It follows that demand depletes from the oldest inventory first, and the outdating in period 1 is simply $5 - D_1$. The order quantity is 5, and the state returns to (5, 5). The expected outdating of each period is thus $5 - E(D)$. As another example, suppose the starting state is (10, 0), the demand is fixed at one unit each period. Then, the reader should check that the outdating in successive periods follows the pattern 0, 8, 0, 8,... and the average outdating per period is $4 = 5 - E(D)$.

When demand is not bounded above by S/m, this argument provides an upper bound on the expected outdating per period. The lower bound is obtained as follows: Let $\bar{D}$ be the average demand over m periods and $\bar{D}_T$ the average demand over m periods truncated at S/m. That is, $\bar{D}_T = \min(\bar{D}, S/m)$. Then, the lower bound on the expected outdating per period is given by $S/m - E(\bar{D}_T)$. A proof of the validity of the lower bound appears in Chazan and Gal (1977). We do not present it here, but note that their main result is:

Lemma 2. If one orders to S each period, then the expected outdating per period, say $E(O)$, is bounded by:

$$S/m - E(\bar{D}_T) \leq E(O) \leq S/m - E(D_T).$$

Chazan and Gal (1977) also develop bounds in the special case where daily demands follow a Poisson distribution. The Poisson case provides a tighter lower bound than the one indicated in Lemma 2.

Chazan and Gal do not consider the problem of optimizing the value of S, the order up to point. However, the methods developed by Nahmias (1976) can be utilized to find S using either the bounds in Lemma 1 or Lemma 2. Suppose we use the upper bound in Lemma 1. Then, one replaces the one period outdate function as follows:

$$\int_0^y G_m(u;\mathbf{x})\mathrm{d}x \approx \int_0^y F^{m^*}(u+x)\mathrm{d}u = H(x+y) - H(x)$$

where $H(t) = \int_0^t F^{m*}(u)\mathrm{d}u$ so that the one period expected cost function is now expressed in the form:

$$L(x,z) = c(z-x) + L(z) + \theta H(z) - \theta H(x)$$

and

$$z = x + y.$$

The approximation technique is based on the approach developed by Veinott (1965). Veinott observed that under reasonably general circumstances, when there is no fixed order cost, the expected cost function for the standard multiproduct, multiperiod, dynamic inventory problem can be decomposed into the sum of N independent one period cost functions, and the optimal solution has the property of being "myopic."

Suppose we approximate the one period transfer function, $\mathbf{s}(y,\mathbf{x},t)$, with the simpler form $s(z,t)$. Then, the total discounted n period cost can be represented in the form $\sum_{n=1}^{N} \alpha^{n-1}E(W(z_n)) - cx_1 - \theta H(x_1)$, where α is the one period discount factor. The optimal policy for this modified model is to order up to S each period, where S minimizes $W(z)$. It was Veinott's observation that the traditional backward dynamic programing approach could be replaced by this much simpler forward approach under the right circumstances. As the N period model is decomposed into N one period models, one needs only look forward one period to achieve an optimal policy. Hence, the term "myopic" describes these policies.

To utilize the myopic approach to constructing approximations, it was indicated that both the one period expected cost function and the transfer function need to be approximated by functions of $z = x + y$, and x. The approximate transfer function takes the form

$$s(z,t) = z - t - H(z) + H(z - t)$$

based on the following argument: if the total on-hand inventory in the current period is z and the demand realization is t, then the total inventory on-hand one period hence is $z - t$ – the amount of inventory outdating at the end of the current period. The expected outdating is approximated by the final two terms using arguments similar to the above.

Utilizing this approximate transfer function and approximate one period cost function, we obtain the following for the myopic one period expected cost function:

$$W(z) = (1 - \alpha)cz + L(z) + (\theta + \alpha c)H(z) - \alpha(\theta + c)\int_0^z H(z - t)f(t)\mathrm{d}t.$$

The ease of optimizing $W(z)$ depends of course, on it shape. Nahmias (1976) showed that when the demand density is a PF_2 density (Polya Frequency function of order 2), that this form of $W(z)$ is quasi convex in z, and is thus easily minimized by binary gradient search. (More specifically, he showed that $W'(z)$ changes sign once from minus to plus as z increases from 0.) The class of PF_2 densities is large, including the exponential, gamma, normal, truncated normal, and lognormal to name a few. Computations reported in Nahmias (1976) for a variety of parameter settings resulted in cost errors of under 1% in most cases tested. Tested cases included lifetimes of two and three periods and exponential and Erlang-2 demands. Because of the difficulty of determining an optimal policy, the accuracy of the approximation for longer lifetimes is difficult to determine.

As indicated earlier, the same approach can be applied to the Chazan and Gal bounds in Lemma 2. We can express the bounds in Lemma 2. as $S/m - a(S)$ and $S/m - b(S)$ where

$$a(S) = \int_0^{S/m} mxf^{m^*}(mx)\mathrm{d}x + (z/k)(1 - F^{m^*}(S))$$

$$b(S) = \int_0^{S/m} xf(x)\mathrm{d}x + (S/m)(1 - F(S/m))$$

Since we have no reason to believe that either the lower or upper bound is more accurate, a reasonable approximation for the expected outdating based on these bounds is simply the average of the upper and lower bounds. That means we would approximate the outdating function as:

$$O(z) = z/m - 0.5(a(z) + b(z))$$

Using this bound, and the same logic described above using Lemma 1 bounds, we obtain the following form for $W(z)$:

$$W(z) = c(1 - \alpha) + L(z) + (\alpha^{m-1}\theta + \alpha c)O(z).$$

As with the other form of $W(z)$ using the Nahmias approximation, the minimizing value of $W(z)$ is also easy to find. Calculations reported in Nahmias (1977c) for a more general version of the problem, indicate that the Chazan and Gal bounds provide more accurate results, especially for larger values of m. This approach should provide very accurate S policy approximations for ordering perishables.

S type approximations were also considered by Nandakumar and Morton (1993) and Cooper (2001). Nandakumar and Morton (1993) applied methods developed by the second author for approximating the standard lead time lost sales problem to the perishable inventory problem. Their approach is relatively simple, and considers bounds on the optimal policy obtained if one considers an infinite lifetime and if one considers a very short lifetime with high likelihood of perishing. They compared the performance of their heuristic to those of Nahmias (1976) described in detail above, and the approximation obtained using Chazan and Gal bounds, also described above. Their computational results indicated virtually no difference in performance between the three methods. We speculate that their parameter set was in too narrow a range to distinguish the methods. Based on this writer's experience, we speculate that the method described above using Chazan and Gal's bounds would perform best in a more extensive numerical test.

Cooper (2001) considered an extensive analysis of the stochastic process that generates outdates and was able to obtain a slightly tighter lower bound on outdates than prior bounds. However, the improvement in expected costs his method resulted in was very small, and the expressions he obtained were quite complex. In the opinion of this writer, the benefit was not justified by the additional complexity of his heuristic.

5.3 Higher Order Approximations

While an S policy based only on total starting stock each period might be adequate for many applications, it is important to remember that it is suboptimal, and ignores the age distribution of starting stock. This can cause serious problems in some situations. For example, consider the blood bank application. Whole blood has a legal lifetime of 21 days. Suppose a large supply of 20-day-old blood is available for a particular blood type, and no other blood of this type is available at the blood bank. An approximation based only on total stock on hand would indicate that there are sufficient stocks in the system, and the recommended order quantity would likely be small. However, on-hand inventories would go to zero one day later due to outdating. Hence, such approximations must always be viewed in the context of the application. If there is a substantial lead time for new procurements (as there would be in the blood bank setting), this could lead to a disastrous situation. One might want to use an optimal policy in this situation. However, an optimal policy requires a state variable with 20 dimensions, so is not really feasible. However, there is a middle ground between an optimal policy and a simple approximation, such as an S type policy, based only on total stock.

This issue was addressed in Nahmias (1977b). The basic idea is to approximate an m period lifetime problem with a k period lifetime problem, where $k < m$. He suggests collapsing the state vector from $(x_{m-1}, x_{m-2}, ..., x_1)$ to $(x_{m-1}, x_{m-2}, ..., x_{k+1}, \sum_{i=1}^{k} x_i)$ based on the fact that the optimal policy is more sensitive to changes in newer rather than older inventory. He then proceeds to show how one can construct a dynamic program with dimensionality k as an approximation to the original problem. For large values of m, other aggregation schemes might make more sense. For example, in the case of the blood bank, we might define a two dimensional state variable, (x_1, x_2) where x_1 is the on-hand inventory of age 5 days or less, and x_2 is the on-hand inventory of age 6–20 days. Another alternative, described in Nahmias (1975b) is to use a multiple critical number policy, where each critical number would correspond to the on-hand inventory of a particular age grouping. For example, in the blood bank case, one critical number would correspond to the inventory of age 5 days or less, and another of age 6 to 20 days. Still another approach would be to simply change the defined length of a period. In the blood bank example, if a period were defined as a week instead of a day, the lifetime would be three periods, and it would be feasible to compute an optimal policy, as the state variable would have dimension 2.

5.4 Fixed Order Quantity Approximation

Consider a system where a fixed quantity of fresh product is added to the inventory each period. This approach was suggested by Brodheim et al. (1975) to model the operation of a blood bank. In the blood banking context, a fixed replenishment policy assumption might be reasonable if the bank has a relatively constant pool of donors. However, fixed order quantity policies are likely to be inferior to S policies in terms of cost performance, since they do not respond to demand. Since an S policy orders exactly the previous period's demand, it is responsive to highs and lows in the pattern of demand realizations.

However, the analysis is significantly simplified under a fixed order quantity policy. Suppose q units are brought into the system each period. Then, the age distribution of on-hand inventory is of the form $(q, q, q, \ldots, r, 0, 0, \ldots, 0)$ where $0 \leq r \leq q$. Notice that this means that knowing only the total stock on hand uniquely defines the state vector. If the product lifetime is m periods, and the total inventory on hand starting any period is i, then every age category will contain exactly q units up until age category $[i/m]$, which will contain exactly $r = i - [i/m]q$ units. Interpret $[x]$ as the largest integer less than or equal to x. (Note that the original article contained several typos in this part of the description.)

This means that knowing only the total inventory on hand provides a complete description of the system state, and the total starting stock forms a Markov chain of one dimension. This obviates the need to keep track of the age distribution of stock, and significantly simplifies the analysis. The range of possible values of state is 0 to qm. Since under reasonable assumptions, the resulting Markov chain is recurrent, there exists a stationary distribution $\boldsymbol{\pi} = (\pi_1, \pi_2, \ldots, \pi_{qm})$ satisfying $\boldsymbol{\pi} P = \boldsymbol{\pi}$, where $\mathbf{P}$ is the one step transition matrix for the chain.

Even though the state is only one dimensional, the number of states is likely to be large for most applications. In the blood banking application, $m = 21$, and for a value of q of 100 the resulting chain has 2,100 states. As this is a bit unwieldy, approximations are considered which provide reasonably tight bounds on the probability of shortage and the expected daily outdating. The authors do not consider the problem of optimizing the value of q. While potentially useful in the right environment, this approach is of limited interest (as noted above) due to the fact that a fixed order quantity policy does not respond to demand fluctuations. In the blood banking context, a sudden surge in demand brought on by a catastrophe would certainly be caused to seek larger supplies of fresh blood.

Chapter 6
Inventory Depletion Management

Contents

6.1 Preliminaries

The inventory depletion management problem is discussed in this chapter. Items are stored in a stockpile for the purpose of serving a demand in the field. Items typically age at different rates in the stockpile and in the field. The stockpile may or may not be replenished, and there may be different costs to replenish the stockpile and make emergency replacements in the field. The vast majority of the analysis on this problem is to determine conditions under which either FIFO (i.e., issuing the oldest item next) or LIFO (issuing the newest item next) is optimal.

How does this problem relate to the problem of ordering perishable inventory, which is the primary topic of this monograph? The problems are similar in that they both deal with optimal management of perishable inventory. But that is where the similarity ends. In the basic perishable inventory problem, items are assumed to be of uniform utility to the field irregardless of their ages at issue, as long they have not expired in inventory. This means that from the inventory management point of view, it is optimal to issue the items in FIFO order. The classic inventory depletion problem is static in most cases: most of the research assumes a fixed stockpile of items with no opportunity for replenishment. There is also no external demand, other than the "field." Items are simply issued on a one-at-a-time basis as they die in the field. For the ordering problem, once items are "issued" (i.e., leave inventory to satisfy demand) they leave the system. One is not concerned with how long these items last in the field. In the inventory depletion management problem, the key driver is the relative rates of aging in the stockpile and in the field.

S. Nahmias, *Perishable Inventory Systems*, International Series in Operations Research & Management Science 160, DOI 10.1007/978-1-4419-7999-5_6,

Hence there is little, if any, crossover between the two problems. It is clear that there is a large body of real problems accurately described by the perishable inventory problem. Many products are stamped with an expiration date. An item is considered acceptable as long as the expiration date has not been reached, and useless on or after the expiration date. The inventory depletion problem is much more specialized, and would appear to have limited applicability in the real world.

6.2 Deterministic Field Life Functions

Irregardless, there is a fairly large body of research on the depletion problem. The first published work on the depletion problem was Greenwood (1955). Greenwood's interest in the problem clearly arose from military applications. As he notes in his introduction, the prevailing thinking of the time was that FIFO was the preferred issuing order, but that LIFO might be a better choice in many cases. Greenwood notes that the basic trade-off is that under FIFO, issuing occurs frequently, but fewer items expire in the stockpile, while under LIFO, one observes longer field lives, but many items might expire in storage. Greenwood's basic observation is that if the field life function is linearly decreasing with slope one, both LIFO and FIFO are optimal, but if the field life function is convex, LIFO is optimal and if it is concave FIFO is optimal. He notes that when the field life function is convex and decreasing, FIFO requires substantially more replenishment of the stockpile. Formal proofs of these results were not provided.

Derman and Klein (1958) considered a rigorous analysis of a more narrowly defined problem. Virtually, all of the research that followed is based on Derman and Klein's formulation, which is as follows: Assume a fixed stockpile of n items of varying ages, say $(S_1, S_2, ..., S_n)$. Items are issued one-at-a-time to the field upon expiration of the previously issued item. An item issued at age S has a field life of $L(S)$, where $L(S)$ is a known function (later extensions would consider the case where field life is a random variable). The objective is to determine the sequence in which to issue the items so as to maximize the total field life (or total expected field life) of the stockpile. While Greenwood (1955) considered only simple linear forms for $L(S)$, he raised some interesting questions that do not appear to have been considered again in the operations research literature. For example, one can consider a model in which there are relative costs of failure in the stockpile versus failure in the field. It is likely that failure in the field is far more costly in most applications. Another aspect of the problem considered by Greenwood is to incorporate ongoing replenishment of the stockpile. Greenwood assumed that new items replenish the stockpile at a steady rate of θ units per unit time. An interesting question would be to consider optimization of θ, or to allow for more complex replenishment mechanisms.

To understand how the problem might arise in the real world, consider the following. Most portable electronic items, such as digital cameras, mp3 players, and flashlights use disposable batteries. As batteries fail, they are replaced.

Batteries age in storage, but much more slowly than while in use. Given a stockpile of batteries of varying ages, in what order should the batteries be issued to maximize the total useful lifetime of the stockpile?

As noted above, in the case of the standard perishable inventory ordering problem, the issue of field life never arises. Items are assumed to age at unit rate while in storage, but once issued to meet demand, they leave the system. In the basic perishable inventory model, a new item with remaining lifetime m has the same utility to the buyer as an item with one unit of time remaining in its lifetime. To this writer's knowledge, the only study which considers both ordering and issuing of perishable items is the unpublished work of Veinott (1960), but as noted in an earlier chapter, only deterministic demand was considered in this study. It seems likely that a stochastic model which treats both ordering and issuing would be very difficult to analyze.

Consider the field life function, which defines the relative rates of aging in the stockpile and in the field. The simplest assumption is that items age at the same rate in the field as in the stockpile. This would correspond to a field life function of the form $L(S) = m - S$, where m is the useful lifetime of a new item. Note that in this case, we would require that $L(S) = 0$ for $S > m$. As we see, this is a trivial case in which all issuing policies are optimal. However, if items age at different rates in the stockpile and in the field, the field life function will not have unit slope. Suppose, for example, that items in the stockpile are refrigerated and age at exactly half the rate of items in the field. In this case, the appropriate field life function is $L(S) = 0.5(m - S)$, where m should be interpreted as the lifetime of a new item that remains in the stockpile until it expires. We would expect that many real cases can be expressed in the form $L(S) = b(m - S)$, where the slope term b indicates the relative rate of aging of items in the stockpile and the field. In virtually all of the real world applications, we can envision $0 \leq b \leq 1$ implying that items age more quickly in the field than in the stockpile.

One can also envision cases where the field life function is nonlinear. For example, automobile batteries age relatively slowly when not in use. Suppose a brand new battery can be expected to last 5 years. A battery which has been stored for 1 year lasts 4.5 years, and one which has been stored 2 years lasts 4.25 years. This would give rise to a convex decreasing field life function with the property that $L'(S) > -1$. In fact, one can envision field life functions that are nonlinear and nonmonotonic. Consider a family that consumes wines one bottle at a time from their cellar. It is well known that many wines improve with age. Suppose that there is an optimal time, say t^* at which a bottle should be decanted. If $L(S)$ measures the utility of a bottle of wine decanted at age S, the field life function would be concave with the maximum occurring at t^*.

Consider once more the case of a linear field life function with slope-1. This means that

$$L(S) = m - S \text{ for } 0 \leq S \leq m$$
$$L(S) = 0 \text{ for } S \geq m.$$

In this case, all issuing policies yield exactly the same field life for the stockpile. As a simple example, consider a stockpile of five items, labeled 1, 2, 3, 4, 5 with initial ages 1, 2, 3, 4, 5. Suppose that each item has a useful lifetime of $m = 10$. It is easy to show that in this example, no matter what order one issues the items, the total field life of the stockpile is 9. If the items are issued in LIFO order, then item 1 is issued first and lasts 9 units of time in the field. By this point, the other four items in the stockpile have expired, so the total field life of the stockpile is 9. If the items are issued in FIFO order, then the first item issued (item 5) would have a field life of 5 units, and each of the remaining four items would have a field life of exactly one unit, thus totaling 9 units again. One can easily check that issuing the items in a random order also gives a total field life of the stockpile of 9 units.

Hence, when items age at the same rate in the stockpile as in the field, all issuing policies are optimal. However, we know that FIFO minimizes outdating in the standard perishable inventory problem. Hence, these two problems have a fundamentally different structure, and the results from one do not necessarily carry over to the other.

Consider another example. Suppose that items age twice as fast in the field as they do in the stockpile. As noted earlier, the field life function for this case is

$$L(S) = 0.5(m - S) \text{ for } 0 \leq S \leq m$$
$$L(S) = 0 \text{ for } S \geq m.$$

In this case, the order of issue makes a difference. Again, suppose that the stockpile consists of five items of ages 1, 2, 3, 4, 5 and assume $m = 10$. Issuing the newest first (LIFO) results in the following: Item 1 at age one issued at time 0 has field life of 4.5. Item 2 at that point has age 6.5 (and remaining lifetime 3.5) and hence has field life of 1.75 and expire at time 6.25. Item 3 is then 9.25 units old and has field life of 0.375. Items 4 and 5 expire by this point, thus giving a total field life of 6.625 for LIFO.

Consider now issuing the items according to FIFO. Item 5 issued at time zero has field life of 2.5. At this point, item 4 has age 6.5 and field life of 1.75. Item 4 expires at time 4.25. Thus, item 3 has age 7.25 at issue and has field life of 1.375 taking us to time 5.625. Item 2 has age 7.625 and field life of 1.1875 taking us to time 6.8125, and finally the remaining field life of item 1 is $L(7.8125) = 1.09375$, giving a total field life of the stockpile from FIFO of 7.90625. In this case, FIFO is optimal.

Although increasing field life functions have also been treated in the literature, it would seem that there are few real world applications of this case. In most contexts, we think of items deteriorating as they age rather than improving with age.

Greenwood only considered field life functions of the form $L(S) = k(m - S)$ for $k > 0$. If $0 < k < 1$, then items age more slowly in the stockpile than in the field, and if $k > 1$, then items age more quickly in the stockpile than in the field. However, Greenwood also assumed that new items are added to the stockpile at a constant rate of θ. He derives several measures of system performance under this scenario, including average age of items at the time they are sent to the field, number of items that die in the field per unit time, average age of items in the field, average number of items maintained in storage, rate of items dying in storage per unit time, and average age of stored items. Expressions are derived for the various measures of system performance as functions of several input parameter values.

As noted earlier, Derman and Klein defined the problem more narrowly than Greenwood. This allowed them to develop rigorous proofs of their results for more general forms of $L(S)$. Their paper was significant in several respects. One was their problem definition. More importantly, they discovered what would become the standard approach for analyzing the issuing problem – namely, an induction argument on n, the number of items in the stockpile. Derman and Klein's main result is:

Theorem 6.1. If

1. $L(S)$is a positive convex function and
2. LIFO is optimal when $n = 2$,

then LIFO is optimal when $n \geq 3$.

Proof. The proof is by induction on n, the number of items in the stockpile. The total field life of the stockpile may be written in the form $Q(x) = x + L(x + S^*)$, where x is the total field life from the first $n - 1$ items and S^* is the initial age of the last (n-th) item issued. Since Q is the sum of a convex function and a linear function, it is also convex. The objective is to maximize Q. It is well known that the maximum of a convex function over a convex set occurs at the extreme points of that set. Hence, Q (x) is maximized at either $x = 0$ or $x =$ its maximum value. Clearly the first case, $x = 0$, is suboptimal – that would mean never issuing the first $n - 1$ items. But the induction assumption says that x is maximized by an LIFO policy on the first $n - 1$ items issued. That said, either the last item issued is the oldest item in the stockpile or not. If it is not, then it must be younger than the next to the last item issued. But that contradicts assumption (1) which says that for any two items, LIFO is optimal. Hence, by switching the order of the last two items, the total field life can be increased. Hence, LIFO must be optimal for the entire stockpile.

Zehna (1962) points out that one must qualify the assumptions of this theorem. It is untrue, for example, if $L(S)$ is an increasing function, or is not monotone. As noted earlier, this is unlikely to occur in the real world, as it implies that items improve in the field. He also points out that the assumption made by Derman and Klein that issuing a single item is never optimal may, in fact, not be true in all circumstances. Zehna provides a proof of the slightly modified theorem that does not require this assumption. It is:

Theorem. If $L(S)$ is a convex, nonincreasing function and LIFO is optimal for $n = 2$, then LIFO is optimal for all $n \geq 2$.

In order for this result to be useful, one still needs to determine those convex functions for which LIFO is optimal when $n = 2$. Two examples presented by Derman and Klein are (a) $L(S) = a/(b + S)$ for $a > 0, b \geq 0$ and (b) $L(S) = ce^{-ks}$ $(c, k>0)$. (Note that the first case was misprinted in the original as $L(S) = (a/b + S))$. In both cases, the field life function is monotonically decreasing, so they do correspond to perishable items. Both functions are also nonlinear.

In a follow-up note to their original paper, Derman and Klein (1959), show that no matter what the form of the field life function, the issuing problem can be formulated and solved as an assignment problem. Since algorithms for the assignment problem are very efficient, this implies that any real problem can easily be solved if the exact form of the field life function is known. From a practical standpoint, this obviates much of the need for further theoretical results for the deterministic problem, although the advantage of their earlier results is that one can determine optimality of LIFO or FIFO only knowing the shape of the field life function, and not necessarily having to know its exact form.

The first extension of the Derman and Klein work was due to Lieberman (1958) who showed that if $L'(S) \geq -1$ and LIFO is optimal for $n = 2$, then LIFO is optimal for $n > 2$, and if FIFO is optimal for $n = 2$, then FIFO is optimal for $n > 2$.

Zehna also provided several extensions of Derman and Klein's and Lieberman's results. He considers cases where $L'(S) < -1$ and shows that LIFO is optimal in both cases where L is convex or concave. However, this is an unlikely case, as it implies that items age faster in stockpile than in the field. Zehna was also the first to consider stochastic field life functions, but obtained few results for this case.

As noted earlier, Derman and Klein's original work sparked a series of papers. In the opinion of this writer, most of these are of limited practical interest because of Derman and Klein's earlier result that if the form of the field life function is known, all inventory problems can be solved as assignment problems. One of these minor extensions was due to Bomberger (1961), who extended Derman and Klein's results based on the properties of the inverse function $L^{-1}(S)$.

Eilon (1961) focused on the problem of whether LIFO or FIFO is optimal for the case $n = 2$. This is of interest since most of the earlier work used the Derman and Klein induction argument, which requires one to assume that LIFO or FIFO is optimal for $n = 2$. One interesting idea was that if one expressed the field life function as a power series expansion, one can find conditions for the optimality of LIFO or FIFO for two items based on these expansions. In a later work, Eilon (1963) focused on the problem of providing closed form expressions for the total field life of a stockpile under several circumstances. He considered cases of identical items, and nonidentical items. He also considered the case where items flow into the stockpile at a constant rate. The replenishments could be of identical or nonidentical items.

Pierskalla (1967a) considered several extensions of earlier work. In particular, he considered the case where there are multiple demand sources that draw from the stockpile. He focused attention on the case where the field life function, $L(S)$, is a continuous nonincreasing function, and considers primarily FIFO issuing for the demand sources. Unfortunately, because of the complexity of the problem, he is able to prove the optimality of FIFO only in special cases. He also considers the addition of penalty costs – namely, there is a penalty cost incurred each time an item is issued from the stockpile. Again, the analysis focuses on cases where FIFO issuing is optimal. Finally, he treats S-shaped field life functions. Such functions are neither convex nor concave, so do not fall into categories previously studied.

6.3 Stochastic Field Life Functions

An extension to the basic issuing problem is the case where the field life is uncertain. The problem is easy to state. As in the deterministic case, assume a stockpile of n items with varying ages. An item of age S issued to the field has a field life $L(S)$ that is a random variable whose distribution depends on S. When an item expires, another is issued from the stockpile until it is depleted. The goal is to maximize the total expected field life of the stockpile. Although easy to state, this problem is essentially unsolved. The difficulty lies in the fact that when items are issued one-at-a-time, the age of an item issued to the field depends on the realizations of the lifetimes of the previous items issued. Hence, successive lifetimes of items issued to the field are dependent random variables, whose distributions are very difficult to find. For this reason, researchers have been able to obtain results in special cases only.

The first to consider stochastic field lives was Zehna (1962). For the general problem, he was only able to obtain very limited results. He claimed that under the general assumption that $L(S)$ has an expectation that is a decreasing function of S, there is very little one can say about the optimality of any issuing policy. He did note, however, that in the case where $E(L(S)) = a + bS$ with $a, b > 0$, FIFO is optimal. Of course, this case is not very interesting, as one would almost always expect that $E(L(S))$ is decreasing in S. He also obtained explicit results for the case where items are issued on a fixed schedule, rather than upon expiration of the previously issued item, and also where there are only two items in the stockpile. Neither case is very interesting from a practical point of view.

The next to consider stochastic field lives was Pierskalla (1967b). He assumes that there is a family of field life functions of the form $L_i(S) = a_iS + b_i$, where $a_i < 0$, and $b_i > 0$ such that $L_i(S_0) = 0$ for all values of i. That is, each field life function is a decreasing linear function with the same truncation point. He then assumes that upon issue an item of age S has field life $L_i(S)$ with probability p_i. This is, of course, a very restrictive assumption, but it overcomes the difficulties that Zehna had dealing with truncation points. Pierskalla goes on to show that FIFO is optimal under such a setting. He extends his results to the case of multiple item demands on the stockpile.

While Pierskalla's model allows him to obtain explicit results, it contradicts the purpose of assuming uncertainty in the field lives. Assuming all items die at the same age is a very restrictive assumption. One would think that the purpose of considering uncertainty in this context would be to allow different items to have different lifetimes when issued at the same age.

An entirely different approach was taken by Nahmias (1974), which was based on the concept of stochastic ordering. Consider two random variables, X and Y. Then, X is said to be stochastically smaller than Y (written $X \subset Y$) if and only if $F_X(t) \geq F_Y(t)$ for all $t \geq 0$, where $F_X(t)$ and $F_Y(t)$ are the cumulative distribution functions of the random variables X and Y, respectively. Nahmias defines a new criterion based this concept.

Let $p(n)$ be a permutation of the integers $\{1, 2,..., n\}$. Without the loss of generality, assume that the n items in the stockpile are arranged such that $0 < S_1 < S_2 < ... < S_n$, and let $p_L(n) = \{1, 2, 3, ..., n\}$ and $p_F(n) = \{n, n-1, n-2, ..., 1\}$ so that these represent LIFO and FIFO issuing policies, respectively. Furthermore, let $Z(p(n))$ be the field life of the stockpile when issued in the order $p(n)$. He assumes that $Z(p(n))$ is a random variable with an arbitrary distribution. We say that an issuing policy $p^*(n)$ is strongly optimal if $Z(p(n)) \subset Z(p^*(n))$ for all issuing policies $p(n)$. Nahmias shows that if either FIFO or LIFO is strongly optimal for $n = 2$, then under fairly general assumptions, it will be strongly optimal for $n > 2$. The proof follows the logic of Derman and Klein's original proof.

He then considers two specific cases. Let X be a nonnegative random variable whose range is restricted to the interval $(0, S_0)$. Suppose that $X(S)$ is the field life of an item issued at age S. Then, define $X(S) = \max[X - h(S), 0]$, where $h(S)$ is a known function defining the rate of deterioration. In this scenario, the realization of a single random variable determines the lifetimes of all of the items in the stockpile. He considers two versions of this scenario, and is able to show that when $h(S) = S$ (i.e., items age at the same rate in the field as in the stockpile) then both LIFO and FIFO are strongly optimal. In a modification of this model to guarantee items do not die in the stockpile, he shows that only FIFO is strongly optimal. Other forms of $h(S)$ are not considered.

While Nahmias's approach skirts some of the problems with models of Zehna and Pierskalla, it does bring up a host of other issues. Are there common cases where either LIFO or FIFO are strongly optimal for $n = 2$? And what results can one obtain for more general forms of $h(S)$ in the simpler case, where the lifetimes of all of the items in the stockpile are determined by the realization of a single random variable?

Albright (1976) approaches the problem differently. As noted above, the difficulty with this problem is that if items are issued one-at-a-time upon the death of the previously issued item, successive field lives are dependent random variables. Albright avoids this problem by assuming that items are issued at random times independent of the realizations of successive field lives. This is essentially a different problem. Perhaps this would be appropriate if the stockpile were to serve a large number of distinct customers. In this case, the failure process is the superposition of a large number of failure processes, and might look like an independent renewal process. For this case (which he calls the independent case), he is able to obtain interesting results assuming increasing failure rate (IFR) distributions, and a deterministic mechanism that measures aging in storage relative to aging in the field. He does consider the dependent case, but was able to obtain results here only for $n = 2$ items.

Chapter 7
Deterministic Models

Contents

7.1 The Basic EOQ Model with Perishability

As we have seen, managing perishables when demand is uncertain is a challenging problem. When demand is known, one can always find an ordering rule that guarantees no outdating. Hence, at first glance, it would appear that the deterministic demand case is trivial. However, this is not the true when demand is nonstationary.

Consider first the stationary demand case (namely, the basic EOQ model). In this case, incorporating perishability is straightforward. We follow the notation from Nahmias (2009). It is well known that in the EOQ setting, the optimal number of units to order each cycle is given by the formula

$$Q^* = \sqrt{\frac{2K\lambda}{h}},$$

where K is the fixed order cost, h is the holding cost measured on a unit per unit time basis, and λ is the fixed rate of consumption also in units per unit time. The cycle time, T, is the time between placement of orders, given by

$$T = Q^{*/\lambda} = \sqrt{\frac{2K}{\lambda h}}.$$

The model is based on the assumption that goods are durable (i.e., have an infinite lifetime). Now, let us suppose that new orders have a lifetime of m units of time. If $T \leq m$, there is no modification of the policy required. All units are consumed by demand prior to outdating. Consider the case $T > m$. Here, all units on hand at time

S. Nahmias, *Perishable Inventory Systems*, International Series in Operations Research & Management Science 160, DOI 10.1007/978-1-4419-7999-5_7,

m (which will be $Q^* - \lambda m$) expire, and one must immediately reorder to avoid shortages. It is obvious that in this situation, reducing the order size from Q^* to λm eliminates outdating and reduces the holding cost and marginal order cost and has no effect on fixed costs. Hence, the optimal policy is to order $\min(Q^*, \lambda m)$.

It follows that in the EOQ environment one orders so that outdating never occurs. It appears safe to assume that this property of an optimal solution carries over to *all* deterministic perishable inventory problems. This includes problems with nonstationary costs, capacity restrictions, etc.

7.2 Dynamic Deterministic Model with Perishability

In what has become a seminal paper, Wagner and Whitin (1958) provided the first analysis of the economic lot scheduling (ELS) problem. Consider a set of known requirements over N planning periods, say $\mathbf{r} = (r_1, r_2, ...r_N)$. They assumed stationary only fixed order costs and holding costs, and furthermore that these costs are not changing with time. The key result which allowed them to construct an efficient solution algorithm was that an optimal policy only ordered in periods where starting inventory was zero. (We refer to this as the zero inventory property.) This means that if starting inventory at the beginning of the planning horizon is assumed to be zero, an optimal policy is completely specified by knowing the periods in which ordering occurs. It also means that every order quantity is the sum of requirements for some set of future periods (this is known as an exact requirements policy). Because of this result, the problem can be formulated as a shortest path through an N node network and solved efficiently either by forward or backward dynamic programing. Their paper sparked a great deal of interest among researchers, and led to several generalizations. It has become known as the ELS problem.

Consider the extension of the Wagner Whitin ELS problem, but assume that the usable lifetime of the product is m periods. Clearly, it is now optimal to restrict attention to policies that allow no outdating. Suppose that $\mathbf{y} = (y_1, y_2, ..., y_N)$are the production (or purchase) quantities over the N period planning horizon, and further suppose that the order quantity y_i results in outdating of k units in period $i + m$. Then, replacing y_i with $y_i' = y_i - k$ must result in costs less than or equal to those incurred by ordering y_i, since (as with the EOQ model) fixed order costs are unaffected, but both holding costs and marginal order costs as well as outdate costs, are reduced. Hence, one might think that this implies that the ELS problem with perishability is uninteresting. This is certainly not the case, however.

The first to consider the extension of the ELS problem to the case of perishable inventory appears to have been Smith (1975). Smith assumed that the zero inventory property carried over to the perishable case (which is not true). He also seems to have ignored the property that (in the fixed life case) an optimal policy always has zero outdating.

Friedman and Hoch (1978) noted that Smith's algorithm was flawed, since it was based on incorrect assumptions. They provided the following example to show that when fixed life perishability is included, the zero inventory property does not always hold. Consider a problem with a three period planning horizon, and nonstationary costs. Suppose that requirements in each period are for one unit, set-up costs are 0.5 each period, holding costs are \$1 per unit held each period, and marginal production (or order) costs are respectively 8, 10, and 12. Furthermore, suppose that the product lifetime is two periods. The optimal solution to this problem is to order two units in period 1 and one unit in period 2. The cost of this policy is the following: \$1 for setting up in two periods, \$2 for holding since there is one unit on hand at the end of periods 1 and 2, and marginal production costs of \$16 + \$10, for a total cost of \$29 over the three period planning horizon. Since this policy never orders more than two periods of demand, no units outdate. The key point is that this policy results in placing an order in period 2 when the entering inventory is one unit. Hence, the zero inventory property is violated. (Notice, that if we removed the two period lifetime restriction, the optimal policy would call for ordering 3 units in period 1.)

The stochastic problem is difficult for several reasons. One is that it is necessary to define a multidimensional state variable to keep track of the on hand inventories of each age level. This is not necessary in the deterministic case, however. Friedman and Hoch discovered a very clever way to track the age of the inventory without having to employ a multidimensional state variable. If one keeps track of both the period in which production (or ordering) occurs for a unit, and the period in which that unit is used to satisfy demand, then one can easily find the age of the unit in every period it is stored in the system. In this way, one can compute the total cost associated with that unit during its lifetime in the system. This cost matrix (which excludes fixed costs) is the main driver of the computational algorithm.

They assume on hand inventory of each age level is subject to decay at the end of each period. That is, if there are I units on hand of age i at the end of a period (after satisfying demand in that period), then only $r_i I$ units will be available at the start of the next period, where $0 \leq r_i \leq 1$. On the surface, this looks like simple exponential decay. However, because decay constants are age dependent, it is in fact much more general. As they note, their model includes fixed life perishability as a special case by defining $r_i = 1$ for $1 \leq i \leq m$, and $r_i = 0$ for $i > m$.

The input to the algorithm is the cost matrix having elements, a_{jt} defined as the holding and marginal production cost of meeting one unit of demand in period t from production in period j, where $1 \leq j \leq t$. It follows that $a_{jt} = c_j\left(\prod_{k=1}^{t-j} r_k\right)^{-1} + \sum_{i=j}^{t-1} h_t \left(\prod_{k=i-j+1}^{t-j} r_k\right)^{-1}$ for $j < t$. The idea behind the first term is the following. If a unit is produced in period j and held until period t, it will have decayed in the intervening periods to $\prod_{k=1}^{t-j} r_k$, which means one will have had to have produced the inverse of this quantity in period j. By applying the decay factor in each of the intervening periods between periods j and t, one determines the holding cost in those intervening periods, thus accounting for the second term. Based on this cost matrix, the authors develop a dynamic programing algorithm for solving the problem. The cost matrix only includes marginal production costs and holding costs. Fixed production costs are treated separately.

While the authors show that it is not necessarily true that ordering only occurs in periods in which starting inventory is zero, they did correctly state that all of the demand in a period is completely satisfied by production in a single prior (or current) period only. This observation is an important feature of their solution algorithm.

Friedman and Hoch's results were extended by Hsu (2000). Hsu defined the following:

z_{it} = the amount of the demand from period t to be satisfied from production in period i.
y_{it} = the amount produced in period i and held at the beginning of period t which excludes the amount z_{it} used to satisfy the demand in period t.
$H_{it}(y_{it})$ = the cost of holding y_{it} units of inventory in period t, which are produced in period i.
α_{it} = the fraction of y_{it} which is lost during period t.

Hsu's development is easier to follow, as he clearly defines the state variables. He generalizes the aging mechanism defined by Friedman and Hoch. Note the variable α_{it} depends on both the age of the inventory and the period in which aging occurs. This allows for different rates of aging based not only on the age of the inventory, but also based on the time of year. For example, one might expect food products to age more quickly in hot weather than in cool weather. This would be reflected by larger values of α_{it} in summer months.

Hsu assumes a more general cost structure than Friedman and Hoch. In particular, both the production and holding cost functions are assumed to be nondecreasing concave functions. He makes the following assumptions:

For $1 \leq i \leq j \leq t \leq n$:

Assumption 1. $\alpha_{it} \geq \alpha_{jt}$
Assumption 2. $H_{it}(y) \geq H_{jt}(y)$ for $y \geq 0$.

Note that by the way the aging mechanism is defined, the age of an item in period t that is produced in period i is the difference $t - i$. It follows that since $j \geq i$, $t - j \leq t - i$. Therefore, Assumption 1 says that older items age deteriorate at least as fast as younger items. Assumption 2 says that as items age, the cost of holding older items is at least as high as the cost of holding younger items. Part of the justification for Assumption 2 is that the holding cost term may also include a disposal cost for perishable items. Note that Hsu's formulation uses exactly the same mechanism for tracking the age of items as that developed by Friedman and Hoch.

The optimization problem is then stated as

$$\text{Minimize} \sum_{t=1}^{n} [C_t(x_t) + \sum_{i=1}^{t} H_{it}(y_{it})]$$

$$\begin{aligned}
&\text{subject to: } x_t - z_{tt} = y_{tt} && 1 \le t \le n \\
&(1 - \alpha_{i,t-1})y_{i,t-1} - z_{it} = y_{it} && 1 \le i < t \le n \\
&\sum_{i=1}^{t} z_{it} = d_t, && 1 \le t \le n \\
&x_t, y_{it}, z_{it} \ge 0 && 1 \le i \le t \le n
\end{aligned}$$

He assumes that both the order cost functions $C_t(x_t)$ and the holding cost functions $H_{it}(y_{it})$ are concave nondecreasing functions, generalizing Friedman and Hoch's assumptions that these were linear. Hsu shows that the solution of this generalized version of Friedman and Hoch's model is equivalent to a minimum cost network flow problem on a specially constructed network with flow loss.

Hsu shows that for every t, $1 \le t \le n$, there is a unique i, $1 \le i \le t$, such that $z^*_{it} = d_t$. This means that at an optimal solution, every demand is satisfied completely by production in a single prior period. Note that the production quantity must be inflated by the decay losses as was noted by Friedman and Hoch. A second structural result (which we do not quote here) is then used to construct the solution algorithm. Hsu notes the result obtained by Friedman and Hoch that the zero inventory property (namely that an optimal solution only produces when starting inventory is zero) does not necessarily hold when perishability is present. In fact, even when perishability is not present, nonstationary costs could result in this property failing to hold. The solution algorithm developed for solving the problem is similar to the one developed by Friedman and Hoch. However, because Hsu allows for nonlinear costs, the cost matrix approach of Friedman and Hoch is no longer possible. In summary, Hsu generalizes Friedman and Hoch's results in two ways: one is allowing for the decay variables to depend on both the age of the inventory and the planning period, and the other is allowing for more general holding and ordering cost functions.

An extension of these results to allow for backorders is considered in Hsu (2003). In this paper, Hsu essentially combines the results for Hsu (2000) and Hsu and Lowe (2001), which did not deal with perishables, but considered the ELS problem with backorders and age-dependent backorder costs. The idea is to allow for backorder costs to depend on both the period in which the backorder occurs and the period in which an item is produced to meet that backorder. We do not review these papers in detail, but note that the earlier Hsu and Lowe paper built a solution algorithm based on properties similar to those discovered by Hsu (2000) when generalizing Friedman and Hoch's model.

An extension of Hsu (2000) was considered by Chu et al. (2005). The model is identical to Hsu (2000), except that the order cost function, $C_t(^*)$ is generalized to the so-called *economies of scale function*.

A cost function, $F(X)$, defined on $[0, \infty]$ is called an *economies of scale function* if:

1. $F(0) = 0$.
2. $F(X)$ is nondecreasing on $[0, \infty]$.
3. The average cost function defined as $\bar{F}(X) = F(X)/X$ for $X>0$, is a nonincreasing function on $(0, \infty)$.

The idea behind the economies of scale function is that it includes many types of discount schedules not captured by the simpler concave nonincreasing function assumed in Hsu (2000). Because there is no requirement that the economies of scale function be continuous or have continuous derivatives, it includes incremental, all units, and carload discount schedules. Except for that, the assumptions and structure of the model are the same as Hsu (2000). The problem is that the important property of an optimal solution under the simpler cost structure that demand in a period is completely filled by production in a single prior period no longer holds. Hence, the algorithm developed in Hsu (2000) no longer holds. It turns out that finding an optimal solution to this problem is NP hard, so the authors consider approximations.

They suggest an approximation which has properties similar to the optimal solution structure in Hsu (2000). Their main result is that this approximation results in a cost that is no higher than $(4\sqrt{2} + 5)/7$ (1.5224) times the optimal solution, and this bound is tight. Unfortunately, this means the cost error can be more than 50%, making the value of this approximation questionable. Note that even though the general problem is NP hard, it does not mean that most reasonable sized problems cannot be solved for an optimal solution by dynamic programing.

Chapter 8
Decaying Inventories

Contents

Decay differs fundamentally from fixed life perishability. Decay means that the amount of loss due to outdating is a function of the amount of on hand inventory. The most common case is exponential decay, which means that a fixed fraction of the inventory is lost each unit of time. Decay has been studied in both continuous review and periodic review settings.

There is a substantial literature on the decay problem. Raafat (1991) lists 70 references, and a more recent review by Goyal and Giri (2001) has 130 references, almost all since Raafat's review. Undoubtedly, the number is in the several hundreds at the time of this publication. One might think that this implies a large number of real-world applications. However, this is not the case. Few products age in this way. Certainly, exponential decay is clearly not appropriate for modeling fixed life inventories. The aging process in these cases is described by the fixed life models treated in earlier chapters of this monograph.

One might conjecture that exponential decay would be a reasonable model of the aging process for fresh produce or other fresh food items. A little reflection quickly reveals this not to be the case, however. For example, suppose a shipment of bananas arrives at a grocery store. When placed on the shelves, they are likely to be either green (unripe) or nearly ripe. At this point, one would expect the loss due to spoilage to be virtually zero. As the batch ages, the rate of spoilage increases, until it eventually reaches 100%, as all of the unsold bananas become overripe. Exponential decay would posit that some fixed percentage, say 10%, of the bananas would spoil each period.

One might argue that if the bananas are replenished on a daily basis, there would always be a mix of old and new bananas in stock, and therefore assuming some

S. Nahmias, *Perishable Inventory Systems*, International Series in Operations Research & Management Science 160, DOI 10.1007/978-1-4419-7999-5_8,

fixed fraction spoils each period would be reasonable. However, the fraction of the on hand stock spoiling each period would not be fixed. It varies depending on many factors, including the realization of demand, the age of the bananas when they arrive in stock, the manner in which the bananas are stored, etc.

Volatile liquids, such as alcohol and gasoline, have been suggested as examples of exponential decay. However, these products are virtually always stored in sealed containers, thus making the volatility a nonissue. One might then ask what real situations are accurately described by exponential decay. Radioactive decay is perhaps the one case accurately modeled in this way. Even in this case, it is only the level of radioactivity that is subject to decay, not the quantity of inventory on hand. The interesting application study of Emmons (1968) is perhaps one of the few examples of true exponential decay. Why then, one might ask, is there such a voluminous literature on decaying inventory models? This writer speculates that the reason is that these problems are mathematically tractable, thus affording opportunities for publication. While many of these papers are mathematically interesting, their real-world applicability is suspect at best.

One might justify studying decaying inventories because they provide a reasonable approximation to fixed life inventories. However, this does not appear to be true. Tests which have compared various approximation schemes for ordering fixed life inventories show that exponential decay does not provide a very accurate approximation (Nahmias 1975b). Why, then, is there a chapter devoted to this topic here? Decaying inventories are of theoretical interest, even if they are of limited practical value. And, in the opinion of this writer, this monograph would not be complete if this topic were ignored, especially in light of the very substantial literature on the problem.

8.1 EOQ Models with Decay

The earliest work on exponential decay in the context of inventory management seems to be that of Ghare and Schrader (1963). Their approach was to analyze the differential equations resulting from incorporating continuous exponential decay into the standard EOQ model. Consider a system in which the loss due to decay is assumed to be θ units per unit time. Then, temporarily ignoring losses due to demand, the on hand inventory level function, say $I(t)$, declines according to an exponential function, which can be represented in the form

$$I(t + \mathrm{d}t) = I(t)e^{-\theta \mathrm{d}t}.$$

It follows that the loss due to decay during the interval $(t, t + \mathrm{d}t)$ is

$$I(t) - I(t + \mathrm{d}t) = I(t)(1 - e^{-\theta \mathrm{d}t}).$$

Now, suppose that the demand rate at time t is given by the continuous function $D(t)$. The differential in the decline in the inventory due to both demand and decay is given by

$$\mathrm{d}I = -I(t)(1 - e^{-\theta t}) - D(t)\,\mathrm{d}t.$$

Using the fact that $e^{-\theta \mathrm{d}t} \approx 1 - \theta\,\mathrm{d}t$, one obtains the following differential equation for the decline in on hand inventory due to both demand and decay:

$$\frac{\mathrm{d}I(t)}{\mathrm{d}t} = -\theta I(t) - D(t).$$

One can derive the solution of this differential equation in terms of the integral of the function $D(t)$. When $D(t) = \lambda$, the model reduces to the standard EOQ with decay. The analysis leads to a transcendental equation (which has no explicit algebraic solution). To avoid this problem, the authors suggest in most practical cases of interest it is likely true that the life period, $1/\theta$, is much larger than the cycle time, T. In that case, one can approximate the resulting exponential with the first two terms of the Taylor series expansion. $\left(\text{that is } e^{\theta T} \approx 1 + \theta T + \frac{\theta^2 T^2}{2}\right)$. Doing so gives the following expression for the cycle time, T:

$$T = \sqrt{\frac{K}{\frac{\lambda\theta c}{2} + \lambda hc + \lambda hc\theta T}},$$

where c is the unit purchase cost, K the fixed set up cost, and h the unit holding cost. Note that this is equivalent to a cubic equation in T, which can be seen most easily by squaring both sides of the equation. Ghare and Schrader suggest an iterative scheme for finding the optimal cycle time, T^*. Given the optimal T, say T^*, the optimal order quantity is $Q^* = \lambda T^* + \frac{\lambda\theta T^{*2}}{2}$. We present Ghare and Schrader's model in detail because it does appear to be the first inventory study of exponential decay. The approach is based on several approximations whose accuracy would have to be verified in any particular application.

Ghare and Schrader's model was first extended by Covert and Philip (1973). The analysis and the model were similar to Ghare and Schrader's, except that Covert and Philip assumed that the instantaneous deterioration followed a Weibull distribution rather than an exponential distribution. It is well known that the Weibull distribution plays an important role in reliability theory. It accurately describes the aging of many types of electrical components. One can envision the following scenario where the Covert and Philip model might be applied.

Consider a collection of items, such as automobile batteries, that are stored and issued to the field as required. Suppose that the batteries age in storage according to a Weibull distribution. Assume batteries are ordered in fixed lot sizes only when the entire stockpile is depleted and delivery of fresh batteries is instantaneous. (This assumption is easily relaxed by placing the order prior to the end of the cycle as is done with the simple EOQ model.) The demand rate is a known constant.

Because the shipment of new batteries occurs only when the previous batch has been used up, either by demand or failure, one never mixes items of different ages. Hence, the instantaneous rate of decay is the same for the entire batch. Covert and Philip followed a similar method of analysis to that of Ghare and Schrader. In this case, one writes the differential decline of the inventory, dI, as

$$-\mathrm{d}I = I(t)Z(t)\,\mathrm{d}t + \lambda\,\mathrm{d}t,$$

where the instantaneous decay rate of the inventory is given by

$$Z(t) = \alpha\beta t^{\beta-1}.$$

(note that the original article had several typos in these expressions). This leads to the differential equation of the system

$$\frac{\mathrm{d}I}{\mathrm{d}t} + \alpha\beta t^{\beta-1} I(t) = -\lambda.$$

It is easy to find the optimal order quantity, Q^*, in terms of the cycle time, T. It is

$$Q^* = \int_0^T R\exp(\alpha t^{\beta})\,\mathrm{d}t.$$

The difficult part of the analysis is to find an expression for the cycle time, T. Without presenting all of the details, by using a Taylor series expansion of the exponential, they obtain the following implicit equation for the cycle time, T:

$$c\lambda\sum_{n=1}^{\infty}[\alpha^n n\beta T^{(n\beta-1)}]/[(n\beta+1)n!] + h\lambda\exp(\alpha T^{\beta})/2 - K/T^2 = 0.$$

The authors suggest a simple gradient search to find the optimal value of T.

Cohen (1977) considered an extension of the basic Ghare and Schrader model to include price as well as inventory level as a decision variable. Assume that the demand rate, $D(p)$, is a function of the price p. If one holds the price fixed, Cohen shows that the cycle time, T_p can be approximated by the simple formula $T_p = \sqrt{\frac{2K}{D(p)(c\lambda + h)}}$ where K is the fixed set up cost per order, c is the unit cost per item ordered, and h is the holding cost. This expression results from approximating the exponential with the first two terms of the Taylor Series expansion, as previous authors have done. Define the profit function,

$$\pi(T,p) = pD(p) - cD(p) - K/T - (c\lambda + h)D(p)T/2.$$

For a given value of p, the profit function is maximized at T_p. Therefore, the problem reduces finding the solution to

$$\max_{p\geq 0} \pi(T_p,p).$$

Cohen shows that this function achieves its maximum value at $p^*>c$, where p^* could be infinite. One numerical example suggests that the optimal price is relatively insensitive to the decay rate, λ. The model is extended to allow for complete backlogging of excess demand.

8.2 Uncertain Demand

If one assumes fixed lifetime, the memoryless property of the exponential distribution is lost. However, exponential decay is a memoryless process, thus allowing for Markovian analysis. One example of a case where Markovian analysis has been applied is due to Kalpakam and Sapna (1996) who consider a system in which orders are placed on a one-for-one basis (i.e., an $(S-1, S)$ system). They assume that lead times are exponential, demands are generated by a renewal process, and the inventory is subject to exponential decay. While it would seem unlikely that these assumptions would hold in any real world scenario, the model is interesting in that it does lead to a tractable analysis of the system.

The authors show that under their particular assumptions, the joint process $(I,T) = \{I_n, T_n : n = 0, 1, 2, ...\}$ is a Markov Renewal Process, where I is the inventory level and T is the times of demand epochs. Using the theory of Markov renewal processes, they obtain expressions of the various system measures in terms of the steady state distribution of the inventory level. Explicit results are obtained only in the case, where the demand process is assumed to be a memoryless (that is, Poisson) process.

There is a large body of literature on decay models with uncertain demand, but virtually all of these assume zero order lead time or in a few cases, exponential lead time. Few real scenarios would appear to be accurately described by an exponential lead time distribution, and the simultaneous assumptions of continuous demand and zero lead time are even more unrealistic (this was discussed in Chap. 4 in the context of fixed life inventories.)

Periodic review models with zero lead time are useful when lead times are relatively small. When lead times are assumed to be zero, exponential decay is easily incorporated into the standard periodic review models. Consider first the case where there is no order lead time and excess demand is lost. In this case, it is well known that the one period transfer function is

$$s(y,t) = (y-t)^+$$

where y is the on hand inventory in the previous period after ordering and t is the realization of demand in the current period. Interpret $s(y,t)$ as the starting stock in the current period. Recall that $x^+ = \max(x,0)$.

Now, suppose that a fixed fraction of the on hand inventory is lost each period due to decay. Suppose that θ represents the fraction of inventory surviving from one period to the next (i.e., $1-\theta$ is the decay rate). Then, again assuming zero lead time and lost sales, the one period transfer function now becomes

$$s(y,t) = \theta(y-t)^+.$$

Clearly, the addition of decay in this context has no effect on the form of an optimal policy (which is well known to be an order up to policy, or S policy). Now, consider the case of full backlogging of demand. This case is slightly more complex, since decay can only be applied to the on hand inventory and not to the backlogged inventory. In this case, we obtain

$$s(y,t) = \begin{cases} \theta(y-t) & \text{if } y \geq t \\ t-y & \text{if } y < t. \end{cases}$$

The optimal policy is still an order up to policy in every period.

If a positive order lead time is present, the problem is much more complex. The problem is that the decay can only be applied to the inventory on hand and not to the inventory on order. Hence, one cannot collapse the state vector into the inventory position (i.e., total stock on hand and on order). The state vector must include each outstanding order as a separate state variable. (The same issue arises in the analysis of the lead time, lost sales problem.)

The only study known to this writer that considers decay in the context of stochastic demand and positive lead times is that of Nahmias and Wang (1979). The authors' approach was to modify the well-known heuristic (Q, R) model developed by Hadley and Whitin (1963) for the no-decay case, and modify it to account for exponential decay. The resulting heuristic was tested against the optimal (Q, R) policy found by simulation for a variety of demand variance to mean ratios and parameter values. The simulated and heuristic (Q,R) values agreed well in most cases, resulting in a worst case performance for the heuristic of 2.77% cost error. Note that the heuristic performed better than the simulated policy in several test cases due to the high variance in the simulated cost making it difficult to reliably search for the optimal (Q,R) in the simulation.

Chapter 9
Queues with Impatient Customers

Consider the following queueing scenario: Customers arrive one-at-a-time to a single server and are served in a first-come–first-served sequence (FIFO). However, customers are impatient in that if they have not completed service by a fixed time, say m, they leave the system. There is an obvious analogy with the perishable inventory problem. Identify the queue with the on hand inventory, completion of service with occurrences of demand, and the impatience time with the lifetime of the product. Hence, it is possible that such queueing models could be useful for describing some types of perishable inventory systems.

However, there are also fundamental differences between the queueing scenario and the inventory management scenario. For one, in the queueing scenario, one assumes that arrival rates and service rates are fixed and known. Hence, one does not reorder units in response to demand. The replenishment process (i.e., the arrival process) is outside the control of the user. Even if one treats the arrival rate as a control variable, arrivals still occur according to a random process. Another issue is what happens when the queue is empty. In queueing, service is suspended when the queue is empty, but in the inventory context demands continues to occur when the system is out of stock. For these reasons, this analogy has limited utility in the context of perishable inventory management.

However, one important real world problem that could be accurately described by a queuing model is blood banking. Units of fresh blood "arrive" to a blood bank via donations, which are likely to occur one-at-a-time according to some random process. One might affect the arrival rate by using Bloodmobiles, advertising, company-wide donation programs, etc. Since blood banks rarely stock out, the issue of what happens when the queue is empty is moot.

For the most part, queueing models are descriptive rather than proscriptive. That is, given a set of parameters and assumptions about the system, the goal of queueing analysis is to describe various measures of the system. Inventory models are proscriptive in that a solution involves optimizing the replenishment policy.

There is a very substantial literature on queues with impatient customers. Because these models only have limited applicability to perishable inventory management, we only briefly review this literature. The first study of queues with

S. Nahmias, *Perishable Inventory Systems*, International Series in Operations Research & Management Science 160, DOI 10.1007/978-1-4419-7999-5_9,

impatient customers appears to be that of Barrer (1957). Barrer generalized the standard M/M/1 queueing analysis to the case of impatient customers. He considered both the cases, where the customer leaves the system if service has not begun by time m, and where the customer leaves the system if service is not completed by time m. The latter assumption would appear to be most appropriate for describing perishable inventories.

In an M/M/1 queue, arrivals occur according to a simple Poisson process and service times are independent exponential random variables. The traditional method of analysis is birth and death analysis, with the state being the number of customers in the system (i.e., the number in the queue plus the number in service). Birth and death analysis is based on the fact that the number of customers in the system is a Markov process. However, a little reflection reveals the fact that the number of customers in the system is not Markovian when customer impatience is introduced. To determine if a customer leaves the queue before completing service, one must keep track of the elapsed time that customer has been in the queue. Hence, it would appear that Barrer's analysis, which uses birth and death analysis, is flawed in principle as was pointed out by Gnedenko and Kovalenko (1968). However, it does appear that his results were correct.

The proper way to analyze a queueing model with impatience is via the virtual waiting time process, and a closely related process, that of the oldest unit in the queue. Gnedenko and Kovalenko analyze the queue with impatient customers in this fashion assuming multiple servers. In the inventory context, the appropriate assumption is a single server.

The first to use a queueing model in the context of controlling perishable inventories appears to be Nahmias (1982). Assume that customers arrive to the queue at a rate of λ and service occurs at a rate μ. Customers whose service is not completed by time m leave the system. Let the traffic intensity be $\rho = \lambda/\mu$, and define $\alpha = \mu m$. Furthermore, assume that there are two costs incurred. When the system is empty, there is a stockout cost of p per unit per unit time and outdating costs are incurred at θ per unit. Then, Nahmias shows that the expected cost rate as a function of the traffic intensity is

$$G(\rho) = \frac{(\rho - 1)\mu}{\rho e^{\alpha(\rho-1)} - 1}(\rho\theta e^{\alpha(\rho-1)} + p) \text{ if } \rho \neq 1,$$

and

$$G(\rho) = \frac{\mu}{\alpha + 1}(\theta + p) \text{ if } \rho = 1.$$

The goal of the analysis is to find the value of the traffic intensity that minimizes $G(\rho)$. Note that if demand rate, μ, is known, this is equivalent to optimizing the arrival rate λ. Nahmias was unable to prove that $G(\rho)$ is a convex function. However, numerical tests showed that $G'(\rho)$ appeared to follow sign pattern minus/plus, implying a unique solution to the equation $G'(\rho) = 0$. The solution is easily found by numerical methods.

Graves (1982) was the next to consider the application of queueing models for controlling perishable inventories. Graves considered a different model from Nahmias and a different mode of analysis. He assumes that production occurred at a constant rate of c units per unit time. This would be appropriate, for example, if one is considering a chemical processing plant with continuous production. Furthermore, the demand process was assumed to be a compound process. That is, demand occurrences followed a Poisson process with rate μ, and the size of individual demands follows an exponential distribution with rate γ. Inventory is issued to meet demand on an oldest first basis (FIFO), backorders are not permitted, and inventory that reaches age m before being consumed by demand is outdated and leaves the system.

Graves' approach bypasses the (apparently incorrect) birth and death analysis used by Barrer, and instead focuses on the process $A(t)$ = age of the oldest unit in inventory at time t. Interestingly, the process $A(t)$ is Markovian. It is, in a sense, the dual of the virtual waiting time process (which would be $m - A(t)$). Although Graves does not consider optimizing the production rate, he does derive simple expressions for the expected outdates per unit time, expected shortages per unit time, the expected age of the oldest unit supplied to satisfy demand, and the expected inventory level. He also considers a model with unit demands occurring according to a Poisson process. In this case, only approximate results are obtained, however.

Kaspi and Perry (1983) is the first in a long series of research papers by the second author. These papers are studies of queues with impatient customers, although their titles would indicate otherwise. They are typical of queueing papers in that they do not treat issues of optimization, but only consider various descriptive measures of the system under specific assumptions about the arrival and service processes. The extent to which these models can be applied to perishable inventory control is unclear. The key result in this paper is that the process of deaths (that is, outdating) is a delayed renewal process when the input process is a Poisson process and services are exponentially distributed. We do not review this stream of research here.

Several authors have considered variations of the basic queueing model suggestion specifically by blood banking applications. One such study is due to Goh et al. (1993). They considered a blood banking system with Poisson input and two classes of age category: new and old. New blood (typically 10 days old or newer) is reserved for special applications, such as heart transplants and neonatal procedures. They consider two issuing policies: one where the stock of newer blood is reserved only for the use of these critical procedures. In the second case, new blood may be used to satisfy demand if the stock of older blood is zero. The analysis is based on identifying first and second moments of time between successive outdate epochs. The expressions are complex functions of the various system parameters. Simpler approximations are also considered and tested via simulation.

In a more recent study suggested by the same application, Deniz and Scheller-Wolf (2007) also consider the case, where customers demand items of different ages. As with Goh et al. (1993) only two age categories are allowed. However, this study differs from that of Goh et al. in that replenishment policies are considered.

The authors consider two heuristic ordering policies. They are labeled TIS and NIS. The TIS policy is what we previously referred to as an order-up-to-policy or an S policy. The NIS policy is what we previously referred to as fixed order quantity policy: one orders S units of new stock independent of the inventory position.

A unique aspect of this study is the assumptions made regarding upward and downward substitution. First, suppose there are given fractions of customers denoted $0 \leq \pi_D \leq 1$ and $0 \leq \pi_U \leq 1$ that are willing to accept downward and upward substitution, respectively. Downward substitution means that new product is sold to a customer that requests old stock, and upward substitution is the opposite. The authors examine the following four scenarios: no substitution, downward substitution only, upward substitution only, and both downward and upward substitution. What makes this study interesting and unique is the consideration of four distinct issuing policies. The vast majority of the perishable inventory literature assumes FIFO issuing; and a few studies assume LIFO issuing. The primary focus of this research is to determine under what conditions one of these four issuing rules is preferred given the replenishment policy. In particular, they delineate ten scenarios involving relationships among the costs and substitution parameters resulting in a preferred issuing policy.

Chapter 10
Blood Bank Inventory Control

As noted earlier, many of the models reviewed in this monograph were motivated by the problem of optimally storing and issuing whole blood. However, actual blood banking applications have features too complex to include in the mathematical models. In this chapter, we briefly review the significant papers in the management science literature aimed specifically at blood banking that incorporate these features.

The earliest theoretical work on perishables appeared in the literature in the 1970s. Even earlier than that, researchers began to consider blood banking applications. The field of blood banking is very large, with dedicated journals on the subject (notably, *Transfusion*). This chapter treats only mathematical and computer simulation models aimed at improving inventory management of blood banks.

The first quantitative analysis of inventory management of blood banks is due to Elston and Pickerel (1963, 1965). Their earlier paper considers the distribution blood usage in the hospital. Let Y be a random variable representing the demand for blood of a specific type at a hospital blood bank. They show that under certain assumptions about the frequency of demands for blood, and the size of each request, the distribution of Y follows a negative binomial distribution with parameters p and k, where the parameters depend on the blood type, the day of the week, and possibly other factors. The form of the distribution is

$$P(y) = \frac{(y-k-1)!}{y!(k-1)!} p^y (1-p)^k, \quad y = 0, 1, 2, ...$$

They claimed that this distribution also describes input and usage. Note that the negative binomial distribution is the result of assuming that the number of patients requiring transfusions is a Poisson random variable, and the size of each transfusion is a logarithmic random variable. The authors raised several issues here and in Elston and Pickerel (1970) that were later considered in much more detail by other researchers. These included a comparison of outdates when using the freshest

S. Nahmias, *Perishable Inventory Systems*, International Series in Operations Research & Management Science 160, DOI 10.1007/978-1-4419-7999-5_10,

(LIFO) verses the oldest (FIFO) blood as well as simulating the operation of the blood bank assuming various S type order up to policies.

Jennings (1973) followed up on the work of Elston and Pickerel with a simulation study of S type policies. Jennings noted that there were several special features of blood banking management not considered in the theoretical models discussed in this monograph. For one, blood is crossmatched and assigned prior to use. Consider a physician making a request for four units of blood prior to a surgery. The correct blood type is removed from the hospital blood bank and tested against the patient's blood to make sure that it is a match. Then, the blood is assigned for the surgery, and is not available for any other use between the time it is assigned and the surgery occurs. Typically, the surgeon requests more blood than he or she expects to use. The unused units are then returned to the unassigned inventory, assuming that they have not outdated.

Jennings notes that dynamic programing models of blood inventory are impractical, owing to the large dimension of the state variable. (At the time, blood had a legal lifetime of 21 days, resulting in a 20 dimensional state vector. Today, it appears that it has been extended under certain circumstances to longer periods, perhaps as much as 35 days.) Jennings assumed an S-type order policy and analyzed the problem via Monte Carlo simulation. He assumed that the hospital blood bank can raise its total inventory of a blood type to a desired level S at the start of each day. (This ignores real issues of supply uncertainty.) Jennings' analysis focused on the trade-off is between shortages and outdates. As the value of S increases, shortages decline, but outdates increase. He represents both shortages and outdates as percentages of the annual number of pints transfused. This obviates the problem of assigning costs to these measures. He constructs a shortage/outdating trade-off curve, where each point on the curve is generated by a different value of S.

The shortage outdating curve can potentially be a useful tool for managers seeking the most effective inventory level. He also develops a family of curves for regional systems consisting two, five, and twenty bank systems. He considers the cases where the system operates using a common inventory policy (which means, the regional system operates as if it were a single hospital) versus a threshold transfer policy, which defines how units are transferred from one hospital to another.

Pegels and Jelmart (1970) present a Markov chain formulation of the blood-banking problem that, at first blush, appears to provide insight into the problem. However, Jennings and Kolesar (1973) note that there are several problems with the approach. For one, Jennings notes that it would be almost impossible to find the transition probabilities in a real-world setting. Furthermore, Kolesar points out that their construction is not even a Markov chain (that is, it does not satisfy the memoryless property required of Markov chains).

Cumming et al. (1976) consider alternatives for collection policies to improve system wide efficiency. They note that requirements for blood do not appear to be seasonal, but do exhibit a fair amount of variation over days of the week. Based on their data, usage rates are highest on Monday, Tuesday, and Wednesday and lowest on weekends and holidays.

They considered several models of issuing policies based on age. The random draw model, for example, assumed that any age of blood was equally likely to be transfused. Since most hospitals follow FIFO issuing to some extent, this is clearly not an accurate descriptor of reality. A better model of age at issue that they discovered is the following. Let

$$p_{jt} = \gamma^{(21-j)} p_{21,t}$$

where p_{jt} is the probability that a unit of blood having a remaining life of j days is transfused on day t, and γ is a constant that specifies the preference for older or fresher blood. In most cases, one would expect that $\gamma < 1$, which implies a type of FIFO policy. Based on actual data, the authors discovered that γ was typically in the range of 1.05–1.10.

Cohen and Pierskalla (1979) follow-up on the work of Jennings (1973). They treat the trade-off of shortages and outdating in terms of costs rather than as a percentage of annual demand. They approached the problem in terms of developing a decision rule that specifies the order-up-to-level S as a function of various key parameters of the system. Parameter values are optimized via linear regression. Using this approach, they obtained the following decision rule:

$$\ln S^* = 1.7967 + 0.7604 \ln(d_{\mathrm{M}}) + 0.1216 \ln(p) - 0.0677 \ln(D)$$

which is a result of taking natural logs of both sides of the multiplicative equation

$$S^* = 6.03(d_{\mathrm{M}})^{0.7604} p^{0.1216} D^{0.0677},$$

where d_{M} is the mean daily demand for a blood type, p is the average transfusion to crossmatch ratio (i.e., the proportion of crossmatched blood actually transfused), and D is the crossmatch release period (i.e., the amount of time that elapses from the point the blood is ordered until it is ready for transfusion or is returned to the inventory).

The idea of a multiplicative decision rule has been used before in other inventory planning models, but Cohen and Pierskalla were the first to apply it in the blood-banking context.

Several researchers considered improving the efficiency of regional blood distribution systems via rotation policies among the hospitals in a region. This approach was first considered by Brodheim and Prastacos (1979a, b). In the second reference, they formulate the problem as a mathematical program which is executed parametrically. The algorithm was successful in providing rotation policies in the Long Island region. The technical details of the algorithm are presented in Prastacos and Brodheim (1980). Kendall and Lee (1980) also suggest a mathematical programing model of regional redistribution and illustrate their method with data from a Midwest regional blood system. Their method does not appear to have been implemented, however.

An improvement in the standard crossmatching policy was considered by Dumas and Rabinowitz (1977). Because crossmatching and assigning blood means that this blood is effectively removed from the system, and often 50% or more of assigned blood comes back to the bank, their concept was that efficiencies could be obtained by double-crossmatching. That is, assigning units of blood to two patients rather than one, thus increasing the probability that a larger portion of the assigned blood would be used. To show why significant wastage occurs, they quote the experience at Mount Sinai hospital in New York City. First, half of the original reservation requests are cancelled on average. Of those requests not cancelled, on average two thirds of the assigned units are transfused, and one third returned to the blood bank. That means that typically only one third of the originally requested units are actually used. Now, suppose that p is the probability that an assigned unit is transfused, and suppose the unit is shared by two patients, each having the same probability of usage. The unit will be used if either or both of the patients require it. The problem can be modeled with a binomial distribution with $n = 2$ and p as the probability of success. The probability of at least one success in two trials is easily seen to be $2p(1-p)+p^2 = p(2-p) > p$, which means the probability of usage increases with the double crossmatching. Of course, actually implementing such a policy has many complications (involving reservation cancellations, valid and invalid blood type substitutions, using triple rather than double crossmatching, etc.) We do not go into these details here. It does not appear that anyone has ever attempted to implement a double crossmatching policy, so its effectiveness has not been tested in the field.

Pegels et al. (1977) consider a variety of policy changes that could improve blood banking effectiveness. The four policy alternatives they consider are

1. Utilizing frozen red cells
2. Increasing the legal shelf life of whole blood
3. Rescheduling blood collection operations
4. Improving inventory control

Since they made these suggestions, it appears that the use of frozen red cells has increased substantially. Also, they suggest that increasing the legal shelf life from 21 to 28 days. In some circumstances, blood over 30 days old has been used. In order to evaluate the effect of these policy changes, they used an empirical database consisting of six months of data from a Midwest blood region that collects 50,000 units annually and seeks to maintain 2,000 units in inventory at all times. Using this database, they simulated the operation of the system under the various policy scenarios above. We do not go into their results in detail, but provide only a brief summary of their findings. For one, they found that increasing the use of frozen red blood cells smoothed out the fluctuations in inventory, but increased the operating cost of the system.

A simulation of the system was developed to test the effect of increasing the legal lifetime from 21 to 28 days. Their results were surprising. They found that the average age at transfusion increased from 9.53 to 13.50 days (implying the quality of the transfused blood decreased), but the decrease in units wasted per day improved only minimally (from 19.4 to 18.9). The percent wastage only declined by 0.2%.

They also considered smoothing out the collections process. They noted that the recruitment of donors and actual collections were poorly distributed over time and over geographic locations. They found that changing the schedule of the bloodmobile was effective in smoothing out the variations in the inventory levels.

Finally, they considered increasing the FIFO-ness of transfusions. This means increasing the adherence to using an FIFO issuing policy, and using the older blood first as often as possible. This issue is not so simple, however. Surgeons insist on the use of fresher blood for certain critical procedures, such as organ transplants, and the process of crossmatching and assigning often means that it can be very difficult to use the oldest blood for a procedure.

Virtually all of the studies discussed which attempt to compare shortages and outdating for various values of stocking levels employ computer simulation. As noted, the issue of crossmatching significantly complicates the problem, thus making mathematical modeling difficult. The only study this writer is aware of that considers a purely mathematical model for this tradeoff is Jagannathan and Sen (1991). Suppose that the lifetime of blood is L and the crossmatch release period is d. (This is the time between the point that the blood is crossmatched and tested for compatibility and it is released or made available for either transfusion or returned to inventory.) As a rule, a significantly larger amount of blood is ordered by the surgeon than is expected to allow for unforeseen contingencies. Thus, the proportion of crossmatched blood that is actually transfused is less than one. Typically, these ratios vary from 0.27 to 0.67. This is known as the transfusion-crossmatch ratio, denoted by p. Crossmatched demand is denoted by δ, and is assumed to be normally distributed. One interesting result they obtain is that if the crossmatch demand δ is constant, the mean daily outdating is given by

$$\omega = \frac{p\delta(1-p)^n}{1-(1-p)^n}$$

where $n = L/d$. The authors obtain analytical expressions for several other measures of system performance, and show by a comparison with simulated results that they provide accurate estimates of shortages and outdating for various stocking levels.

Chapter 11
Afterword

The purpose of this monograph has been to provide a reasonably comprehensive summary of the theory of inventory management of perishables. Admittedly, much of the focus has been on my own work. However, I have tried to cover the primary developments in the field as I see them. As the field has grown enormously since I did the formative work on my doctoral dissertation some 40 years ago, I have undoubtedly omitted citing some significant references. I apologize in advance for this. While I expect there to be errors of omission, I hope there are few errors of commission.

My hope in writing this monograph was to create a springboard for aspiring researchers. Given the now large body of work on perishables, it is a daunting task try to familiarize oneself with the literature, which is certainly required before embarking on a research program. While much work has been done, I believe that there are substantial opportunities for additional contributions. I look forward to seeing these contributions in the literature over the coming years.

S. Nahmias, *Perishable Inventory Systems*, International Series in Operations Research & Management Science 160, DOI 10.1007/978-1-4419-7999-5_11,

References

Albright SC (1976) Optimal stock depletion policies with stochastic field lives. Management Science 22:852–857

Arrow KA, Harris TE, Marschak T (1951) Optimal inventory policy. Econometrica 19:38–39

Arrow KA, Karlin S, Scarf HE (eds) (1958) Studies in the mathematical theory of inventory and production. Stanford University Press, Stanford, CA

Barrer DY (1957) Queueing with impatient customers and ordered service. Operations Research 5:650–656

Berk E, Gurler U (2008) Analysis of the (Q, r) inventory model for perishables with positive lead times and lost sales. Operations Research 56:1238–1246

Bomberger EE (1961) Optimal inventory depletion policies. Management Science 7:294–303

Brodheim E, Prastacos G (1979a) A regional blood management system with pre-scheduled deliveries. Transfusion 19: 455–466

Brodheim E, Prastacos G (1979b) The Long Island blood distribution system as a prototype for regional blood management. Interfaces 9:3–20

Brodheim E, Derman C, Prastacos G (1975) On the evaluation of a class of inventory policies for perishable products such as blood. Management Science 21:1320–1325

Chazan D, Gal S (1977) A markovian model for a perishable product inventory. Management Science 23:512–521

Chu LY, Hsu VN, Shen M (2005) An economic lot-sizing problem with perishable inventory and economies of scale costs: approximation solutions and worst case analysis. Naval Research Logistics 52:536–548

Cohen MA (1976) Analysis of single critical order policies in perishable inventory theory. Operations Research 24:726–741

Cohen MA (1977) Joint pricing and ordering policy for exponentially decaying inventory with known demand. Naval Research Logistics Quarterly 24:257–268

Cohen MA, Pierskalla WP (1979) Target inventory levels for a hospital blood bank or a decentralized regional blood banking system. Transfusion 19:444–454

Cooper WL (2001) Pathwise properties and performance bounds for a perishable inventory system. Operations Research 49:4555–466

Covert RP, Philip GC (1973) An EOQ model for items with weibull distribution deterioration. AIIE Transactions 5:323–326

Cumming PD et al. (1976) A collections planning model for regional blood suppliers: description and validation. Management Science 22:962–971

Deniz, Karaesmen, and Scheller-Wolf (2007) Managing inventories of perishable goods: the effect of substitution. Unpublished manuscript, 34 pages

Derman C, Klein M (1958) Inventory depletion management. Management Science 4:450–456

S. Nahmias, *Perishable Inventory Systems*, International Series in Operations Research & Management Science 160, DOI 10.1007/978-1-4419-7999-5,

Derman C, Klein M (1959) Discussion: a note on the optimal depletion of inventory. Management Science 5:210–213

Deuermeyer B (1979) A multi-type production system for perishable inventories. Operations Research 27:935–943

Deuermeyer B (1980) A single period model for a multiproduct perishable inventory system with economic substitution. Naval Research Logistics Quarterly 27:177–185

Dumas MB, Rabinowitz M (1977) Policies for reducing blood wastage in hospital blood banks. Management Science 23:1124–1132

Edgeworth FY (1888) The mathematical theory of banking. Journal of Royal Statistical Society 51:113–27

Eilon S (1961) FIFO and LIFO policies in inventory management. Management Science 7:304–315

Eilon S (1963) Obsolescence of commodities which are subject to deterioration in store. Management Science 9:623–642

Elston RC, Pickerel JC (1963) A statistical approach to ordering and usage policies for a hospital blood bank. Transfusion 3:41–47

Elston RC, Pickerel JC (1965) Guides to inventory levels for a hospital blood bank determined by electronic computer simulation. Transfusion 5:465–470

Elston RC, Pickerel JC (1970). Blood bank inventories. CRC Critical reviews in Clinical Laboratory Sciences 8:527–545

Emmons H (1968) A replenishment model for radioactive nuclide generators. Management Science 11:263–273

Friedman Y, Hoch Y (1978) A dynamic lot size model with inventory deterioration. INFOR 16:183–188

Fries BE (1975) Optimal order policy for a perishable commodity with fixed lifetime. Operations Research 23:46–61

Ghare PM, Schrader GF (1963) A model for an exponentially decaying inventory. The Journal of Industrial Engineering 14:238–243

Gnedenko B, Kovalenko IN (1968) Introduction to queueing theory. Israel Program for Scientific Translation

Goh C, Greenberg BS, Matsuo H (1993) Two stage perishable inventory models. Management Science 39:633–649

Goyal SK, Giri BC (2001) Recent trends in modeling of deteriorating inventory. European Journal of Operational Research 134:1–16

Graves S (1982) The application of queueing theory to continuous perishable inventory systems. Management Science 28:400–406

Greenwood JA (1955) Issue priority. Naval Research Logistics Quarterly 2:251–268

Gurler U, Ozkaya Y (2003) A note on "Continuous review perishable inventory systems: models and heuristics". IIE Transactions 35:321–323

Gurler U, Ozkaya Y (2008) Analysis of the (s, S) policy for perishables with random shelf life. IIE Transactions 40:759–781

Harris FW (1915) Operations and cost. Factory Management Series, Shaw, Chicago

Hadley GJ, Whitin TM (1963) Analysis of inventory systems. Prentice Hall, Englewood Cliffs

Hsu VN (2000) Dynamic economic lot size model with perishable inventory. Management Science 46:1159–1169

Hsu VN (2003) An economic lot size model for perishable products with age dependent inventory and backorder costs. IEE Transactions 35:775–780

Hsu VN, Lowe TJ (2001) Dynamic economic lot size models with period-pair dependent backorder and inventory costs. Operations Research 49:316–321

Jagannathan R, Sen T (1991) Storing crossmatched blood: a perishable inventory model with prior allocation. Management Science 37:251–266

Jennings JB (1973) Blood bank inventory control. Management Science 19:637–645

Jennings JB, Kolesar PJ (1973) Comments on a blood-bank inventory model of Pegels and Jelmert. Operations Research 21:855–858

Kalpakam S, Sapna KP (1996) A lost sales (s − 1, s) inventory system with renewal demand. Naval Research Logistics 43:129–142

Kaspi H, Perry D (1983) Inventory systems of perishable commodities. Advances In Applied Probability 15:674–685

Kaplan R (1970) A dynamic inventory model with random lead times. Management Science 16: 491–507

Kendall KE, Lee SM (1980) Formulating blood rotation policies with multiple objectives. Management Science 26:1145–1157

Lieberman GJ (1958) LIFO vs FIFO in inventory depletion management. Management Science 5:102–105

Liu L, Lian Z (1999) (s, S) continuous review models for products with fixed lifetimes. Operations Research 47:150–158

Muckstadt JA (2005) Analysis and algorithms for service parts supply chains. Springer Series in Operations Research and Financial Engineering, 57 pages

Nahmias S (1972) Optimal and approximate ordering policies for a perishable product subject to stochastic demand. Unpublished doctoral dissertation. Northwestern University, Evanston, Ill. 158 pages

Nahmias S (1974) Inventory depletion management when the field life is random. Management Science 20:1276–1283

Nahmias S (1975a) Optimal ordering for perishable inventory – II. Operations Research 23:735–749

Nahmias S (1975b) A comparison of alternative approximations for ordering perishable inventory. INFOR 13:175–184

Nahmias S (1976) Myopic approximations for the perishable inventory problem. Management Science 22:1002–1008

Nahmias S (1977a) Comparison between two dynamic perishable inventory models. Operations Research 25:168–172

Nahmias S (1977b) Higher order approximations for the perishable inventory problem. Operations Research 25:630–640

Nahmias S (1977c) On ordering perishable inventory when both the demand and lifetime are random. Management Science 24:82–90

Nahmias S (1978) The fixed charge perishable inventory problem. Operations Research 26: 464–481

Nahmias S (1980) Queueing models for controlling perishable inventories. Proceedings of the First International Symposium on Inventories, Budapest

Nahmias S (1981) Managing reparable item inventory systems: a review, in Multilevel Production/ Inventory Control Systems: Theory and Practice, edited by L. Schwarz. TIMS Studies in the Management Sciences, North Holland, Vol. 16, pp. 253–277

Nahmias S (2009) Production and Operations Analysis, Sixth Edition. McGraw Hill/Irwin, Burr Ridge, Illinois, 787 pages

Nahmias S, Pierskalla WP (1973) Optimal ordering policies for a product that perishes in two periods subject to stochastic demand. Naval Research Logistics Quarterly 20:207–229

Nahmias S, Pierskalla WP (1976) A two-product perishable/nonperishable inventory problem. SIAM Journal on Applied Mathematics 30:483–500

Nahmias S, Schmidt CP (1986) An application of the theory of weak convergence to the dynamic perishable inventory problem with discrete demand. Mathematics of Operations Research 11:62–69

Nahmias S, Wang SS (1979) A heuristic lot size reorder point model for decaying inventories. Management Science 25:90–97

Nandakumar P, Morton TE (1993) Near myopic heuristics for the fixed-life perishability problem. Management Science 39:1490–1498

Pegels CC, Jelmert AE (1970) An evaluation of blood-inventory policies: a Markov chain application. Operations Research 18:1087–1098

Pegels CC et al. (1977) An analysis of selected blood service policy changes. Medical Care XV:147–157

Perry D, MJM Posner (1998) An (s-1,s) inventory system with fixed shelf life and constant lead times. Operations Research 46: Supp. #3, S65–S83

Pierskalla WP (1967a) Optimal issuing policies in inventory management. Management Science 13:395–412

Pierskalla WP (1967b) Inventory depletion management with stochastic field life functions. Management Science 13:877–886

Prastacos GP, Brodheim E (1980) PBDS: A decision support system for regional blood management. Management Science 26:451–463

Raafat F (1991) Survey of literature on continuously deteriorating inventory models. Journal of the Operational Research Society 42:27–37

Schmidt CP, Nahmias S (1985) (S-1, S) policies for perishable inventory. Management Science 31:719–728

Smith LA (1975) Simultaneous inventory and pricing decisions for perishable commodities with price fluctuation constraints. INFOR 13:82–87

Tekin E, Gurler U, Berk E (2001) Age-based vs. stock level control policies for a perishable inventory system. European J. of Operational Research 134:309–329

Weiss HJ (1980) Optimal ordering policies for continuous review perishable inventory models. Operations Research 28:365–374

Van Zyl GJJ (1964) Inventory control for perishable commodities. Unpublished doctoral dissertation, University of North Carolina, Chapel Hill, NC

Veinott AF Jr (1960) Optimal ordering issuing and disposal of inventory with known demand. Unpublished doctoral dissertation, Columbia University, New York, NY

Veinott AF Jr (1978) Private communication

Veinott (1965) Optimal policy for a multi-product, dynamic, non-stationary inventory problem. Management Science 12:206–222

Wagner HM, Whitin TM (1958) Dynamic version of the economic lot size model. Management Science 5:89–96

Whitin (1957) The Theory of Inventory Management. Princeton University Press, Princeton, NJ

Zehna P (1962) Inventory depletion policies. in Studies in Applied Probability and Management Science, Arrow, Karlin, Scarf (eds.), Stanford University Press, Stanford, CA. 263–287

About the Author

Steven Nahmias is a Professor of Operations and Management Information Systems in the Leavey School of Business and Administration at Santa Clara University. He holds a B.A. in Mathematics and Physics from Queens College, a B.S. in Industrial Engineering from Columbia University, and M.S. and Ph.D. degrees in Operations Research from Northwestern University. Prior to joining the faculty of the Leavey School at Santa Clara in 1979, he served on the faculties of University of Pittsburgh and Stanford University.

Dr. Nahmias has an international reputation for his research on stochastic inventory models, especially those dealing with perishable inventories. He is the author or co-author of more than 50 scientific articles published over the past 40 years. These have appeared in *Operations Research, Management Science, SIAM Journal on Applied Mathematics*, and many others. He has served as an Area Editor for Supply Chain Logistics for *Operations Research*, Associate Editor for both *Management Science* and *Naval Research Logistics*, and was a founding Senior Editor for the *M&SOM* journal. At Santa Clara University, he has served as department chair and Director of the Competitive Manufacturing Institute.

He is a member of Alpha Pi Mu, Beta Gamma Sigma, Omega Rho and Sigma Chi honoraries, and is listed in Who's Who in Engineering, Who's Who in California, American Men and Women of Science, and Who's Who in Frontier Science and Technology. He received First Prize in the 39th Nicholson Student Paper Competition (1971), Second Prize in the TIMS Student Paper Competition (1972), and is the recipient of The University Award for Sustained Excellence in Scholarship from Santa Clara University (1998). In June of 2010, Dr. Nahmias's lifetime contributions were recognized when he was made a Fellow of the Manufacturing and Service Operations Management Society.

He is the sole author of *Production and Operations Analysis* originally published by Richard D. Irwin in 1989. The text is currently in sixth edition which was published by McGraw Hill with a 2009 publication date. This book has been adopted at more than 100 outstanding universities and colleges worldwide including Stanford, Berkeley, Harvard, Penn, Columbia, MIT, and many others. It has been translated into Spanish (two editions), Hebrew, and Chinese. The seventh edition is due out in 2013.

In addition to his academic activities, Dr. Nahmias has served as a consultant to a variety of firms and agencies including Litton Industries, Xerox Corporation, IBM Corporation, LEX Automotive, Department of Transportation of Santa Clara County, Tropicana, and others. He enjoys golf and is currently handicap chairman at Sharon Heights Country Club. For exercise, he swims and bikes. He is also an accomplished jazz trumpeter. At the current time, he performs with the Quintessence quintet, Tuesday Nite Live big band, and the Bob Enos Soundwave Orchestra.

Index

MIX
Papier aus verantwortungsvollen Quellen
Paper from responsible sources
FSC® C105338

If you have any concerns about our products,
you can contact us on
ProductSafety@springernature.com

In case Publisher is established outside the EU,
the EU authorized representative is:
Springer Nature Customer Service Center GmbH
Europaplatz 3, 69115 Heidelberg, Germany

Printed by Libri Plureos GmbH
in Hamburg, Germany